Martina Dürndorfer, Marco Nink, Gerald Wood
Human-Capital-Management in deutschen Unternehmen

Human-Capital-Management in deutschen Unternehmen

*Eine Studie von
Gallup und
The Value Group*

Martina Dürndorfer,
Marco Nink und Gerald Wood

MURMANN

Die Deutsche Bibliothek – CIP-Einheitsaufnahme
Ein Titelsatz für diese Publikation ist bei
der Deutschen Bibliothek erhältlich
ISBN 3-938017-38-4

Das Werk, einschließlich aller seiner Teile, ist urheberrechtlich geschützt.
Jede Verwertung ist ohne Zustimmung des Verlages unzulässig.
Dies gilt insbesondere für Vervielfältigungen, Übersetzungen, Mikroverfilmungen
und die Einspeicherung und Verarbeitung in elektronischen Systemen.

1. Auflage Dezember 2005
Copyright © 2005 by Murmann Verlag GmbH, Hamburg

Lektorat: Anke Schild, Hamburg
Umschlaggestaltung: Rothfos & Gabler, Hamburg
Herstellung und Gestaltung: Eberhard Delius, Berlin
Satz: Offizin Götz Gorissen, Berlin
Gesetzt aus der Minion
Druck und Bindung: Freiburger Graphische Betriebe, Freiburg
Printed in Germany

Besuchen Sie uns im Internet: www.murmann-verlag.de

Inhalt

Vorwort 7

I Human Capital: der Erfolgsfaktor für Unternehmen 11

II Konzeption der Studie 51

III Die Ergebnisse 70
   Die Gewinnung von Human Capital 70
   Der demografische Wandel – noch kein Thema für deutsche Unternehmen 82
   Die Bindung des Human Capital 89
   Die Entwicklung von Human Capital 117
   Die Bedeutung des Human Capital für Kundenbeziehungen 122
   Beurteilung, Messung und Bewertung des Human Capital 135
   Vergütung (der Bereitstellung) des Human Capital 139
   Die Wertschätzung des Human Capital im Unternehmen 140

IV Lösungsansätze 159
   Probleme der aktuellen Human-Capital-Strategien 159
   Erfolgsstrategien für ein »High Performance«-Unternehmen 165
   Handlungsempfehlungen für Unternehmen 195

V Die Human-Capital-Agenda 204

Literaturverzeichnis 211
Danksagung 218

Vorwort

Nach wie vor stagniert die deutsche Wirtschaft im Binnenmarkt; sie steht, trotz der Erfolge in der Außenwirtschaft, in der Weltwirtschaft vor enormen Herausforderungen. Hinzu kommt, dass Deutschland die Folgen eines drastischen demografischen Umbruchs bewältigen muss, der für zusätzliche Probleme sorgen wird. Dass Reformen in den Bereichen Bildung und Arbeitsmarktpolitik sowie gezielte Immigration unerlässlich sind, dürfte der großen Koalition bewusst sein. Die entscheidenden politischen Reformen dürfen nicht auf die lange Bank geschoben, sondern müssen zügig angepackt werden, damit Deutschland nicht weiter den Anschluss an die globalisierte Wirtschaft verliert.

Aber wie sieht es hierzulande in den Unternehmen aus? Was erwarten sie von der Politik? Welche Anstrengungen müssen sie unternehmen, um in der Weltwirtschaft wettbewerbsfähig zu bleiben oder gar zu werden? Sind Kostenreduktionen oder gar Personalentlassungen die einzigen Antworten auf die Herausforderungen unserer Zeit? Oder gibt es ungeachtet des Reformstaus für die Unternehmen schon heute Handlungsmöglichkeiten, um eine neue Leistungs- und Kundenorientierung innerhalb der Unternehmen in Deutschland zu generieren?

Die Autoren dieses Buches sind diesen Fragen in der vorliegenden Studie nachgegangen, unterstützt durch Langzeitstudien des forschungsbasierten Beratungsinstituts Gallup.

»Human Capital« – ein Begriff, der oft falsch verstanden wird und zudem noch als »Unwort des Jahres 2004« geschmäht wurde – bildet letztendlich den Schlüssel zum Erfolg von Unternehmen. Doch was wissen Unternehmen über ihr Human Capital? Wie definieren sie es und wie gehen sie mit ihm um? Wissen Unternehmen um die Stärken und Schwächen ihres Human Capital? Handeln sie nur nach dem »Bauchgefühl«, wenn es um ihre Angestellten und ihre Kunden geht? Oder ermitteln sie die Wertschöpfung des Human Capital, um entsprechende Strategien zu entwickeln und organisches Wachstum für das Unternehmen zu gewährleisten?

Diese Fragen waren Ausgangspunkt der vorliegenden Studie der Value Group GmbH (München) und der Gallup GmbH Deutschland (Potsdam). Wir wollten es allerdings nicht bei einer Befragung und der darauf basierenden Analyse belassen, sondern haben uns auch mit dem tatsächlichen Umgang von Human Capital in deutschen Unternehmen auseinander gesetzt. Ziel war es, neue, konkrete Handlungsempfehlungen für einen Veränderungsprozess in Unternehmen aufzuzeigen. Es sollen Lösungsansätze aufgezeigt werden, um den Wert des Human Capital zu erfassen und Potenziale für eine Steigerung dieses Wertes, die sowohl den Unternehmen als auch den Kunden und schlussendlich auch den Mitarbeitern zugute kommen, deutlich zu machen.

Dieses Buch richtet sich an Unternehmensleitungen, Personal- und Vertriebschefs, Gewerkschaften und die Finanzwelt. Gerade Letztere müssten ein gesteigertes Interesse an einer Optimierung des Human Capital im und außerhalb des Unternehmens haben. Wir hoffen, das Thema Human Capital mit diesem Buch neu zu positionieren, und wünschen uns, dass – zumindest in der Welt der Unternehmenslenker und Finanzgeber – »Human Capital« künftig zum Wort des Jahres wird.

Die Autoren möchten sich bei ihren Familien, Partnern und Freunden bedanken, die es ermöglicht haben, dass genügend Zeit nach der »eigentlichen« Arbeit investiert werden konnte, um dieses Werk auf dem Weg zu bringen. Diese Unterstützung war unerlässlich und wir danken vom Herzen. Ein besonderer Dank geht auch an Tina Gräfin Vitzthum, stellvertretende Geschäftsführerin von Gallup in Deutschland und Expertin für Personalauswahlverfahren, die uns mit Informationen zum Thema Talent versorgt hat. Bei der forum! Marktforschung GmbH (Mainz) einem Partner von Gallup bei der Feldarbeit, möchten wir uns für die Durchführung der Befragung bedanken. Durch die Professionalität der InterviewerInnen gelang es uns, die Topentscheidungsträger in deutschen Unternehmen zu kontaktieren und damit wichtige Erkenntnisse für dieses Buch zu gewinnen. Schließlich möchten wir uns beim Murmann Verlag bedanken, der die Entstehung dieses Buches tatkräftig unterstützt hat.

Dr. Martina Dürndorfer, Marco Nink und Gerald Wood,
im November 2005

I Human Capital:
Der Erfolgsfaktor für Unternehmen

Humankapital – mehr als nur ein Begriff

Starten Sie die Lektüre dieses Buches mit einer kleinen Übung, indem Sie folgende einfache Frage in Ihrem unmittelbaren Umfeld, sei es im Unternehmen oder im Freundeskreis, stellen:

Wie wichtig sind gute Mitarbeiter für den Erfolg eines Unternehmens, für die Ziele, die es sich setzt, für die Produkte, die es erstellt, für die Dienstleistungen, die es beim Kunden erbringt, für den Gewinn, den es erwirtschaftet?

Und vergessen Sie dabei in keinem Fall, auch sich selbst die Frage zu stellen: Wie wichtig sind oder waren Sie und Ihre Arbeit für Ihr Unternehmen, für das Team, in dem Sie tätig sind, für Ihre Mitarbeiter, für Ihre Vorgesetzten, und wie hat sich dies auf die Produkte und Dienstleistungen Ihres Unternehmens ausgewirkt?

Sie werden erstaunt sein: In nahezu allen Fällen werden Sie die folgende Antwort erhalten: *sehr wichtig!*

Wesentlich ist dabei allerdings die Art der Fragestellung. Fragen Sie nicht danach, wie wichtig ein konkreter Mitarbeiter ist, wie dessen Arbeitsleistung wahrgenommen oder von Dritten anerkannt und damit wertgeschätzt wird. Dann könnten die Antworten schon sehr viel weniger überzeugend und eindeutig ausfallen.

Und wenn Sie gar zu präzisieren versuchen, wie der Anteil der Mitarbeiter am Unternehmenserfolg ermittelt oder bewertet werden kann oder ob dieser den Unternehmen in Größe und Umfang bekannt ist, dann werden Sie wohl nur noch selten überzeugende Antworten erhalten.[1]

Und damit sind wir schon mitten im Thema und auch in der Problematik des Human-Capital-Managements. Jeder weiß um die Bedeutung des Humankapitals, der Mitarbeiter, deren Leistungsfähigkeit und -bereitschaft, weiß um die Wirkungskraft hoch motivierter Teams und visionärer Führungskräfte für den Erfolg eines Unternehmens. Ohne gute Mitarbeiter kein Unternehmenserfolg, keine zufriedenen Kunden, keine qualitativ hochwertigen Produkte und Dienstleistungen, keine Innovationen und neuen Marktchancen – kurz: in der Zukunft keine Chance auf Wachstum und Bestehen im Wettbewerb.

Betrachtet man dagegen, wie mit Human Capital umgegangen wird, wie es um das Management dieses wichtigen Kapitals in Unternehmen und nicht zuletzt in unserer Gesellschaft bestellt ist, wird deutlich: Humankapital ist einer der am meisten *geschätzten* und gleichzeitig in der aktuellen Wirtschaftsrealität *unter*schätzten Faktoren. Selbst der Begriff des Humankapitals ist umstritten, wobei sich inhaltliche Missverständnisse und überhaupt Unverständnis zeigen. So ist es nicht weiter verwunderlich, dass das Human-Capital-Management in vielen Unternehmen noch nicht so weit ist, wie es sein könnte – und sein sollte.

Die Diskussionen um den Terminus »Humankapital« als »Unwort des Jahres« 2005[2] zeugen vom Konfliktpotenzial beim Umgang der Gesellschaft, und nicht nur der Unternehmen, mit ihrem Humankapital. Heftiger Streit entzündet sich daran, dass Mitarbeiter in Zusammenhang mit wirtschaftlichem Erfolg, mit Rendite, mit ökonomischen Ertragsziffern gebracht werden.[3] »In der Wortkombination aus »human« und »Kapital« kontrastieren zwei gefühlte Sphären mit höchst unterschiedlichen Temperaturen, die warme Sphäre des Menschlichen und die kalte des Kapitals. Irgendwie wird zusammengeschweißt, was nicht zusammengehört. Irgendwie wird der Mensch zur Zahl. Irgendwie wird er zum Ding sogar.«[4]

Die Verwendung des Begriffes »Kapital«, und vor allem »Humankapital« als Pendant zum Sachkapital, löst schon seit langem heftige Diskussionen und ein gewisses Unbehagen (auch) unter den Ökonomen aus. Schon im Jahr 1875 verweist beispielsweise der Ökonom Johann

Heinrich von Thünen auf dieses Dilemma: »[...] eine innere Scheu scheint die Schriftsteller und überhaupt alle von der Betrachtung, was der Mensch kostet, welches Kapital in ihm enthalten ist, abzuhalten. Der Mensch scheint uns zu hoch zu stehen, und wir fürchten eine Entwürdigung zu begehen, wenn wir eine solche Betrachtungsweise auf ihn anwenden.«[5] Dabei ist Kapital im Grunde nur das Vermögen einzelner Individuen und verweist dabei stets und unmittelbar auf den Menschen, der durch seine Schaffenskraft etwas zu leisten »vermag«.

Vielleicht entsteht der Anschein, dies sei nur eine Diskussion um Begrifflichkeiten. Doch Sprache und etablierte Begriffe sind Ausdruck von Einstellungen und Grundverständnissen. Ein verzerrtes oder gar falsches Bild von Humankapital als rein monetärer und unsensibler Bewertungsgröße hat letztendlich dazu geführt, dass in den letzten Jahren unglaublich viel Humankapital nicht optimal eingesetzt, nicht adäquat entwickelt oder gar vernichtet wurde. Werden nicht gerade wegen der fehlenden Kenntnis über den Anteil des Humankapitals am Erfolg und am Ergebnis von Unternehmen faktisch jeden Tag Tausende von Arbeitsplätzen vernichtet, ältere Arbeitnehmer nicht mehr eingestellt, Frauen nach einer Familienphase nicht mehr in den Arbeitsmarkt integriert, Arbeitsplätze aus reinen Kostenaspekten in Niedriglohnländer verlagert? Insofern ist nicht der Begriff »Humankapital« das eigentliche Problem, sondern vielmehr der Umgang mit ihm.

Der kurzsichtige Umgang mit Humankapital, eine fehlende ganzheitliche Betrachtung und sinnvolle Ökonomisierung gerade dieses Faktors sind Ausdruck einer mangelnden Wertschätzung. Aus diesem Grunde sollte man sich weniger auf das Wort »Humankapital« als auf die Folgen falschen Human-Capital-Managements und auf positive Vorbilder sowie konstruktive Managementansätze konzentrieren.

Wir haben anhand der eingangs beschriebenen Übung gesehen, dass grundsätzlich Einigkeit darüber herrscht, Mitarbeiter als eine wichtige Ressource zu betrachten, die leistungs- und entwicklungsfähig ist. Dies ist eine Tatsache, die alle, selbst Kritiker des Begriffs »Humankapital«, per se als richtig und wichtig anerkennen, und dieser Tatsache wollen wir uns in dieser Studie widmen. Darin soll gezeigt werden, dass nicht der Begriff »Humankapital« Menschen zur ökonomischen Größe *macht*, sondern dass Humankapital die zentrale ökonomische Größe in Unternehmen *ist*. Der wirtschaftliche Erfolg von Unternehmen hängt zu einem Großteil davon ab, wie das verfügbare Humankapital an der Wertsteigerung beteiligt ist und wird. Unternehmen tun gut daran, dieses – nämlich ihr *wertvollstes* – Kapital stärker zu beachten und Bekenntnisse in Firmenbroschüren wie »Mitarbeiter sind unser wichtigstes Kapital« oder »Mitarbeiter sind unsere wertvollste Ressource« mit Leben zu füllen.

»Humankapital« – ein Begriff, viele Bedeutungen

»Humankapital« ist ein Begriff, der äußerst heterogen verwendet wird, wie folgende Beschreibungen zeigen: »Heutzutage betrachten wir den Begriff des Humankapitals – die Summe aus Erziehung, natürlicher Begabung, beruflicher Ausbildung und Erfahrung, die die Grundlage des zukünftigen Einkommensflusses bilden – als von fundamentaler Bedeutung für das Verständnis von größeren globalen Wirtschaftsveränderungen.«[6]

In einer Erklärung der Europäischen Union wurden die »Fähigkeiten und Fertigkeiten sowie das Wissen, das in Personen verkörpert ist und das durch Ausbildung, Weiterbildung und Erfahrung erworben werden kann«, als »Humankapital« bezeichnet.[7]

Soweit Humankapital sich auf einzelne Individuen bezieht, zielt der Begriff auf eine »Erklärung des Phänomens, warum Mensche Dinge lernen und sich bilden. Natürlich tun sie das aus Entdeckerfreude und Spieltrieb [...] auch, weil sie wissen, dass Bildung sich auszahlt. Oder, um im Jargon zu bleiben: dass die Investition in die Bildung der eigenen Persönlichkeit, also in das eigene Humankapital, Rendite trägt.«[8] Insofern werden Mitarbeiter zunehmend selbst zu wachsamen und vorausschauenden Anlegern ihres Humankapitals, für dessen Einsatz sie als Investoren[9] lukrative Rendite erzielen möchten.

Auf Makroebene bezeichnet »Humankapital« den Nutzen des Menschen für ein Unternehmen, für eine Volkswirtschaft, für einen Wirtschaftsstandort und für eine Gesellschaft und gilt deswegen als die entscheidende Wachstumsdeterminante. »Humankapital« verweist dabei auf den Menschen als Wertträger statt als reinen Kostenverursacher. Gemeint ist der Wert der Mitarbeiter im positivsten Sinne, wie dies Christian Scholz, Professor für Personalmanagement an der Universität Saarbrücken, formuliert: »Erstens: Er bezieht sich nicht auf Einzelpersonen. Zweitens: Er betrachtet Mitarbeiter als Erfolgsfaktoren des Unternehmens, anstatt sie als bloße Verursacher von Kosten zu sehen, die beliebig wegrationalisiert und eingespart werden können. Drittens: Er bringt als Management-Instrument Chancen für alle Beteiligten und Betroffenen, denen nur wenige Risiken entgegenstehen.«[10]

»Humankapital« – ein Begriff mit langer Vergangenheit

Genau genommen war es bereits Bernoulli, der Anfang des 18. Jahrhunderts den Terminus »Humankapital« eingeführt hat; heute wird das Humankapital von Ökonomen als eine treibende Kraft des Wirtschaftswachstums betrachtet. Bernoullis Vorstellung von Humankapital war eng mit seiner Definition von Wohlstand verknüpft. Er hielt alle materiellen Vermögenswerte und Finanzanlagen für weniger wertvoll als die Produktionsfähigkeit.[11] Das Humankapital spielte seiner Meinung nach für den Arbeitnehmer die Rolle, die für den Arbeitgeber Produktionsanlagen und Ausrüstung hatten.

Dieser Vergleich greift jedoch in mehrfacher Hinsicht zu kurz. Denn damit wurde das Humankapital als individualisierte Größe verstanden, die dem Wirtschaftsprozess aus Gründen der individuellen Existenzsicherung zur Verfügung gestellt werden muss, während der Arbeitgeber sich rein auf das materielle Kapital zu fokussieren und dieses für den Produktionsablauf bereitzustellen hat. Dies mag in einer frühen Zeit der Industrialisierung und in Zeiten technisch orientierter und primär produktionsorientierter Unternehmensstrukturen zutreffend gewesen sein, jedoch hat sich dies mit zunehmender Dominanz von wissens- und dienstleistungsbasierten Unternehmensstrukturen drastisch gewandelt. »Die Wirtschaftsgeschichte ist die Geschichte unseres mühsamen Entrinnens aus dem Reich des rein Materiellen in das Geistige, und jetzt stehen wir an dem Übergang, wo es bei der Schaffung von Reichtum nicht mehr um Dinge geht, sondern um Nichtdinge, um immaterielle Werte. Sie entstehen durch den menschlichen Faktor.«[12] Das Humankapital wurde zur wichtigsten Ressource und Kapitalanlage des Unternehmens, es wurde zu einer Ressource, die längst nicht mehr beliebig und flexibel zugeteilt werden kann. Wie hat sich diese Entwicklung im Einzelnen vollzogen?

Der Begriff des Humankapitals stammt nicht primär aus dem Bereich der Unternehmensführung und der Betriebswirtschaftslehre, sondern aus der volkswirtschaftlichen Theorie. Die Nationalökonomie hat schon früh im Humankapital einen wichtigen Faktor für den Wohlstand einer Volkswirtschaft identifiziert. So stellte Alfred Marshall (Principles of Economics) schon im Jahr 1890 fest: »Das wertvollste Kapital ist das in Menschen investierte«[13]; und Benjamin Franklin hatte erkannt, dass Investition in Wissen »die besten Zinsen zahlt«. Als die eigentlichen Gründerväter der Humankapitaltheorie gelten jedoch Theodor William Schultz (1961) und Gary S. Becker (1964), die beide für ihre Integration menschlichen Verhaltens in ökonomische Theorien und Zusammenhänge mit dem Nobelpreis ausgezeichnet wurden.[14]

Von Ökonomen wird der Terminus »Humankapital« schon sehr lange, unabhängig von jeder Managementmode und von der breiten Öffentlichkeit »unbemerkt«, verwendet. Sie haben sich dem Phänomen und den Charakteristika des Humankapitals schon vor geraumer Zeit genähert, wohl primär in der Absicht, die Komplexität menschlichen Handelns in Produktionsabläufen, in betrieblichen Vorgängen und in Wirtschaftsräumen erklären zu können und nicht länger als unmessbare und unerklärte Größe ausblenden zu müssen. Von der wirtschaftlichen Relevanz und Ertragskraft des Faktors Humankapital sind sie nachweislich überzeugt, sie sehen darin eine Bezeichnung »für die beste Form der Ersparnisbildung, die wir kennen!«[15].

Die **Betriebswirtschaftslehre** beziehungsweise **Unternehmensführung** hingegen hat den Faktor Humankapital erst sehr viel später entdeckt und erforscht. Für die Betriebswirtschaftslehre geht es bei der Ressource Mensch darum, das eingesetzte Personal hinsichtlich der

Realisierung betriebswirtschaftlicher Ziele optimal einzusetzen. Hierzu wurden in Unternehmen selbst und innerhalb der fachlichen Disziplin entsprechende Methoden und Instrumente der Steuerung und Bewertung aus Unternehmensperspektive entwickelt und angewendet.

So haben sich schon in den sechziger Jahren erste Ansätze zur Bewertung des Humanvermögens (Human Resource Accounting) entwickelt.[16] Der Schwerpunkt lag auf der Ermittlung der im Zusammenhang mit Personal anfallenden Kosten, zumeist in Form von Beschaffungs-, Wiederbeschaffungs-, Erhaltungs- und Erweiterungskosten. Humankapital sollte ähnlich wie reales Anlagevermögen in der Unternehmensbewertung behandelt werden.

Um Autoren wie Flamholtz (u. a. 1974), Aschoff (1978) und Marr (1982) hat sich in der Personalwirtschaft in den siebziger und Anfang der achtziger Jahre diese Richtung von Denkansätzen und konkreten monetären Humankapitalbewertungsansätzen gruppiert, unter denen die Humanvermögensrechnung (Human Resource Accounting) eine zentrale Stellung beibehielt.[17] Die darunter gefassten Bewertungsmethoden zur (monetären) Erfassung des betrieblichen Humankapitals waren als Erweiterung des herkömmlichen Rechnungswesens gedacht und dienten in erster Linie der Erfassung der personalrelevanten Kosten. Nicht zuletzt aufgrund der Zuordnungsprobleme von Kosten und der Gleichsetzung von Kosten **für** Humankapital mit dem Wert **von** Humankapital konnte sich dieser Ansatz in der Praxis nicht durchsetzen.

Im Laufe der Zeit hat sich ein tiefgreifender Konflikt in dieser Entwicklung von Begriffen und Bewertungsansätzen entwickelt. Die unstrittige Anerkennung der Bedeutung des Humankapitals als individuelle und psychologisch relevante Komponente von Unternehmen wird als Widerspruch zu den auf Rationalität und Genauigkeit bedachten monetären Ansätzen der Bewertung wahrgenommen.

Nach einer Phase der Dominanz kennzahlenorientierter Ansätze wie der des Personalcontrollings, verbunden mit Instrumenten wie Balanced Scorecard, HR Scorecard[18], Personal-Audit und ähnlichen Ansätzen der HR Metrics, und anderen Benchmarking-orientierten Ansätzen hat es bis Ende der neunziger Jahre gedauert, bis das Thema Human-Capital-Management sich für eine breitere Zielgruppe öffnete.

Human Capital: immaterieller Wertfaktor und Teil des Unternehmenswertes

Mit der wachsenden Kluft zwischen Markt- und Buchwerten und dem Versagen von traditionellen Methoden der Unternehmensbewertung – man denke etwa an die Bilanzskandale um Enron, Parmalat, Worldcom – zeigten sich offensichtliche Informationsasymmetrien an den Kapitalmärkten und markante Schwächen der bisherigen Bewertungsstandards.[19] Im Zuge dessen entwickelte sich eine verstärkte Aufmerksamkeit für den Wert und die mögliche Quantifizierung (und Qualifizierung) der so genannten immateriellen Werte eines Unternehmens, insbesondere auch bei Investoren, Analysten und Wirtschaftsprüfern. Wegbereiter hierfür waren die skandinavischen Länder, hier vor allem Initiativen und Ansätze um Autoren wie Edvinsson und Sveiby, sowie die USA mit Finanzexperten wie Lev.[20]

Zunehmend wurde dabei das Humankapital als wichtiges Element bei der Ermittlung des Unternehmenswertes und auch bei der damit verbundenen externen Berichterstattung betrachtet. Human Capital wurde in der Folge als Teil des Intellectual Capital[21], der immateriellen Unternehmensressourcen, klassifiziert und sogar als die wichtigste immaterielle Ressource eines Unternehmens interpretiert.[22]

In dieser Zeit wurde der Begriff »Human Resources« oder »Personalwesen« allmählich durch den Begriff »Human Capital« beziehungsweise »Human-Capital-Management« ersetzt.

Mit dem Human-Capital-Management und der Betrachtung des Human Capital als Teil der immateriellen Vermögenswerte kommt nun auch dessen unmittelbare Relevanz für den unternehmerischen und finanziell darstellbaren Erfolg eines Unternehmens in den Blick. Damit steht es in der Tradition der wertorientierten Managementansätze, wie sie in den neunziger Jahren entwickelt wurden.[23] Diese interpretieren die Wertsteigerung des Unternehmens als Kapitalwertmaximierung. Das Management von Human Capital wurde als wichtiger Hebel zur Maximierung des Unternehmenswertes, vordringlich des Aktienkurses, verstanden.

Eine der ersten Methoden war beispielsweise der Skandia-Navigator, der durch Leif Edvinsson berühmt wurde und der die Messung und Steuerung des gesamten intellektuellen Kapitals zum Ziel hatte. Human Capital ist dabei eine wichtige Stellgröße und wird bei Edvinsson als Summe aller Fähigkeiten und Erfahrungen der Mitarbeiter eines Unternehmens verstanden. Neu ist hier, dass er darunter nicht nur das bereits genutzte, sondern auch das latent vorhandene Potenzial des Human Capital fasst.[24] Human-Capital-Manager sollen mehr als nur das ausführende Organ unternehmerischer Entscheidungen sein und sich nicht auf rein operative Handlungsfelder wie Personalauswahl, -entwicklung und -führung beschränken. Human-Capital-Management wird vielmehr als strategische Kernaufgabe des Managements, Human Capital als Schlüsselfaktor und Potenzial zur Steigerung der unternehmerischen Wertschöpfung verstanden. Dafür gibt es dann die entsprechenden monetären Bewertungs- und Steuerungsinstrumente.

Allerdings hat diese Entwicklung einer zunehmenden Quantifizierung und Bewertung des Humankapitals aus Sicht der Investoren und Anteilseigner – unter anderem im Rahmen der Shareholder-Value-Diskussion – auch dazu geführt, dass die Kosten des Humankapitals verstärkte Aufmerksamkeit erfuhren. Die Nutzenabwägung eines Investors hinsichtlich seiner finanziellen Beteiligung an einem Unternehmen stützt sich vor allem auf die anfallenden Kosten und die daraus resultierenden zukünftigen Gewinn- und Renditemöglichkeiten. Weil aufgrund der geltenden Bewertungsregeln Investitionen in traditionelle Sachanlagen über die Zeit abgeschrieben werden konnten, viele Investitionen in Human Capital hingegen als sofort anfallende Kosten angesetzt wurden, war es für Unternehmen sehr schwierig, angesichts kurzfristig orientierter finanzieller Erfolgsvorgaben Investitionen in Human Capital zu rechtfertigen.[25] Durch die sofortige Erfassung humankapitalbezogener Aufwendungen in der Erfolgsrechnung wird der potenzielle Investitionsgutcharakter der Ausgaben für Human Capital sowohl nach deutschem als auch nach angelsächsischem Rechnungslegungsverständnis vernachlässigt. Davon betroffen sind beispielsweise die Ausgaben zur Aus- und Weiterbildung von Mitarbeitern, um künftig höhere Erträge aus ihrem Human Capital zu generieren. Somit stehen in der Erfolgsrechnung den Erträgen, die aus Vorleistungen früherer Perioden stammen, Aufwendungen zur Erzielung künftiger Erträge gegenüber. Dies hat zur Folge, dass das künftige Nutzenpotenzial der Ausgaben für Human Capital somit bilanzrechtlich ebenso wenig anerkannt wird wie die Betrachtung von Risiken durch Humankapital, etwa in der Lageberichterstattung[26], was in der Folge das Investitionsverhalten der Unternehmen massiv beeinflusst.[27]

Hinzu kommt, dass der positive Zusammenhang zwischen Investitionen in Humankapital und dem Unternehmensergebnis zwar unbestritten, jedoch in vielen Unternehmen nicht systematisch untersucht, dokumentiert und erklärt werden kann. Daraus ergibt sich ein folgenschweres Problem, das häufig nur dadurch zu lösen ist, dass Kosten im Zusammenhang mit Humankapital reduziert werden, beispielsweise durch eine Reduzierung der Investitionen in Bildung, Personalentwicklung, in betriebliche Zusatzleistungen und vor allem durch direkte Personalmaßnahmen wie die des Personalabbaus. Auf diese Weise werden Kostenreduzierungen sofort wirksam – langfristige Bumerangeffekte, die gegebenenfalls zu einem späteren Zeitpunkt in Form höherer Kosten wieder auf das Unternehmen und somit den Investor zukommen, werden in einer Kurzfrist-Perspektive vernachlässigt.[28]

Hier zeigt sich die Diskrepanz zwischen Theorie und Praxis des Managements von Humankapital in der aktuellen ökonomischen Realität, zwischen der praktizierten Kurzfrist-Sicht der Unternehmen und Investoren und der dringend erforderlichen Langfrist-Sicht bei der Entwicklung von Humankapital. Dieser Kluft entspricht das propagierte Bekenntnis zur Bedeutung des Faktors Humankapital als wichtigstem Kapital des Unternehmens und das oft diametral entgegengesetzte Verhalten.

Relevanz des Humankapitals aus Unternehmenssicht

Die Anforderungen an das Management von Humankapital haben sich in den letzten Jahren dramatisch verändert. Das Management von Humankapital, das beispielsweise die Entwicklung von Mitarbeitern, die Investition in Bildung und die gezielte Sicherung von Arbeitsplätzen beinhaltet, ist angesichts der ökonomischen Rahmenbedingungen nur schwer in Einklang zu bringen mit den Markterfordernissen, mit denen sich ein Unternehmen konfrontiert sieht. – So oder ähnlich lauten oft die Einschätzungen von Finanzvorständen und Analysten.

Zugegeben, diese Kausalität, die das Streben nach Gewinnwachstum, das Erwirtschaften von Rendite für die Investoren und Aktionäre, die Expansion in neue Märkte als harte Vorgaben für Unternehmen definiert und denen das scheinbar viel weichere Humankapital zwangsläufig unterliegen muss, entbehrt nicht einer gewissen Logik. Mitnichten kann behauptet werden, dass die Kosten für Personal eine zu vernachlässigende Größe wären. »Personal« ist der kapitalintensivste Bereich in vielen Unternehmen, und die Kosten dafür stehen in engem Zusammenhang mit dem finanziellen Ergebnis und mit der Bewertung des Unternehmens. Die Kosten für Personal und im Besonderen die Lohnkosten pro Mitarbeiter sind in Deutschland deutlich höher als bei anderen Wettbewerbern, vor allem im Vergleich zu den so genannten Niedriglohnländern. Das Abbaupotenzial, das sich daraus bei den Lohnkosten ergibt, ist auf den ersten Blick beeindruckend. Diesen Fakten kann und darf sich keine seriöse Diskussion um Humankapital entziehen.

Es darf dabei jedoch auch nicht übersehen werden, dass viele inländische und ausländische Investoren nicht wegen der vorhandenen finanz- und strukturpolitischen Rahmenbedingungen, sondern auch und gerade wegen des verfügbaren Humankapitals an deutschen Standorten investieren. Sie sehen darin einen echten Standortvorteil. Dieser hart umkämpfte Wettbewerbsvorteil für zahlreiche Unternehmen wird in vielen Diskussionen nur unzureichend gewürdigt.

Angesichts der hohen Kapitalintensität und Kostenbelastung durch den Faktor Humankapital ist es umso verwunderlicher, dass die Mehrzahl der Unternehmen nicht schon längst versucht hat, mit der gleichen Akribie wie beim Management des finanziellen Kapitals Spitzenrenditen und Wertsteigerungen beim Human Capital zu erzielen. Was für andere Funktionsbereiche in Unternehmen schon längst an der Tagesordnung ist, nämlich die Ermittlung der Erfolgs- und Ergebniswirksamkeit von Investitionen in neue Technologien, in Forschung und Entwicklung oder in Werbung für das Unternehmensergebnis, ist für den Bereich des Human Capital noch eine Rarität.

Das hat mitunter damit zu tun, dass der Bereich des Personals oftmals als kostenintensive Blackbox betrachtet wird, während seine Steuerung und sein direkter Wertbeitrag für das Unternehmen aus dem Blick geraten. Diese offenkundige Ratlosigkeit tritt an zahlreichen Stellen zutage: Sie manifestiert sich in der Art und Systematik der Berichterstattung über personalrelevante Kennziffern im internen und externen Berichtswesen[29], bei der Integration von Human-Capital-Indikatoren in Zielvereinbarungen und Leistungsvergütungen wie auch bei der Integration von Repräsentanten des Personalressorts angesichts strategischer Unternehmensentscheidungen auf oberster Managementebene[30], die in der Regel direkte Auswirkungen auf die Mitarbeiter des Unternehmens haben. Ein Unternehmen ohne Vertriebsvorstand oder Finanzvorstand ist in deutschen Unternehmen nahezu undenkbar, ein Unternehmen ohne Personalvorstand hingegen ist in vielen Unternehmen Deutschlands Realität!

In der Folge werden bei Maßnahmen des Human-Capital-Managements wie zum Beispiel Personalabbau sowohl intern als auch extern primär die durch Entlassungen eingesparten Kosten fokussiert, was als Vorteil und Indiz für gesteigerte Effizienz gewertet wird. Der Verlust an personellen Fähigkeiten hingegen, der Abbau expliziten und impliziten Wissens, das erzeugte Ausmaß an Verunsicherung und verminderter Leistungsfähigkeit des verbleibenden Personals infolge von Motivationseinbrüchen und fehlenden Vorgesetzten wird dabei meist nicht quantifiziert und somit bleiben die dadurch entstehenden Folgekosten oft im Dunkeln. Doch nicht genutzte Mitarbeiterpotenziale durch Fehlbesetzungen von Positionen, falsche und teure Mitarbeiterauswahl, verlorene oder mangelhafte Kundenbindungen bedeuten enorme Zusatzkosten und stellen Wertschöpfungsrisiken für Unternehmen dar, die im Einzelfall zu hohen Verlusten führen können. In jedem Fall entscheiden sie aber über den langfristigen Erfolg und über das zukünftige Wachstum des Unternehmens.

Eine logische Trennung oder gar ein Widerspruch von Finanz- und Humankapital ist dabei per se nicht zu erkennen. Im Gegenteil, Humankapital und nicht Finanzkapital bildet den Ausgangspunkt und die Basis jeder erfolgreichen Strategie.[31] Unternehmen, Mitarbeiter und Kunden handeln in einem von der Globalisierung verschärften Wettbewerb. Gerade deshalb dürfen die kausalen Zusammenhänge zwischen dem Humankapital, den Kunden und dem Unternehmenserfolg nicht vernachlässigt werden.

Auf den Punkt gebracht:
– Talentierte Mitarbeiter leisten ein Vielfaches mehr, wenn sie mit den richtigen Aufgaben betraut werden.
– Sie ermöglichen den Aufbau langfristiger Kundenbeziehungen und sichern Geschäftserfolge.
– Engagierte Arbeitsgruppen verursachen niedrigere Kosten und leisten den wesentlichen Beitrag zum Wachstum und Gewinn eines Unternehmens.[32]

Es sind die gleichen Wettbewerbskräfte, die es einerseits für Unternehmen attraktiv erscheinen lassen, kostenintensive Human-Capital-Aktivitäten und Teile ihres Human Capital auszulagern oder abzubauen, und die andererseits den strategischen Wert qualifizierter, erfahrener, motivierter und flexibler Mitarbeiter und der Instanzen, die sich darum intensiv bemühen, massiv erhöhen.[33] Ein Unternehmen trägt die Verantwortung dafür, sich beziehungsweise sein Management im Bereich der »weichen« Faktoren des Unternehmens und vor allem des Human Capital zu professionalisieren und Rahmenbedingungen im Unternehmen zu schaffen, die die Leistungsfähigkeit des Einzelnen optimal fördern und nutzen.

Nur Unternehmen, die sich im Wettbewerb behaupten, können »sichere und interessante Arbeitsplätze bieten, den Kapitalgebern eine angemessene Verzinsung – und der Gesellschaft den erwarteten Leistungsbeitrag. Der Unternehmer muss wissen, dass im dargestellten Zielkonflikt nichts so wichtig ist wie seine Mitarbeiter. Sie sind die Garanten des unternehmerischen Erfolgs, sie sind seine entscheidenden Stakeholder. Verunsicherte Mitarbeiter können einer solchen Rolle kaum gerecht werden. Vielmehr brauchen wir motivierte und engagierte Mitarbeiter, die sich einbringen und das Unternehmen – ihr Unternehmen – voranbringen.«[34]

Human Capital als Wettbewerbsfaktor: Schlüssel zu mehr Innovation und Produktivität

Deutschland hat es seinen Unternehmen sowie leistungsfähigen und gut ausgebildeten Mitarbeitern zu verdanken, dass es Exportweltmeister ist. Es hat einige herausragende Spitzenunternehmen und es hat erstklassig ausgebildete Mitarbeiter mit einem guten Fachwissen. Das ist das Verdienst früherer Investitionen in das Humankapital, und zwar durch die Unternehmen, durch die Gesellschaft und nicht zuletzt die Menschen selbst. Allerdings hat sich im Zusammenhang und im Umgang mit diesem wichtigen Werttreiber, dem Humankapital, in den letzten Jahren sehr viel verändert. Wichtige Parameter der Wirtschaftswelt haben sich dabei radikal gewandelt. Die veränderten wirtschaftspolitischen und sozioökonomischen Bedingungen lassen sich mit Stichworten wie Globalisierung, Wissens- und Dienstleistungsgesellschaft, steigende Innovationsgeschwindigkeit, Standortverlagerungen, zunehmender Wettbewerb mit so genannten Niedriglohnländern und asiatischen Wachstumsregionen am treffendsten beschreiben. Dabei stehen die daraus resultierenden Gefahrenpotenziale bei Diskussionen im Mittelpunkt, sie überlagern den Blick auf die auch daraus resultierenden Chancen.

Chancen, die sich im Kampf um Wachstum und Wettbewerbsvorteile ergeben, bestehen in der erheblichen »Zunahme der Faktoren Wissen und Zeit, die den innovationsstarken Unternehmen in Hochlohnländern einen enormen Wettbewerbsvorsprung verschaffen. Es sind die ›intelligenten‹ Produkte, die ›zündenden Ideen‹, die weltweit die Märkte bewegen.«[35] Länder oder Unternehmen, die innovativer als ihre jeweiligen Wettbewerber sind, haben die größeren wirtschaftlichen Erfolge und damit eine signifikant bessere Ausgangssituation, um längerfristig im Markt bestehen zu können.

Der grundlegende Faktor, der Fortschritt und Innovation ermöglicht, ist nicht technologischer, sondern menschlichen Ursprungs. Die eigentliche Veränderung vollzieht sich in der Welt der Ideen: mit der Erarbeitung konstruktiver Lösungsansätze, der dann die Umsetzung in Produkte und Dienstleistungen folgt. Diese Innovationsleistung ist nicht am Markt frei erhältlich und beliebig verfügbar, sie ist immer das Ergebnis von einzelnen Menschen, die entweder eigenständig oder im Kontext von Unternehmen diese Leistung erbringen. Je wissensbasierter Unternehmen sind, umso mehr kommt es auf den innovativen Wertschöpfungsbeitrag des Faktors Humankapital an. Für Innovationserfolge ist es die unmittelbarste Voraussetzung, ohne die selbst die beste Technologie, die attraktivsten Marktvoraussetzungen und Absatzwege langfristig nur wenig bewirken können.»Nachlassende Innovationskraft ist ein Warnsignal erster Ordnung«[36] für Unternehmen und die Sicherung einer kontinuierlichen Innovationskraft eine zentrale Aufgabe jeden Managements.

Unternehmen können nur dann zu innovativeren Unternehmen werden, wenn sie erkennen, dass »Investitionen in die Qualifikation und damit in die Motivation ihrer Mitarbeiterinnen und Mitarbeiter zugleich Investitionen in den Erfolg ihres Unternehmens sind«, so Wolfgang Clement.[37] Selbst wenn die Innovationen sowie die strukturellen beziehungsweise qualitativen Veränderungen gewaltig sind, die Zyklen von Innovationen immer kürzer werden und Unternehmen dabei unter massivem Kostendruck stehen, so sind es letztendlich die Träger des Humankapitals, die Mitarbeiter eines Unternehmens, die die größte Veränderungsleistung erbringen müssen.

Ein Hebel zur Stärkung der Innovationskraft von Unternehmen liegt deshalb im Management ihres Human Capital. Dabei definiert das Humankapital als Entscheidungsträger die Unternehmensstrategien, stellt die Weichen und bestimmt den Einsatz der Ressourcen – und es ist als Leistungsträger selbst der Nährboden, auf dem neue Ideen wachsen und in Produkte, Dienstleistungen und neue Verfahren umgesetzt werden sollen.[38]

Ein weiterer Schlüsselfaktor jeder Unternehmensstrategie ist neben der Innovationsleistung die Produktivität. »Was bedeutet es denn, dass die Produktivität eines Unternehmens steigt? Es bedeutet, dass bei gleichem Aufwand mehr Ertrag herauskommt. Das erreicht man jedoch nicht, indem man härter arbeitet, da dies einem höheren Aufwand (an Arbeit) gleichkommt. Das Produktivitätswachstum ist das Ergebnis von intelligenterer, nicht härterer Arbeit. Und der künftige Wohlstand hängt davon ab, dass wir intelligenter arbeiten.«[39] Was heißt dies für Unternehmen in einer Gesellschaft, die sich als Wissens- und Dienstleistungsgesellschaft versteht? Wie kann eine Messung der Produktivität und etwaiger Produktivitätsverbesserungen erfolgen, wie erhöht man die Produktivität von Wissensarbeitern, wie misst man die Produktivität der Ressource Wissen[40], wie die Produktivität von Menschen, deren Produktivität sich nicht mittels konkreter messbarer Arbeitsergebnisse, mittels Stückzahlen oder Ergebnissen pro Zeiteinheit erschließen lässt? »Effektive Organisationen setzen ihre Leute für Aufgaben ein, in denen sie am meisten bewirken können«, so Peter F. Drucker. Für die Umsetzung dieses scheinbar einfachen Wirkungszusammenhangs benötigen die Unternehmen jedoch aussagekräftige Bewertungs- und Managementinstrumente, mit denen sie die Erfolge ihres Humankapitals sowie dadurch erzielte Produktivitätssteigerungen ermitteln und nachweisen können.

Bildung und Wissen als die Schlüsselfaktoren für die Zukunftsfähigkeit des Standorts Deutschland

Wissen hat in dem Maß in den letzten Jahrzehnten an Bedeutung gewonnen, wie die Produktionsfaktoren Boden und materielles Kapital als primäre Quelle für Reichtum und Wohlstand an Bedeutung verloren haben.[41] Der Bedarf an Wissensträgern, an hoch qualifizierten Leistungsträgern in Unternehmen steigt kontinuierlich an: Waren um 1900 lediglich 17 Prozent aller Arbeitsplätze mit Wissensträgern zu besetzen, so sind es heute schon über 60 Prozent.[42] Nach einer Phase der Nutzung technologiebasierter und produktionsorientierter Wettbewerbsvorteile (economies of scale) kehrt der Wertschöpfungsfaktor Human Capital nun wieder in das Bewusstsein der Unternehmen und der Gesellschaft zurück. Die moderne Wachstumstheorie lehrt, dass in Deutschland und anderen hoch entwickelten Ländern der Produktionsfaktor Humankapital die entscheidende Wachstumsdeterminante ist. Dabei findet eine Rückbesinnung auf die Bedeutung des Human Capital als Schlüssel für mehr Innovation und Flexibilität statt.

Eine wesentliche Voraussetzung für den Aufbau von Humankapital ist nachweislich die Bildung[43], die entsprechende Kenntnisse und Motivationen vermittelt. Die Qualität der Bildung stellt einen der wichtigsten Wettbewerbsfaktoren für die Wirtschaft beziehungsweise für investierende Unternehmen dar. Insofern sind Zahlen wie in der jüngsten OECD-Studie besorgniserregend: Der Bildungsstand der Deutschen stagniert.[44] Deutschland hat dem Bericht zufolge sein Potenzial zur Erhöhung der Zahl der Studienanfänger weitgehend ausgeschöpft, zumal sich die Alterung der Gesellschaft dabei bemerkbar macht. Der Anteil der Schulabgänger mit Hochschulreife liegt in Deutschland bei lediglich 35 Prozent, im OECD-Mittel aber bei 53 Prozent, in Schweden, Finnland und Polen sogar bei mehr als 70 Prozent. Die niedrige Abiturientenrate begrenze auf Dauer wirtschaftliches Wachstum.

Wenn über die Wettbewerbsfähigkeit eines Landes in einem »knowledge race« (Tony Blair) entschieden wird, dann sollten Investitionen in Bildung in ausreichend hohem Maße erfolgen. Gerade das rohstoffarme Deutschland kann nur über »Investition in Köpfe« seinen Platz als maßgeblicher Exporteur in der Welt halten.[45]

Expansionen in Humankapital, die Steigerung der Humankapitalproduktivität sowie eine verbesserte Ausschöpfung des Humankapitals auf dem Arbeitsmarkt in Deutschland sind dringend erforderlich. Ein immer größerer Teil des Humankapitals wird auf dem Arbeitsmarkt nicht oder nicht mehr eingesetzt, sei es wegen Verrentung, Mutterschaft oder Teilzeitarbeit, und nur durch Investitionen in Bildung kann dieses steigende Defizit zukünftig verringert werden.[46]

Die negative Entwicklung wird durch die Sparbemühungen und Desinvestitionen im Bereich Bildung, Aus- und Weiterbildung in vielen Unternehmen jedoch gegenwärtig verschärft. Die Aus- und Weiterbildung in den Unternehmen ist weiter rückläufig und verglichen mit dem europäischen Ausland, wie beispielsweise den Niederlanden oder den skandinavischen Ländern, deutlich geringer ausgeprägt.[47] Des Weiteren erhalten nur 36 Prozent der Arbeitnehmer die Möglichkeit der betrieblichen Weiterbildung, womit Deutschland zu den Schlusslichtern Europas gehört.[48]

Unternehmen müssen in Human Capital selbst investieren, um in der Zukunft ausreichend qualifizierte Mitarbeiter zu haben. Sie dürfen sich nicht auf die Ausbildung durch staatliche Institutionen verlassen und sich der Bildungsverantwortung entziehen, wollen sie künftig auf die Ressourcen des Arbeitsmarktes zugreifen. Die Unternehmen selbst sind die wichtigsten Institutionen für die Ausbildung und Entwicklung künftiger Nachwuchskräfte. Erfahrene Mitarbeiter vermitteln die entscheidenden Erfahrungen und das erforderliche Wissen an weniger erfahrene: und zwar genau die Kenntnisse, die für die Bewältigung der Herausforderungen im konkreten Unternehmen nötig sind. Dagegen steht häufig der Wunsch vieler Unternehmen, sich bereits erfahrene Experten ins Haus zu holen, die quasi mit fertigem Profil und Lösungsleitfäden in die Unternehmensprozesse integriert werden können – hier locken kurzfristige Kosteneinsparungspotenziale.

Es besteht jedoch ein enger Zusammenhang zwischen der Qualität des Bildungstands und der Produktivität und Leistungsfähigkeit von Unternehmen. Nur durch gut gebildetes Humankapital kann ein struktureller Wandel von Unternehmen erreicht werden. Bereits heute zählen zu den Verlierern des aktuellen Globalisierungsprozesses nicht nur einzelne Branchen, sondern auch bestimmte Arbeitnehmergruppen wie gering qualifizierte Arbeiter, »denn sie treten über den Güterhandel und den Wettbewerb um das mobile Kapital indirekt und direkt mit den Arbeitern in den aufstrebenden Ländern in Asien, Südeuropa und Osteuropa in den Wettbewerb«. »Hoch qualifizierte Arbeit ist in geringerem Maße betroffen, weil diese Arbeit selbst Kapital darstellt. Man spricht hier vom Humankapital, das man sich auf dem Wege der Fachausbildung erwerben kann.«[49]

Wer Spitzenleistungen erbringen möchte, braucht Spitzenkräfte. Das gilt nicht nur für die Unternehmensleitung, für das Topmanagement, sondern für die gesamte Belegschaft eines Unternehmens. Und dies vor dem Hintergrund einer Zunahme der Arbeitsplätze, die hoch qualifizierte Arbeitnehmer erfordern, und einer generellen Zunahme wissensbasierter Produktions- und Dienstleistungsportfolios. Der Anteil gering qualifizierter Arbeitskräfte nimmt, wie eben beschrieben, in Deutschland stetig ab, während die wissensdominierten Branchen mit Hightech-Ausrichtung kontinuierlich ihre Nachfrage nach qualifizierten Fachkräften und Experten erhöhen.[50]

Unausweichlich stehen die Unternehmen und deren Mitarbeiter vor einer schwierigen Aufgabe, denn Globalisierung heißt auch: globaler Wettbewerb um die besten Köpfe, Ideen und Innovationen!

Nicht erst durch die Osterweiterung der Europäischen Union ist ein Wettbewerb um die besten Standortvoraussetzungen für neue Investitionen entbrannt. Die so genannten Niedriglohnländer befinden sich in unmittelbarer Nachbarschaft deutscher Unternehmen. Neben steuerlich attraktiven Rahmenbedingungen und guter Infrastruktur können sie zunehmend auf qualifiziertes Humankapital verweisen. Noch haben die innovationsstarken Unternehmen in Hochlohnländern dank der gestiegenen Relevanz der Faktoren Wissen und Zeit als Wettbewerbs- und Wachstumsindikatoren einen enormen Wettbewerbsvorsprung. Die Betonung liegt auf »noch«, denn dieser Vorsprung ist leicht verspielt, wenn deutsche Unternehmen nicht kontinuierlich und mit mehr Weitsicht ihre eigene Wissensbasis und ihr Potenzial weiterentwickeln.

Die eigentliche Herausforderung im Wettbewerb um Humankapital liegt freilich in den demografischen Entwicklungen, die auf die Unternehmen und die Gesellschaft zukommen. Viele Unternehmen sind darauf noch nicht oder in sehr geringem Ausmaß vorbereitet. Und zwar trifft dies deutsche Unternehmen und – was gern übersehen wird – auch manche der so genannten Niedriglohnländer, wie beispielsweise das heute boomende China.

Demografischer Wandel und Human-Capital-Management

Mit den Folgen des demografischen Wandels beschäftigen sich Unternehmen bislang nur am Rande, sie scheinen die Vorzeichen der dramatischen Entwicklungen nicht in Maßnahmen übersetzen zu können oder zu wollen. So hat eine jüngst veröffentlichte Studie der Zeppelin

University in Friedrichshafen zu den betriebswirtschaftlichen Konsequenzen des demografischen Wandels unter Vorständen deutscher Unternehmen gezeigt, dass in den Unternehmen zwar gesamtwirtschaftlich eine Sensitivität für diese Problematik vorhanden ist, diese jedoch nicht auf die Innenperspektive und auf die Steuerung des Unternehmens übertragen wird. So werden betriebswirtschaftliche Daten zur demografischen Entwicklung der Mitarbeiter (und auch der Kunden) nicht systematisch erhoben und ausgewertet.[51]

Der Studie zufolge lassen im Wesentlichen zwei Faktoren den demografischen Wandel nicht nur für die Gesellschaft insgesamt, sondern ganz besonders für Unternehmen am Standort Deutschland – wie auch in den meisten anderen europäischen Ländern – zu einem wichtigen Thema werden: der Rückgang der Geburtenrate und die steigende Lebenserwartung.

Die Hälfte der Bevölkerung in Deutschland wird 2050 älter als 50 Jahre sein. In Deutschland sind über 60-Jährige auf dem Arbeitsmarkt kaum noch vertreten, doch ihr Anteil am Arbeitskräftepotenzial wird dramatisch zunehmen. Schon heute sind bereits 28,4 Prozent aller Erwachsenen über 65 Jahre und nicht mehr erwerbstätig.[52] Strategien für immer älter werdende und eine immer größere Anzahl älterer Arbeitnehmer sind gefordert: »Wir können es uns nicht leisten, auf das Wissen und die Erfahrung der Älteren zu verzichten«, so Horst Köhler. Man müsse sich vor Augen führen, dass »von den Menschen über 55 [...] in Deutschland nur noch 40 Prozent einen Arbeitsplatz [haben], in der Schweiz dagegen sind es fast 70 Prozent. Das kann nicht an den Menschen liegen, denn so verschieden sind Deutsche und Schweizer nun wirklich nicht.«[53]

Der unmittelbare Handlungsbedarf rührt vor allem daher, dass immer weniger Nachwuchskräfte nachrücken werden, spezifische Qualifikationen und Erfahrungsprofile voraussichtlich auch schwieriger zu beschaffen sein werden und ältere Mitarbeiter nicht nur verstärkt quantitativ integriert werden, sondern auch qualitativ wichtige Stellen werden ausüben müssen – Stichwort: Erfahrungs- und Wissenstransfer! Experten sehen in der Alterung der Bevölkerung und nicht in deren Schrumpfung die »drängendste demografische Herausforderung«[54].

Dies hat massive Auswirkungen auf das Qualifikationsniveau und daraus resultierend auf den Handlungsbedarf hinsichtlich Weiter- und Fortbildung älterer Mitarbeiter.

Die Hauptprobleme liegen zum einen in einer Personalpolitik, die auf Nachwuchskräfte und so genannte förderungswürdige »High Potentials« zugeschnitten ist, in deren Folge Entwicklungsmaßnahmen und Weiterbildungsinitiativen nur für jüngere Arbeitnehmer vorgesehen sind. Allerdings veralten Qualifikationen und Wissensbestände immer schneller, während zugleich neue Arbeitsfelder und Leistungsanforderungen entstehen, die mit Kreativität, Flexibilität und neuem Wissen zu bewältigen sind. Lebenslanges Lernen der Mitarbeiter wird dadurch zu einer Grundvoraussetzung, um arbeitsmarktfähig zu bleiben. Unternehmen und zunehmend die Mitarbeiter selbst müssen ihre Arbeitsmarktfähigkeit regelmäßig auf den Prüfstand stellen. Die Unternehmen können die Mitarbeiter hierbei begleiten, fördern und fordern. Wesentlich ist dabei, dass diese die Möglichkeit erhalten, auch nach Erreichen einer bestimmten Altersschwelle noch am Erwerbsleben teilzunehmen und berufliche Veränderungen zu wagen. Eine »demografieorientierte Personalentwicklung« ist zwingend erforderlich, sie muss frühzeitig und nicht erst gegen Ende des Arbeitslebens beginnen, so Wolfgang Clement.[55]

Am Beispiel der älteren Mitarbeiter zeigt sich besonders augenfällig, wie sehr Humankapital unter reinen Kostengesichtspunkten gemanagt wird und wie wenig die wertschöpfenden Zusammenhänge konsequent ermittelt und in Handlungen umgesetzt werden: Zahlreiche Studien haben wiederholt nachgewiesen, dass ältere Arbeitnehmer in Unternehmen einen essenziell wichtigen Beitrag zum Erfolg des Unternehmens leisten (höhere Produktivität, höheres implizites und explizites Wissen, soziale Kompetenz etc.), dass sie jedoch oftmals aufgrund höherer Kosten, hervorgerufen durch senioritätsgetriebene Vergütungs- und Tarifstrukturen, zu erwartende Abfindungen im Falle der vorgezogenen Pensionierung etc., als Problemgruppe betrachtet werden. Das hat in vielen Unternehmen bereits zu einer starken Veränderung der Belegschaftsstruktur geführt. Inwieweit ein Abbau älterer Mitarbeiter tatsächlich rentabel für das Unternehmen ist, ist in den wenigsten Fällen systematisch untersucht und durch wirtschaftliche Kennziffern belegt worden.

Prognosen zufolge werden wir die Auswirkungen des demografischen Wandels schon in den nächsten 10 bis 15 Jahren deutlich zu spüren bekommen. So wird für das Jahr 2010 bereits ein starker Fachkräftemangel, für das Jahr 2015 ein deutlicher Arbeitskräfterückgang und für 2020 eine deutliche Alterung der Arbeitskräfte vorhergesagt.»Nach Prognosen des Deutschen Instituts für Wirtschaftsforschung (DIW) wird das Arbeitskräfteangebot in Deutschland bis zur Mitte des Jahrhunderts selbst bei jährlicher Zuwanderung von 200 000 um fast vier Millionen sinken. Andere Vorhersagen gehen noch weiter.«[56]

Für den einzelnen Erwerbstätigen und Arbeitsuchenden mag dies durchaus positive Aspekte haben, denn die Chancen auf eine neue Arbeitsstelle steigen, wenn qualifizierte Fachkräfte eine knappe Ressource werden und Arbeitgeber weniger Auswahlmöglichkeiten und Verhandlungsspielräume haben werden. Obwohl in Deutschland kein Wandel vom »Arbeitgeber-Markt« zu einem »Arbeitnehmer-Markt« mit gleichzeitig herrschender Vollbeschäftigung zu erwarten ist, so sind dennoch die Verschiebungen deutlich und die Wirkungen von großer Reichweite für Unternehmen.

Die »*Nachfragerichtung* der Ressource Arbeit«[57] wird sich, dem Trendforscher Horx zufolge, umdrehen, wenn Talente, Ideen, Wissen, Kreativität und Innovationsfähigkeit von Mitarbeitern (der »backbone aller Ökonomie«) eines Tages knapp werden sollten. Ein »Paradigmenwechsel« im betrieblichen Personalmanagement wäre laut Zygmunt Mierdorf, Personalvorstand der Metro AG, notwendig, wenn in deutschen Unternehmen adäquate Bewältigungsstrategien für die Auswirkungen der demografischen Umbrüche entwickelt werden sollen. Konkret nennt er eine »Rekrutierungspolitik, die ›Alter‹ wie eine Qualifikationsanforderung behandelt«; eine Personalentwicklung, die Mitarbeiter ab 40 nicht von weiteren Karriereplanungen ausschließt; und eine Personalplanung, die den Vorruhestand nicht als probates Mittel des Personalabbaus sieht. Der »Kampf ums Personal beginnt schon heute. Die Unternehmen müssen jetzt radikal umdenken, wenn sie in Zukunft eine leistungsfähige Belegschaft haben wollen.«[58]

Von der demografischen Entwicklung sind Arbeitnehmer und Arbeitgeber gleichermaßen betroffen. Fachkräfte könnten in geringerem Umfang verfügbar sein, so dass Arbeitgeber Probleme mit der Personalbeschaffung hätten. Aber die »Alterung eliminiert nicht nur Arbeitnehmer, sondern auch Arbeitgeber aus dem Arbeitsmarkt. Neue Unternehmen, die neue Arbeitsplätze schaffen, werden von jungen Leuten gegründet. Das durchschnittliche Alter der Unternehmensgründer liegt in Deutschland bei 34 bis 35 Jahren, es fällt also mit dem Alter der maximalen wissenschaftlichen Leistungsfähigkeit zusammen.«[59]

Human-Capital-Management als zentrale Managementaufgabe

Je ausgeprägter das Bekenntnis für Human Capital in Unternehmen ist und je mehr Unternehmensbereiche und -ebenen sich dazu bekennen, umso leichter sind relevante Weichenstellungen möglich. Deshalb ist es von entscheidender Wichtigkeit, dass sowohl die Notwendigkeit des Handelns erkannt als auch handlungsbereite Akteure dafür definiert und mit Handlungskompetenzen ausgestattet werden.

In der Regel ist es die Personalabteilung, die sich qua Funktion und Kompetenzbereich mit dem »Faktor Mensch« beschäftigt. Die Personalexperten gelten als »prädestiniert, über den Wert des Human Capital nachzudenken, da sie am ehesten den Werteinfluss der Belegschaft auf das Unternehmen einschätzen können und da nirgendwo anders im Unternehmen eine bewusste Auseinandersetzung hiermit erfolgt«[60]. Jedoch endet diese Auseinandersetzung oftmals an den Grenzen des Personalressorts, nicht weil dies aus Sicht der Personalexperten zwangsläufig so sein müsste, sondern weil das Thema Human Capital noch nicht als strategisch wichtiges Thema des gesamten Unternehmens und seiner einzelnen Funktionsbereiche, wie Vertrieb und Finanzen, betrachtet wird. Die Notwendigkeit eines übergreifenden wertorientierten Managements der zentralen Ressource Mitarbeiter und einer Koordination notwendiger Maßnahmen und Erfolgskontrollen ist nicht ausreichend erkannt und in den seltensten Fällen bereits umgesetzt.

»Nur in jedem zweiten Betrieb wird die HR-Abteilung als wertschöpfende Einheit wahrgenommen« – so lauten Ergebnisse der Beratungsgesellschaft Kienbaum.[61] Das Ansehen der Personalabteilungen oder HR-Ressorts ist in vielen Unternehmen intern folglich sehr schlecht. Die Personalexperten sind nur selten in den Topmanagement-Ebenen vertreten und sind nicht dort integriert, wo die strategischen und auch Human-Capital-relevanten Entscheidungen getroffen werden. Oftmals führt dies dazu, dass das angeblich wichtigste Kapital der Unternehmen nur als Residualaufgabe neben wichtiger erachteten Aufgabenbereichen ausgeübt wird.

In der Vergangenheit hat sich das Personalwesen primär mit der Bereitstellung, der Betreuung und Administration des Personals beschäftigt. Für die unmittelbaren Ergebnisse des Personalbereiches wurden einige Kennziffern vorgelegt, beispielsweise Weiterbildungstage pro Mitarbeiter, Dauer der Betriebszugehörigkeit, Zeit für die Neubesetzung einer offenen Stelle oder Zahl der eingegangenen Bewerbungen. Die Kennziffern waren also nicht auf die Ergebnisse des gesamten Unternehmens ausgerichtet; und Wertschöpfungszusammenhänge zwischen dem Beitrag des Human Capital und dem Ergebnis des gesamten Unternehmens oder ausgewählter Teilbereiche wie Vertrieb oder F&E blieben diffus. Es gab keine Notwendigkeit, eine ganzheitliche »human capital perspective« zu entwickeln, die folgende zentrale Frage des Unternehmens beantworten musste: Wie bauen wir eine Human-Capital-Strategie, die mit den wirtschaftlichen Anforderungen und Zielsetzungen des gesamten Unternehmens verzahnt und in der Lage ist, rasch, kompetent und flexibel auf veränderte Wettbewerbsbedingungen zu reagierten?[62]

Natürlich kann kein Personalexperte, kein Human-Capital-Manager allein eine solche Veränderung hervorbringen. Human-Capital-Management beinhaltet eine Wertschätzung des eigenen Human Capital und die Ausübung einer Vorbildfunktion durch das Management selbst. Vonnöten sind Anleitung und vorgelebtes Beispiel, aber auch Regeln und Institutionen sowie eine gelebte Kultur im Unternehmen. Institutionen sind den Menschen nicht vorgegeben, vielmehr sind sie ihrerseits ein Ergebnis menschlichen Handelns. Das Verhalten der Menschen erklärt sich nicht durch die Person selbst, sondern vor allem aus dem Zusammenspiel mit den bestehenden Institutionen.[63]

Die Sicherung der moralischen Integrität von Managern sollte dabei selbstverständlich sein, sie sollte ebenso bei der Ausbildung und Auswahl der Führungskräfte einer der zentralen Schlüsselfaktoren sein. Ist das in deutschen Unternehmen auch tatsächlich der Fall? Wir gehen auf die Schlüsselanforderungen in unserer Studie ein, die heutige Topentscheider an zukünftige Führungskräfte stellen, und untersuchen, ob diese sozialen und moralischen Kompetenzen nachgefragt und als wertvoll erachtet werden. Dies erfolgt vor dem Hintergrund aktueller Fälle, wie Bestechungsskandale und Korruptionsaffären in deutschen Unternehmen (VW, Daimler, Infineon etc.). Korruption in deutschen Unternehmen ist ein unterschätztes Problem; sie ist oftmals die Ursache von mangelnder Motivation und Moral loyaler Mitarbeiter und somit Ausdruck schlechten Human-Capital-Managements.[64]

Bewertung von Human Capital als Voraussetzung für Human-Capital-Management?

Das Management von Human Capital muss sich zum Mitarbeiter als elementarem Vermögenswert des Unternehmens bekennen, wie Scholz u. a. dies in einem Zehn-Punkte-Postulat an die Gestaltung des Human-Capital-Managements formulieren.[65] Dabei ist ein Bekenntnis zur Ermittlung des Wertbeitrags für den Unternehmenserfolg ein wichtiger Baustein und der grundlegende Unterschied zu den bisherigen Ansätzen des Personalmanagements. Unternehmen müssen in Human Capital investieren wie in ein Geschäft. Es ist an der Zeit, dieses Potenzial auszuschöpfen, denn der Return on Investment ist erwartungsgemäß hoch. Allzu oft verhindert noch die Diskussion um Begrifflichkeiten den eigentlichen Durchbruch: Die Ökonomisierung des Humankapitals ist eine Chance zur Aufwertung des Humankapitals; der Mitarbeiter bekommt so die Rolle eines ökonomischen Erfolgsfaktors.

Intellektuelles Kapital, und ganz besonders das als »softes« Kapital wahrgenommene Humankapital, wird trotz aller Bekenntnisse noch häufig intuitiv erfasst und gesteuert. Das führt zu einem »Blinde-Kuh-Effekt«⁶⁶; das heißt, die Erfolge eingeleiteter Maßnahmen werden grob nach den wahrgenommenen und erzeugten Zuständen in »warm« oder »kalt« unterschieden. Eine Ursache-Wirkungs-Analyse in systematischer Form findet auf diesem Weg nicht statt, für erzielte Erfolge gibt es keine verlässlichen Evaluationsgrundlagen; und kontinuierliche Bewertungsgrößen, die aufschlussreiche Anhaltspunkte für das weitere Handeln geben könnten, fehlen. Ergebnisse bleiben mehr oder weniger zufällig und können in systematischer Weise nicht reproduziert werden.

Das Management dieses wichtigsten Kapitals des Unternehmens kann auf klare und verbindliche Messkriterien allerdings nicht verzichten. »We need data, not anecdotes«⁶⁷, denn wie soll gemanagt werden, was nicht gemessen wird oder aufgrund fehlender Bewertungsgrundlagen im schlechtesten Fall überhaupt nicht gemessen werden kann? Ein Wertmanagement, das den wichtigsten Werttreiber des Unternehmens lediglich als Kostenfaktor sieht und nicht als Investition für den zukünftigen Erfolg, spiegelt den realen Wert des Unternehmens weder intern noch für Dritte korrekt wider und liefert unzuverlässige ökonomische Entscheidungsgrundlagen.⁶⁸

Unternehmen benötigen gerade für das – unabhängig von der sonstigen Kapitalausstattung des Unternehmens – nur langsam entwickelbare, schwer beschaffbare Human Capital aussagekräftige Koordinaten, um ein »Frühwarnsystem« aufzubauen. Dieses muss in der Lage sein, klare Signale über positive oder negative Entwicklungen auszusenden, um so frühzeitig schädlichen Entwicklungen für das Unternehmen entgegenzuwirken und positive Entwicklungen konstruktiv durch Begleitmaßnahmen zu unterstützen. Beispiele erwiesenermaßen aussagekräftiger Indikatoren gibt es viele, sie reichen von Daten zur Mitarbeiterbindung⁶⁹, Mitarbeiterförderung und Mitarbeiterentwicklung über die Führungssituation bis hin zur Wahrnehmung des Unternehmens als Arbeitgeber. So ist ein wesentlicher Erfolgsindikator unternehmerischen Handelns jener der Attraktivität als Arbeitgeber. Gemeint ist damit nicht die Fluktuationsrate, sondern die Qualität der Mitarbeiter, die ein Unternehmen aus eigener Entscheidung verlassen beziehungsweise die nicht vom Unternehmen neu rekrutiert werden können. Dies ist ein wichtiger Indikator für längerfristige Entwicklungschancen eines Unternehmens, jedoch sind »Erosionserscheinungen auf diesem Gebiet durch ein noch so gut entwickeltes Rechnungswesen nach alter ›Machart‹ nicht zu entdecken«[70].

Bewertung durch Investoren

Die zentrale Frage nach der Bewertung des Human Capital als eines wichtigen Werttreibers für den unternehmerischen Erfolg stellen sich verstärkt auch Investoren. Deren Einfluss auf Unternehmens- und auch Personalentscheidungen nimmt zu, wie jüngste Entwicklungen in großen, börsennotierten Unternehmen gezeigt haben.[71] Vor allem institutionelle Investoren und Vertreter großer Hedge- und Pensionsfonds zeigen für die Bewertung der Qualität des Managements und des Human Capital steigendes Interesse.[72]

Diese Interessengruppen versuchen die Informationsasymmetrien und daraus resultierende Investitionsrisiken systematisch zu minimieren. Zur fundierten Beurteilung zukünftiger Gewinn- und Renditemöglichkeiten fehlen ihnen freilich die relevanten Daten der Unternehmen, da im Rahmen der Unternehmensberichterstattung noch so gut wie keine HC-Kennziffern erhoben und veröffentlicht werden. Zudem fehlen ihnen die Kenntnisse, um die Aussagefähigkeit der Human-Capital-Daten für die kurzfristige, mittelfristige und langfristige Unternehmensentwicklung und die Wachstumschancen zu beurteilen. Welche Kriterien lassen ein Unternehmen erfolgreicher, welche lassen es im Vergleich zu den Wettbewerbern als besser positioniert erscheinen? Welche Human-Capital-Risiken bestehen und wie werden diese gemanagt? Welchen Anteil hat das Human Capital am Erfolg des gesamten Unternehmens? Und besonders wichtig: Kennt das Unternehmen selbst diese Zusammenhänge? Stellt es sich diese wichtigen Fragen und sucht nach den nötigen Antworten? Unternehmen werden zukünftig stärker darüber berichten müssen, wie sie das Wertschöpfungspotenzial und das Risiko ihres wichtigsten Erfolgsfaktors Human Capital steuern und kontrollieren, und dafür Kennziffern bereithalten müssen, die über reine Kostengesichtspunkte hinausgehen sollten.

Im Zuge dieser Ökonomisierung und Bewertung des Humankapitals werden neuerdings verstärkt Formeln[73] zur Berechnung des Humankapitals entwickelt.[74] Damit verbunden ist die Hoffnung und Erwartung, durch Präzision und mittels arithmetischer Logiken das Humankapital auf die gleiche Augenhöhe mit monetären Kennziffern zu bringen und dadurch dem Humankapital als Wertindikator zum Erfolg zu verhelfen. Mit diesen Quantifizierungsansätzen, die versuchen, *eine* weitere Kennziffer unternehmerischen Erfolgs analog der Logik anderer finanzieller Kennziffern (wie ROI, EBIT etc.) zu etablieren, soll gängigen Vorurteilen der Nicht-Quantifizierbarkeit so genannter weicher Faktoren durch konkrete Messansätze begegnet werden.

Sosehr dies ein wegweisender Ansatz ist, so ist es auch Ausdruck einer argumentativen Hilflosigkeit und nicht in allen Fällen Ergebnis einer fundierten langfristig tragfähigen Vorgehensweise. Mit einer scheinbar simplifizierenden Quantifizierung des Humankapitals wird Human Capital dem Financial Capital gleichgesetzt. Humankapital ist jedoch ein interdependentes Ergebnis verschiedener Schlüsselfaktoren in einem Unternehmen wie individueller Leistungsfähigkeit, Führungsstrukturen und -stil, Instrumente der Entwicklung und Förderung von Humankapital. Somit ist Humankapital ein Ergebnis individueller Fähigkeiten und Möglichkeiten, struktureller Bedingungen und unternehmerischer und strategischer Zielorientierung. Im Ergebnis ist der Wert des Humankapitals kein einzelner, quantitativ präzise ermittelbarer Wert, der in Euro und Cent bestimmt werden kann, sondern eine Funktion verschiedener wichtiger Variablen, deren jeweilige Optimierung einen wesentlichen Anteil an der Verbesserung des Unternehmenserfolges hat.

Aus ökonomischer Sicht ist für Unternehmen und Investoren nicht die Bewertung in einer singulären monetären Größe entscheidend, vielmehr geht es um die zielgeführte Steuerung von Humankapital, die es ermöglicht, dass Mitarbeiter überdurchschnittliche Leistungen erbringen können und wollen.[75] Indikatorensysteme eignen sich für eine Bewertung und Steuerung des Human-Capital-Managements besser. Sie berücksichtigen die Interdependenz der relevanten Einzelfaktoren, verbinden diese in ihrem logischen Beziehungs- und Erklärungszusammenhang und richten sie auf ein übergeordnetes Ziel, die Steigerung des Human Capital in einem Unternehmen, aus.[76] Zentrale Elemente und Indikatoren erfolgreichen Human-Capital-Managements werden wir in Kapitel 3 und 4 anhand der Ergebnisse der vorliegenden Studie detailliert vorstellen.

Der Wertbeitrag von Human Capital für den Unternehmenserfolg – empirische Studien

Die Unternehmen und die wissenschaftliche Forschung haben die Entwicklung nicht verschlafen. Verschiedene Versuche sind bereits unternommen worden, den Wertbeitrag des Human Capital auf die Unternehmensperformance zu untersuchen und dem Human-Capital-Management dadurch zum Durchbruch zu verhelfen. Es ist erkannt worden, dass nur durch die Ermittlung signifikanter direkter und indirekter Kausalzusammenhänge Ansätze und Strategien definiert werden können, mit denen der Erfolg von Unternehmen gesteigert werden kann. Einige dieser empirisch fundierten Untersuchungsergebnisse sind wegweisend und für das Verständnis von Human-Capital-Management hilfreich.

So konnte für den Bereich der *Mitarbeiterentwicklung* gezeigt werden, dass Investitionen in Weiterbildung und Training interner Mitarbeiter einen signifikanten Einfluss auf das Humankapital und auf die Renditeentwicklung des Unternehmens ausüben können.[77] Organisationen, die aufgrund fehlender Qualifikationen von Mitarbeitern darauf angewiesen sind, die entsprechenden Qualifikationen (vor allem im Bereich des mittleren Managements) von außen zu kaufen, gehen das Risiko ein, ihre bestehende Belegschaft zu verunsichern und talentierte Mitarbeiter zu verlieren.[78] Organisationen, die in Personalentwicklung investieren, können hingegen höhere Gewinne erzielen (pro Mitarbeiter; FTE), indem sie gleichermaßen Möglichkeiten für die Mitarbeiter schaffen, sich intern weiterzuentwickeln. Anderenfalls tendieren Mitarbeiter eher dazu, das Unternehmen zu verlassen. Am Beispiel von Investmentanalysten konnte nachgewiesen werden, dass der Einkauf von externen Spitzenkräften (durch erfolgreiche Abwerbungen) äußerst kostspielig und riskant sein kann, da der bloße Einsatz von ehemaligen »Stars« nicht automatisch zur Steigerung des Ergebnisses in dem neuen Unternehmen führen muss. Gründe hierfür wurden in der Verunsicherung und dadurch reduzierten Arbeitsmotivation der bereits vorhandenen Belegschaft gefunden, die sich auf die Leistung und die Ergebnisse der gesamten Einheit auswirkten.[79]

Studien zur *Vergütungsstruktur* und zur Wirkung von leistungsabhängiger Bezahlung haben gezeigt, dass diese sich positiv auf die Entwicklung des Marktwertes auswirkt[80], sei es als Anreiz zu überdurchschnittlicher Leistungserbringung oder in Form einer hohen »Abwerbeprämie« als Barriere für die Abwerbung der Mitarbeiter durch konkurrierende Wettbewerber.

Die *Bindung* von sehr guten Mitarbeitern und Schlüsselpersonen an das Unternehmen ist ein wesentlicher Erfolgsfaktor für das Management von Human Capital. So kann eine erhöhte Fluktuationsrate nicht nur zum Verlust von wichtigen Erfahrungen und Wissen führen, sondern sich auch direkt auf das Unternehmensergebnis auswirken. Ungewollte Mitarbeiterkündigungen führen einerseits zu Kosten bei der Wiederbesetzung der Stelle (Personalsuche, -auswahl, Einarbeitung etc.) und eröffnen andererseits Wettbewerbern neue Vorteile, wenn Mitarbeiter ihr Know-how und Kunden dorthin transferieren. Die Folgekosten, die daraus entstehen, können ungleich höher sein als die reinen Kosten der Neubesetzung einer Position. Welche Ursachen für Fluktuation ausschlaggebend und für das Betriebsergebnis negativ sein können, konnte in organisationsübergreifenden Korrelationen in groß angelegten Studien ermittelt werden. So konnte beispielsweise ein klarer Zusammenhang zwischen den Erwartungen der Mitarbeiter an ihre jeweilige Aufgabe sowie dem ihnen entgegengebrachten Interesse einerseits und der Gesamtzufriedenheit sowie der Mitarbeiterfluktuation andererseits nachgewiesen werden.[81]

Die Wirkung des Human Capital auf die Quantität und Qualität der *Kundenbeziehungen* hat die Gallup Organization in detaillierten und sehr umfangreichen Studien untersucht. Dabei hat sie nachgewiesen, dass durch engagierte Mitarbeiter nachweislich eine höhere Kundenzufriedenheit und -bindung erzielt werden kann.[82]

Vor allem die *Reputation des Unternehmens* als tatsächlicher oder potenzieller Arbeitgeber wurde hinsichtlich der Wirkung auf das Unternehmensergebnis intensiver untersucht. Es wurde festgestellt, dass eine Wahrnehmung des Unternehmens als attraktiver Arbeitgeber in positivem Zusammenhang mit besseren wirtschaftlichen Ergebnissen steht. Dies kann in Form reduzierter Kosten der Personalsuche und -beschaffung, aber auch in der Motivationssteigerung einzelner Mitarbeiter und der dadurch höheren Leistungserbringung auf die Unternehmensergebnisse einwirken.[83]

Das Gallup-Institut hat in den letzten Jahrzehnten mit die wichtigsten Untersuchungen zum Zusammenhang von *Führungsverhalten* und Unternehmenserfolg durchgeführt. So wurden Forschungsstudien unter *Mitarbeitern* durchgeführt, die unter anderem zu dem Ergebnis kamen, dass die Qualität der Vorgesetzten eine der wesentlichsten Variablen in der Erklärung von exzellenten Arbeitsergebnissen talentierter Mitarbeiter darstellt.

In einer anderen groß angelegten Studie unter *Führungskräften* wurde der Frage nachgegangen, wie es erfolgreichen Unternehmen gelingt, die besten Mitarbeiter zu finden, sie zu Spitzenleistungen anzuhalten und sie dauerhaft an das Unternehmen zu binden.[84] Dabei wurde ein Katalog von Kriterien ermittelt, der Führungsverhalten hinsichtlich seiner Erfolgswirksamkeit differenziert. Anhand von Fragen, die die Erwartungen der Mitarbeiter an die jeweilige Führungskraft und -situation im unmittelbaren Führungskontext erfassten, wurden maßgebliche Führungsprinzipien ermittelt, die die Mitarbeiter in ihrer Leistungsfähigkeit und -bereitschaft unterstützen und damit den Erfolg des Unternehmens steigern helfen.

Auch die Ergebnisse der von Gallup mittlerweile seit fünf Jahren jährlich durchgeführten *Engagement-Studie* zeigen die massiven wirtschaftlichen Konsequenzen von fehlendem oder falschem Human-Capital-Management deutlich auf. Nur durchschnittlich 13 Prozent der Arbeitnehmer deutscher Unternehmen weisen eine hohe emotionale

Bindung an ihre berufliche Aufgabe und zum Arbeitsumfeld beziehungsweise gegenüber ihrem Arbeitgeber auf. Dagegen machen 69 Prozent der Deutschen nur »Dienst nach Vorschrift« und 18 Prozent haben sogar bereits innerlich gekündigt, so die Ergebnisse einer repräsentativen Gallup-Studie 2005.[85] Kapital wird durch fehlende Leistungsbereitschaft und fehlende Förderung in Unternehmen in hohem Ausmaß nicht genutzt oder gar vernichtet. Durch mangelnde Bindung der Mitarbeiter entsteht nach Schätzungen von Gallup ein gesamtwirtschaftlicher Schaden von jährlich ca. 250,6 bis 254,2 Mrd. Euro.[86]

Intention der Studie

Was war die Intention der vorliegenden Studie? Human-Capital-Management ist ein viel diskutiertes Thema, das große Erwartungen weckt. Es verspricht nicht nur die Steigerung des Human Capital, sondern auch des gesamten unternehmerischen Erfolgs. Aber wo stehen deutsche Unternehmen überhaupt in Sachen Human Capital? Das war die Frage, die die Autoren der Studie klären wollten. Die Studie untersucht, wie weit (börsennotierte) Unternehmen bereits auf dem Weg zu einem erfolgreichen Human-Capital-Management sind. Welche Schritte haben sie unternommen, welche haben sich bereits als erfolgreich herausgestellt und wo liegen die Hauptaufgaben für weitere Verbesserungen?

Viele Manager sind sich der strategischen Bedeutung und der Konsequenzen einer informationsbasierten, wissensgetriebenen und kundenintensiven ökonomischen Realität bewusst. Sie wissen sehr wohl, welche »Tugenden« nötig sind, um im Kampf um Wettbewerbsvorteile und Marktanteile gewinnen zu können: Es sind dies Schnelligkeit, Flexibilität und ständige Erneuerung und Verbesserung. Sie haben durchaus bemerkt, dass talentierte, qualifizierte und motivierte Mitarbeiter Dreh- und Angelpunkt jedes Unternehmens sind, das am Markt bestehen und Erfolg haben möchte. Unternehmen können nur durch Mitarbeiter erfolgreich werden. Alle Investitionen in neue Geschäftsfelder, Produktlinien oder Maschinen können nicht viel bewirken, wenn es an den erforderlichen Fertigkeiten der Arbeitskräfte fehlt. Aber: »a decade of organizational delayering, destaffing, restructuring and reengineering has produced employees who are more exhausted than empowered, more cynical than self-renewing. Worse still, in many companies only marginal managerial attention – if that – is focused on problems of employee capability and motivation. Somewhere between theory and practice, precious human capital is being misused, wasted or lost.«[87]

Intention der Studie ist es deshalb aufzuzeigen: Human-Capital-Management ist nicht nur eine Aufgabe einer HR-Abteilung, es ist eine strategische Aufgabe der Unternehmen insgesamt beziehungsweise muss dies werden. Und diese Aufgabe ist nicht hinderlich im Kampf um Wettbewerbspositionen eines Unternehmens, sondern als Katalysator und als Voraussetzung ökonomischen Erfolgs zu begreifen.

Die Studie hat alle Unternehmensgrößen einbezogen, ganz gleich, ob etabliertes Traditionsunternehmen oder vergleichsweise junges Unternehmen, ob Konzernstruktur mit Tausenden von Mitarbeitern oder mittelständisch geprägtes Unternehmen mit »nur« einigen Hundert Mitarbeitern, ob international oder national agierendes Unternehmen. Wachstum und Wertsteigerung ist für alle gleichermaßen wichtig, sogar überlebenswichtig. Die zentralen Erfolgsfaktoren und zukünftigen Herausforderungen sind jenseits von Unternehmensgröße, Geschäftsfeldern, Branchen und Regionen angesiedelt, wie die vorangegangenen Ausführungen aufgezeigt haben. Ausschlaggebend ist innovatives Humankapital. Auf börsennotierte Unternehmen ist die Studie fokussiert, weil in diesen bestimmte Wertorientierungsgrundsätze praktiziert werden müssen. Es bestehen besondere Herausforderungen und Offenlegungserfordernisse und es gibt einen engen Zusammenhang zwischen Financial Capital und Human Capital. Die Besitzer der knappsten Ressourcen des Unternehmens sind längst nicht nur die Shareholder, es sind auch die Mitarbeiter als Träger des wertvollen Humankapitals. Topentscheider müssen dementsprechend ihre präzisen Planungsprozesse und Performance-Messungen im Bereich der finanziellen Kennziffern und Indikatoren konsequenterweise auf ihre humanen Ressourcen, ihr Human Capital ausdehnen, um frühzeitig erkennen zu können, wie zukunfts- und wettbewerbsfähig das zu steuernde Unternehmen sich darstellt.

Wie kaum ein anderer Produktionsfaktor wirft Human Capital eher langfristige attraktive Renditen ab und kollidiert mit kurzfristigen Kosten- und Ertragszielen von Managern, an deren Realisierung die meisten Manager gemessen werden. Auch ihr Einkommen ist häufig an die Umsetzung solcher kurzfristigen Ziele gebunden.[88] Die erfolgsabhängige Vergütung von Managern je nach Verwirklichung der jährlichen und damit sehr kurzfristigen Gewinn- und Umsatzziele stellt in börsennotierten Unternehmen das Human-Capital-Management auf eine harte Probe. Wir haben die Topentscheider der deutschen Unternehmen vor diesem Hintergrund gefragt, wie sie es mit ihrer Einschätzung des Human Capital halten, welche Strategien sie als zentral erachten und wo sie aktuell in diesem Zusammenhang stehen. Uns interessiert, wie sich Unternehmen hierbei unterscheiden, ob sie angesichts gleicher Kontrollmechanismen durch Marktakteure eher in Human Capital investieren, weil sie Ertragschancen sehen, oder ob sie eher in Human Capital desinvestieren, weil damit verbundene Kosten die Wertsteigerung des Unternehmens gefährden.

Die Studie erhebt *nicht* den Anspruch, so genannte Benchmarks oder fertige »Schnittmuster« zu liefern[89], denn was erfolgreiche Firmen machen oder einmal gemacht haben, muss für andere Unternehmen nicht in gleichem Maße gelten und kann nicht eins zu eins kopiert werden. Im Gegenteil, die jeweilige Strategie muss kritisch hinterfragt und auf Plausibilität sowie im Hinblick auf den spezifischen Kontext überprüft werden.

Allerdings will die Studie als Anregung für Unternehmen dienen, auf die Suche nach Vorbildern zu gehen und eigene Ansätze und Praktiken des HC-Managements zu hinterfragen. Die Devise dabei sollte allerdings stets sein: »›Nicht was du siehst, sondern warum du es siehst‹ (macht etwas zum Antrieb einer Best-practice-Aneignung). In der fremden Lösung das eigene Problem erkennen und bearbeiten können scheint eine Erfolgsvoraussetzung zu sein.«[90]

Die Studie will einen Beitrag zu einer *ganzheitlichen* Betrachtung des Human Capital leisten und stellt sich damit gegen eine isolierte Quantifizierung des Humankapitals, wie sie gegenwärtig in Teilen der wissenschaftlichen und praxisorientierten Diskussion zu beobachten ist. Es sollen wesentliche *Werttreiber* identifiziert werden, die Unternehmen managen müssen, um wirtschaftlich erfolgreich und für zukünftige Herausforderungen gerüstet zu sein. Die Studie will deshalb keine monetären Zieldefinitionen liefern, es geht ihr nicht um die Messung der Korrelation von Human-Capital-Management und finanziellen Unternehmensergebnissen. Vielmehr will sie Handlungsempfehlungen für Unternehmen ableiten, die als konkrete Ansatzpunkte für zukunftsweisendes Human-Capital-Management dienen können.

Sie soll Mut machen angesichts ständig wechselnder Managementtheorien und -moden, sich auf das eigentliche Kapital der Unternehmen zu besinnen: den Mitarbeiter. Und sie zeigt auf, warum sich dies lohnen kann und wird. Wie Collins und Porras sagen: »Die größten Probleme, denen sich Unternehmen heute noch gegenübersehen, entstammen nicht fehlenden neuen Managementideen (von denen haben wir genug), sondern vorrangig einem Mangel an Verständnis für die wirklichen Fundamente und, noch schwerwiegender, dem Versagen bei der konsequenten Umsetzung dieser grundlegenden Prinzipien.«[91]

1   Teilen Sie uns mit, was Ihr Experiment ergeben hat, wir sind an Ihren Ergebnissen interessiert! www.human-capital-agenda.de
2   Die Juroren sahen im Wort »Humankapital« »eine Degradierung von Arbeitskräften, gar von Menschen überhaupt zu nur noch ökonomisch interessanten Größen«, der Begriff verletze die Menschen in ihrer Menschenwürde (http://www.unwortdesjahres.org/2004.html)
3   Sowohl Wirtschaftswissenschaftler als auch -journalisten kommentierten die Entscheidung der Jury empört: »Humankapital zum Unwort des Jahres zu wählen ist Pisa im Quadrat!« (Klaus F. Zimmermann, Lehrstuhl für Wirtschaftliche Staatswissenschaften, Universität Bonn, und DIW, Berlin, in: *FAZ*, 20.1.2005); »Wirtschaftliches Denken per se als einen Angriff auf die Menschenwürde zu denunzieren ist an sich schon unsinnig und historisch ahnungslos. Wenn das aber just beim Thema Bildung geschieht, wird die humanistische Sache vollends absurd.« (FTD: »Unsinns-Wort«, 19.1.2005, S. 27)
4   Petersdorff, W. von: »Warum versteht uns keiner?«, in: *FAS*, 23.1.2005, Nr. 3, S. 42
5   Thünen, J. H. von: *Der isolierte Staat in Beziehung auf Landwirtschaft und Nationalökonomie*, 3. Aufl., Berlin 1875, S. 145
6   Bernstein, P. L.: *Wider die Götter. Die Geschichte der modernen Risikogesellschaft*, Hamburg 2004, S. 140

7   Link: http://europa.eu.int/comm/employment_social/employment_analysis/ human_de.htm (Stand: 5.10.2005)
8   FTD: »Unsinns-Wort«, 19.1.2005, S. 27
9   »The investor metapher acts as a Trojan horse breaking the walls of managers' minds and spreading useful ideas about people management.« (Davenport, T.: *Human Capital – What It Is and Why People Invest It*, San Francisco 1999)
10 Christian Scholz zur Wahl des Wortes »Humankapital« zum Unwort des Jahres, in: *Die Zeit*, 20.1.2005
11 Wobei zu erwähnen ist, dass Bernoulli dazu explizit auch die Tätigkeit des Bettelns zählte. Vgl. auch Bernstein, P. L.: *Wider die Götter. Die Geschichte der modernen Risikogesellschaft*, Hamburg 2004
12 Bootle, R.: *Hoffnung auf Wohlstand. Chancen und Risiken der Weltwirtschaft*, Hamburg 2004
13 »The most valuable of all capital is that invested in human beings.« (Marshall, A., zitiert in: Becker, G. S., 1993)
14 Schultz erhielt den Nobelpreis für Wirtschaftswissenschaften 1979, Becker 1992, Letzterer für seine Arbeiten zur »Ausdehnung der mikroökonomischen Theorie auf einen weiten Teil menschlichen Verhaltens und menschlicher Zusammenarbeit«.
15 Bernd Raffelhüschen, Lehrstuhl für Finanzwissenschaft, Universität Freiburg, in: *FAZ*, 20.1.2005
16 Dieser Ansatz sollte Manager bei der Ermittlung des aktuellen Wertes des Humanvermögens anleiten. Einer der maßgeblichsten frühen Vertreter war Likert. Vgl. Likert, R.: *The Human Organization – its management and value*, New York 1967
17 Eine Übersicht findet sich bei: Persch, P.-R.: *Die Bewertung von Humankapital – eine kritische Analyse*, München 2003, und: Gebauer, M.: *Unternehmensbewertung auf der Basis von Humankapital*, Lohmar-Köln 2005
18 Kaplan, R. S./Norton, D.: *Balanced Scorecard*, Stuttgart 1997; Becker, B. E./Huselid, M. A./Ulrich, D.: *The HR Scorecard: Linking People, Strategy, and Performance*, Boston 2001
19 Vgl. Stiglitz, J. E.: *Die Roaring Nineties. Der entzauberte Boom*, Berlin 2004, S. 146
20 Edvinsson, L./Malone, M. S.: *Intellectual Capital. Realizing your Company's true value by finding its hidden brainpower*, New York 1997; Edvinsson, L./Brünig, G.: *Aktivposten Wissenskapital. Unsichtbare Werte bilanzierbar machen*, Wiesbaden 2000; Mavrinac, S./Siesfield, T.: *Measures that Matter, an Exploratory Investigation of Investors' Information Needs and Value Priorities*, OECD 1998; Roos, J./Roos, G./Edvinsson, L./Dragonetti, N. C.: Intellectual Capital: *Navigating in the new business landscape*, New York 1998; Lev, B.: *Intangibles. Management, Measurement, and Reporting*, Washington 2001
21 Andere oft synonym verwandte Begriffe lauten »Intellektuelles Kapital«, »Intangible Assets«, »Immaterielle Werte«, »Extra-Financial Indicators«.
22 Vgl. Johanson, U.: »A Human Resource Perspective on Intellectual Capital«, in: Marr, B. (Hrsg.): *Perspectives on Intellectual Capital. Multidisciplinary Insights into Management, Measurement, and Reporting*, Oxford 2005, S. 96–105
23 Vgl. Rappaport, A.: *Creating Shareholder Value: The New Standard for Business Performance*, New York und London 1986; Copeland, T./Koller, T./Murrin, J.: *Valuation. Measuring and Managing the Value of Companies*, New York u.a. 1990
24 Vgl. Edvinsson, L./Brünig, G.: *Aktivposten Wissenskapital. Unsichtbare Werte bilanzierbar machen*, Wiesbaden 2000

25 Vgl. Johanson, U.: »A Human Resource Perspective on Intellectual Capital«, in: Marr, B. (Hrsg.): *Perspectives on Intellectual Capital. Multidisciplinary Insights into Management, Measurement, and Reporting,* Oxford 2005, S. 96–105
26 Vgl. Fischer, Th. M./Vielmeyer, U./Wenzel, J.: »Relevanz von mitarbeiterbezogenen Angaben in der Unternehmenspublizität. Empirische Ergebnisse von deutschen börsennotierten Unternehmen«, in: Dürndorfer, M./Friederichs, P. (Hrsg.): *Human Capital Leadership,* Hamburg 2004, S. 271-286; Führing, M.: »Risikoberichterstattung über Humanressourcen – Eine empirische Analyse der DAX 30«, in: *Zeitschrift für Personalforschung,* 18. Jg., Heft 2, 2004
27 Das Problem für eine bilanzielle Abbildung und Integration in die unternehmerische Berichterstattung (nach US-GAAP und IAS) ist vor allem eine fehlende Verfügungsmacht über den zukünftigen wirtschaftlichen Nutzen, der aus dem Zugriff auf Dienstleistungen und das Wissen der Mitarbeiter entsteht und der bestehende arbeitsvertragliche und sonstige Bindungen der Mitarbeiter an das Unternehmen nicht anerkennt. Vgl. Persch, P.-R.: *Die Bewertung von Humankapital – eine kritische Analyse,* München und Mering 2003, S. 112 f.; Jäger, W./Schütte, M./Traut-Mattausch, E.: »Humankapital in der aktuellen (Geschäfts-)Berichterstattung (Human Value Reporting) – am Beispiel der deutschen DAX-30-Unternehmen«, in: Dürndorfer, M./Friederichs, P. (Hrsg.): *Human Capital Leadership,* Hamburg 2004, S. 287–300
28 Dies, obwohl Studien gezeigt haben, dass drastische Abbaumaßnahmen häufig negative längerfristige Effekte nach sich ziehen können. Vgl. Morris, J. R./ Cascio, W. F./Young, C. E.: »Downsizing after all these years: Questions and answers about who did it, how many did it, and who benefited from it«, in: *Organizational Dynamics,* 27, 1999, S. 78–87; Kieser, A.: »Downsizing – eine vernünftige Strategie?«, in: *Harvard Business Manager,* 2/2002, S. 30–39
29 Vgl. Fischer, Th. M./Vielmeyer, U./Wenzel, J.: »Relevanz von mitarbeiterbezogenen Angaben in der Unternehmenspublizität. Empirische Ergebnisse von deutschen börsennotierten Unternehmen«, in: Dürndorfer, M./Friederichs, P. (Hrsg.): *Human Capital Leadership,* Hamburg 2004, S. 271-286. Ergebnisse der IBM Global HC Study 2005 belegen: Weniger als die Hälfte der CHROs (Chief HR Officers) haben Zugang zu Messdaten, die die Wirksamkeit der Human-Capital-Programme und -Maßnahmen sowie deren Auswirkung auf das Geschäftsergebnis erkennen lassen. Nur ca. 25 Prozent messen den Return on Investment, während mehr als 75 Prozent die Wirksamkeit der Maßnahmen anhand von Indikatoren wie Mitarbeiterzufriedenheit bewerten.
30 Vgl. Gloger, A.: »Belegschaft ist im Ausland meist Chefsache«, in: *FTD,* Beilage »Management«, 16. 9. 2005, S. B 6
31 Vgl. Bartlett, Chr. A./Ghoshal, S.: »Building Competitive Advantage through People«, in: *MIT Sloan Management Review,* Winter 2002, S. 34
32 Vgl. Coffman, C./Gonzalez-Molina, G.: *Managen nach dem Gallup-Prinzip. Entfesseln Sie das Potenzial Ihrer Mitarbeiter,* Frankfurt a. M. und New York 2003, S. 196 ff.
33 Becker, B. E./Huselid, M. A., u. a.: »HR as a Source of Shareholder Value: Research and Recommendations«, in: *Human Resource Management,* Frühjahr 1997, Bd. 36, Nr. 1, S. 39
34 Gunter Thielen, Vorstandsvorsitzender der Bertelsmann AG, in: *Die Zeit,* 12. 5. 2005, S. 42.
35 Knoche, M.: »Personalpolitik als Gestalter und Wegbegleiter von Innovationsprozessen«, in: *ifo-Schnelldienst,* 1, 2005, S. 14

36 Malik, F.: Gefährliche Managementwörter. Und warum man sie vermeiden sollte, Frankfurt a. M. 2004, S. 138
37 Wolfgang Clement, Bundesminister für Wirtschaft und Arbeit, anlässlich des »Gemeinsamen Jahreskongresses der Initiative Neue Qualität der Arbeit und GREAT PLACE TO WORK 2005, zum Thema: Gute Qualität der Arbeit – Schlüssel zu mehr Produktivität und Wachstum für Unternehmen«; Rede gehalten am 19.5.2005 in Berlin
38 Vgl. Knoche, M.: »Personalpolitik als Gestalter und Wegbegleiter von Innovationsprozessen«, in: *ifo-Schnelldienst*, 1, 2005, S. 14
39 Bootle, R.: *Hoffnung auf Wohlstand. Chancen und Risiken der Weltwirtschaft*, Hamburg 2004, S. 159
40 Vgl. Drucker, P.: »Wissen – die Triumphkarte der entwickelten Länder«, in: *Harvard Business Manager*, Oktober 2004, 26. Jg., S. 64–68; Malik, F.: *Gefährliche Managementwörter. Und warum man sie vermeiden sollte*, Frankfurt a. M. 2004
41 Vgl. Bootle, R.: *Hoffnung auf Wohlstand. Chancen und Risiken der Weltwirtschaft*, Hamburg 2004, S. 158
42 Butler (1997), zitiert in: Coenenberg, A. G./Salfeld, R.: *Wertorientierte Unternehmensführung. Vom Strategieentwurf zur Implementierung*, Stuttgart 2003, S. 229
43 »Das beste momentan verfügbare Maß für Humankapital ist die durchschnittliche Zahl der Ausbildungsjahre pro Kopf der Bevölkerung.« (Bergheim, S.: *Deutsche Bank Research*, Nr. 324, 2005)
44 OECD-Bericht »Bildung auf einen Blick«, vorgestellt Anfang September 2005 in Berlin. Vgl. FTD Online, 13.9.2005.
45 Joachim Starbatty, Lehrstuhl für Wirtschaftspolitik, Universität Tübingen, in: *FAZ*, 20.1.2005.
46 Vgl. Ederer, P./Schuller, Ph./Willms, S.: »Bildung braucht hohe Löhne. Humankapital als Wirtschafts- und Standortfaktor«, in: Dürndorfer, M./Friederichs, P. (Hrsg.): *Human Capital Leadership*, Hamburg 2004, S. 179–192
47 Vgl. Nestler, K./Kailis, E.: »Arbeitszeitaufwand für betriebliche Weiterbildung in Europa«, in: *Statistik kurz gefasst. Bevölkerung und soziale Bedingungen* (Thema 3 – 1/2003; Europäische Gemeinschaften)
48 Herding, K./Stumpfhaus, B.: »Humankapital nicht bewerten, sondern entfalten«, in: *Personalwirtschaft*, 30. Jg., 5/2003, S. 55
49 Sinn, H.-W.: *Ist Deutschland noch zu retten?*, 2. Aufl., o. O. 2005, S. 105
50 Im Jahr 2001 kamen auf je 100 Akademiker über 45 Jahre 125 jüngere Menschen mit Hochschulabschluss oder Meisterbrief, im Jahr 2050 werden es nur noch 80 sein. Vgl. Informationsdienst des Instituts der deutschen Wirtschaft (iwd), Köln, 12.2.2004.
51 Jansen, S. A.: »Schwere Last«, in: *FTD*, enable 08/05, S. 18f.
52 OECD Factbook 2005
53 Bundespräsident Horst Köhler in seiner »Brandrede« beim Arbeitgeberforum »Wirtschaft und Gesellschaft«, gehalten am 15.3.2005 in Berlin
54 Ergebnisse der Bertelsmann Stiftung, in: Baethge, H/Hübner, R./Müller-Soares, J.: »Der Methusalem-Profit«, in: *Capital* 5/2005, S. 18
55 Zitat aus einer Rede anlässlich des »Gemeinsamen Jahreskongresses der Initiative Neue Qualität der Arbeit und GREAT PLACE TO WORK 2005, zum Thema: Gute Qualität der Arbeit – Schlüssel zu mehr Produktivität und Wachstum für Unternehmen«, gehalten am 19.5.2005 in Berlin
56 Baethge, H/Hübner, R./Müller-Soares, J.: »Der Methusalem-Profit«, in: *Capital* 5/2005, S. 18

57 Horx, M.: *Wie wir leben werden. Unsere Zukunft beginnt jetzt,* Frankfurt a. M. und New York 2005, S. 118
58 Zygmunt Mierdorf, in: *Handelsblatt,* 1.–3.7.2005, S. 12
59 Sinn, H.-W.: *Ist Deutschland noch zu retten?,* 2. Aufl., o. O. 2005, S. 393
60 Scholz, Chr./Stein, V./Bechtel, R.: *Human Capital Management. Wege aus der Unverbindlichkeit,* München 2004, S. 29
61 Jochmann, W., in: *FTD,* 16.9.2005, Beilage »Management«, B 6
62 Becker, B. E./Huselid, M. A., u. a.: »HR as a Source of Shareholder Value: Research and Recommendations«, in: *Human Resource Management,* Frühjahr 1997, Bd. 36, Nr. 1, S. 44
63 Frey, B. S.: *Ökonomie ist Sozialwissenschaft,* München 1990, S. 2 f.
64 Vgl. Kloepfer, I.: »Lügen und betrügen«, in: *FAS,* 24.7.2005, S. 32
65 Vgl. Scholz, Chr./Stein, V./Bechtel, R.: *Human Capital Management. Wege aus der Unverbindlichkeit,* München 2004, S. 27
66 Picot, A.: »Die Rolle des Wissensmanagements in erfolgreichen Unternehmen«, Präsentationsunterlage im Rahmen der Ringvorlesung »Informationszuwachs – Wissensschwund?«, gehalten am 10.11.1998 in München
67 IBM, The Global Human Capital Study 2005, S. 30
68 Vgl. Dürndorfer, M.: »Human-Capital-Management: eine Kernaufgabe wertorientierten Managements«, in: Dürndorfer, M./Friederichs, P. (Hrsg.): *Human Capital Leadership,* Hamburg 2004, S. 119
69 Vgl. The Gallup Organization, Engagement-Index 2004
70 Vgl. Malik, F.: *Gefährliche Managementwörter. Und warum man sie vermeiden sollte,* Frankfurt a. M. 2004, S. 139
71 Beispielsweise im Zusammenhang der Absetzung des Topmanagements nach Interventionen von Hedge-Fonds-Investoren bei der Deutschen Börse AG
72 Vgl. Buckingham, M./Coffman, C.: *Erfolgreiche Führung gegen alle Regeln. Wie Sie wertvolle Mitarbeiter gewinnen, halten und fördern,* Frankfurt a. M. und New York 2002, S. 15 f.; Page, J.-P.: *Corporate Governance and Value Creation,* (The Research Foundation of CFA Institute), 2005
73 Vgl. die »Saarbrücker Formel« (Professor Scholz, Universität Saarbrücken)
74 Eine gute Übersicht über Instrumente zur Bewertung von Human Capital findet sich bei: Scholz, Chr./Stein, V./Bechtel, R.: *Human Capital Management. Wege aus der Unverbindlichkeit,* München 2004; Wucknitz, U. D.: *Handbuch Personalbewertung. Messgrößen – Anwendungsfelder – Fallstudien,* Stuttgart 2002
75 Vgl. Fiedler, M.: »Unternehmensführung und Human-Capital-Management«, in: Dürndorfer, M./Friederichs, P. (Hrsg.): *Human Capital Leadership,* Hamburg 2004, S. 210–225
76 Vgl. auch Marr, R./Schloderer, F.: »Human-Capital-Management mit Personalindikatorensystemen – eine Standortbestimmung«, in: Dürndorfer, M./Friederichs, P. (Hrsg.): *Human Capital Leadership,* Hamburg 2004, S. 162–178
77 Vgl. Youndt, M./Subramaniam, M./Snell, S.: »Intellectual Capital Profiles: An Examination of Investments and Returns«, in: *Journal of Management Studies,* 41. Jg., 2, 2004, S. 335–361; Bassi, L./McMurrer D.: »How's Your Return on People?«, in: *Harvard Business Review,* März 2004
78 Vgl. IBM, *The Global Human Capital Study 2005,* S. 55
79 Vgl. Groysberg, B./Nanda, A./Nohria, N.: »Wenn Stars verglühen«, in: *Harvard Business Manager,* 27. Jg., Januar 2005, S. 34–45

80   Vgl. Becker, B. E./Huselid, M. A., u. a.: »HR as a Source of Shareholder Value: Research and Recommendations«, in: *Human Resource Management*, Frühjahr 1997, Bd. 36, Nr. 1, S. 39–47
81   Vgl. Buckingham, M./Coffman, C.: *Erfolgreiche Führung gegen alle Regeln. Wie Sie wertvolle Mitarbeiter gewinnen, halten und fördern*, Frankfurt a. M. und New York 2002, S. 275 ff.
82   Vgl. Buckingham, M./Coffman, C.: *Erfolgreiche Führung gegen alle Regeln. Wie Sie wertvolle Mitarbeiter gewinnen, halten und fördern*, Frankfurt a. M. und New York 2002; vgl. Fleming, J. H./Coffman, C./Harter, J. K.: »Manage Your Human Sigma«, in: *Harvard Business Review*, Juli/August 2005
83   Fulmer, I./Gerhart, B./Scott, K.: »Are the 100 Best Better? An Empirical Investigation of the Relationship between being a 'Great Place to Work' and Firm Performance«, in: *Personnel Psychology*, 56. Jg., 2003, S. 965–993; Filbeck, G./Preece, D.: »Fortune's Best 100 Companies to Work for in America: Do They Work for Shareholders?«, in: *Journal of Business Finance & Accounting*, 30. Jg. (5/6), 2003, S. 771–798; Fall, U.: *Intellektuelles Kapital als Indikator eines Unternehmens für dessen wirtschaftlichen Erfolg*, unveröffentl. Diplomarbeit (Universität Regensburg) 2005
84   Vgl. Buckingham, M./Coffman, C.: *Erfolgreiche Führung gegen alle Regeln. Wie Sie wertvolle Mitarbeiter gewinnen, halten und fördern*, Frankfurt a. M. und New York 2002
85   Vgl. The Gallup Organization: *Engagement Index 2005. Studie zur Messung der emotionalen Bindung von MitarbeiterInnen*, Potsdam 2005
86   The Gallup Organization: *Engagement Index 2005. Studie zur Messung der emotionalen Bindung von MitarbeiterInnen*, Potsdam 2005 – Pressemitteilung, August 2005
87   Bartlett, Chr. A./Ghoshal, S.: »Building Competitive Advantage through People«, in: *MIT Sloan Management Review*, Winter 2002, S. 34
88   Für Manager, deren Vergütung an die Erreichung kurzfristiger Ertragsziele gekoppelt ist, sind hohe Personalkosten oftmals ein Hindernis für die eigene Gewinnmaximierung und die Veranlassung, in Personal zu desinvestieren statt zu investieren.
89   Benchmarks weisen generell den Nachteil auf, dass sie unternehmensspezifische Charakteristika und Alleinstellungsmerkmale vernachlässigen; vgl. u. a. Weinberg, J.: »Kompetenz für das rechte Maß«, in: *Personalwirtschaft*, 10/2004, 31. Jg., S. 15–18
90   Fitz-enz, J. (1997), zitiert in: Wimmer, P./Neuberger, O.: *Personalwesen 2: Personalplanung, Beschäftigungssysteme, Personalkosten, Personalcontrolling*, Stuttgart 1998, S. 572
91   Collins, J./Porras, J. I.: *Immer erfolgreich. Die Strategien der Top-Unternehmen*, München 2005 (Vorwort zur amerikanischen Taschenbuchausgabe), S. 10; Collins, J./Porras, J. I.: *Immer erfolgreich. Die Strategien der Top-Unternehmen*, München 2005

II Konzeption der Studie

Untersuchungseckdaten

Die vorliegende Studie bietet eine Bestandsaufnahme zum Human-Capital-Management in deutschen Unternehmen, eine Thematik die bisher – wie im ersten Kapitel dokumentiert – empirisch nur marginal erforscht ist. Erstmals werden in einer Untersuchung nicht nur bestimmte Aspekte des Human-Capital-Managements beleuchtet, sondern es wird eine ganzheitliche Betrachtung vorgenommen. Diese erfolgt – soweit dies aus Sicht der Autoren für spezifische Fragestellungen sinnvoll erscheint – aus unterschiedlichen Blickwinkeln, und zwar aus Sicht von Entscheidern aus den Unternehmensbereichen Personal, Vertrieb und Finanzen. Im Rahmen einer standardisierten Befragung haben uns Vorstände und Leiter oder deren Stellvertreter aus den eben erwähnten Ressorts Rede und Antwort gestanden und Einblick in ihr Unternehmen gewährt. Die besagten drei Bereiche nehmen unserer Auffassung nach eine Schlüsselposition in einem Unternehmen ein. Allesamt sind sie auf den Faktor Human Capital angewiesen. Von der Entscheidung in diesen Ressorts hängt die Entwicklung eines Unternehmens zu einem Großteil ab. Zwar liegt die Verantwortung für den Erfolg des Unternehmens nicht allein bei ihnen, aber Entscheidungen in den genannten Bereichen ist eine strategische Bedeutung beizumessen. Sie sind als Schlüsselbereiche weichenstellend für den Unternehmenserfolg.

Den Befragten wurde im Rahmen der Interviews die Wahrung absoluter Vertraulichkeit im Umgang mit ihren Antworten und Anonymität zugesichert, was sich positiv auf ihre Teilnahme- und Auskunftsbereitschaft ausgewirkt hat. Hinzu kommt, dass Gallup als Meinungsforscher eine hohe Bekanntheit hat, was die Bereitschaft zur Teilnahme an der Untersuchung weiter erhöhte. Bis heute ist kein Name so eng mit der Demoskopie verbunden wie der von *George Horace Gallup* (1901–1984). Im Englischen bezeichnet »Gallup Poll« inzwischen nicht nur die Umfragen der Gallup Organization, er steht im Allgemeinen für eine Meinungsumfrage.[1] Gallups Prognose bei der amerikanischen Präsidentschaftswahl im Jahr 1936, die das Ergebnis auf Basis einer Stichprobe relativ genau wiedergab, bedeutete den Durchbruch für die Demoskopie.[2]

Neben dem hochkarätigen Kreis der Interviewten stellte die Studie einen hohen Anspruch an die Datenqualität und damit die Aussagekraft der Ergebnisse und daraus abgeleitete Schlussfolgerungen. Sichergestellt wurde dies durch die Vorgehensweise bei der Datenerhebung. Im Gegensatz zu Umfragen in Unternehmen, die aus Aufwands- und Kostengründen üblicherweise in schriftlicher Form durchgeführt werden, erfolgte die Datengewinnung für die vorliegende Untersuchung auf Basis einer Zufallsstichprobe mittels computergestützter Telefoninterviews. Die Vorgehensweise im Detail wird in diesem Kapitel ausführlich dokumentiert. Die Ergebnisse der Studie sind repräsentativ für börsennotierte Unternehmen in Deutschland.

Grundgesamtheit

Die Grundgesamtheit der Untersuchung bilden alle börsennotierten Unternehmen in Deutschland, die im Deutschen Aktienindex (DAX) beziehungsweise in einem der drei Nebenwert-Indizes (MDAX, SDAX oder TECDAX) gehandelt werden[3] oder bei denen es sich um andere börsengelistete Unternehmen handelt[4].

Es wurden keine Einschränkungen hinsichtlich der Unternehmensgröße getroffen, da Human-Capital-Management unserer Auffassung nach keine Frage der Mitarbeiteranzahl, sondern für alle Unternehmen gleichermaßen von Relevanz ist.

Die Grundgesamtheit der Untersuchung bilden 957 Unternehmen, die sich wie folgt auf die einzelnen Börsenindizes verteilen (Stand: 2005):

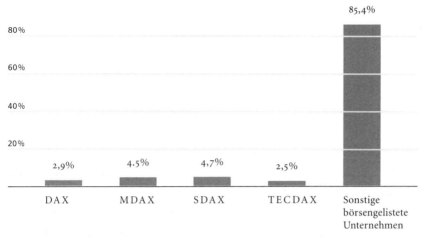

Abbildung 1: Basis: 957 börsennotierte Unternehmen in Deutschland

Der Grund für die Fokussierung der Studie auf börsennotierte Unternehmen liegt darin, dass bei diesen Kennzahlen zur Unternehmensperformance aus öffentlich zugänglichen Quellen (Datastream) zurückgegriffen und so eine Beurteilung des Unternehmenserfolges vorgenommen werden konnte. Auf diese Weise ließ sich untersuchen, in welchem Zusammenhang der (finanzielle) Unternehmenserfolg mit den erfragten Human-Capital-Merkmalen des Unternehmens steht. Auf die diesbezügliche Vorgehensweise wird in diesem Kapitel noch detaillierter eingegangen.

Innerhalb der Unternehmen wurde der Befragungsfokus, wie bereits erwähnt, auf die Ressorts Personal, Vertrieb und Finanzen gelegt. Die jeweiligen Positionsinhaber, die Hauptverantwortlichen, wurden aus öffentlich zugänglichen Quellen (Informationen aus der Firmendatenbank des Hoppenstedt-Verlages) als Ansprechpartner identifiziert oder durch Eigenrecherche ermittelt.

Nicht alle Unternehmen verfügten über jeden der drei genannten Funktionsbereiche als eigenständige Ressorts mit eigens dafür Verantwortlichen. Gerade in kleineren Unternehmen hatte oft ein und dieselbe Person, meist der Geschäftsführer, mehrere Bereiche zu verantworten. In einem solchen Fall wurde per Zufall entschieden, für welchen Unternehmensbereich diese Person Auskunft geben sollte. Die anderen von dieser Person verantworteten Ressorts fanden folglich in der Untersuchung keine Berücksichtigung.

Stichprobe

Aus Kapazitätsgründen wurde die Überlegung, alle 957 für die Studie in Frage kommenden börsennotierten Unternehmen zu befragen, also eine Vollerhebung durchzuführen, verworfen. Es galt sich mittels einer Stichprobe ein Bild vom Human-Capital-Management in Deutschland zu machen. Hierzu wurde eine Stichprobe ausgewählt, die bestimmte Kriterien erfüllen musste, damit auf die Gesamtheit börsennotierter Unternehmen in Deutschland geschlossen werden kann. Denn: Die Qualität einer Umfrage – sprich: die Gültigkeit und Zuverlässigkeit ihrer Ergebnisse – korreliert stark mit der Qualität der verwendeten Stichprobe. Von repräsentativen Ergebnissen kann nur dann gesprochen werden, wenn es sich bei der Stichprobe um ein verkleinertes, möglichst genaues Abbild der Grundgesamtheit handelt. Hierfür ist es zwingend erforderlich, dass die Stichprobe auf einer Zufallsauswahl beruht und für jedes Element der Grundgesamtheit die gleiche Wahrscheinlichkeit gegeben ist, in die Stichprobe zu gelangen.[5]

Bei der Stichprobenziehung für diese Untersuchung kam ein komplexes Auswahlverfahren, nämlich eine proportional geschichtete Zufallsauswahl (Stratified Sampling), zur Anwendung.[6] Die Grundgesamtheit wurde basierend auf den Börsenindizes (DAX, MDAX, SDAX, TECDAX, sonstige börsengelistete Unternehmen) in fünf Gruppen gegliedert, und aus jeder Gruppe wurden per Zufall so viele Unternehmen für die Befragung ausgewählt, wie es ihrem prozentualen Anteil an der Grundgesamtheit entsprach. Hierdurch wurde sichergestellt, dass die gesamte, aus fünf einzelnen Auswahlprozeduren zusammengefügte Stichprobe die Verteilung von börsennotierten Unternehmen über alle Börsenindizes genau widerspiegelt. Jedes Unternehmen hatte innerhalb seiner Gruppe dieselbe Wahrscheinlichkeit, in die Stichprobe zu gelangen.

Für die Anzahl der Interviews, die es pro Unternehmensbereich zu führen galt, wurden Quoten vorgegeben, die an den Untersuchungsschwerpunkt geknüpft waren. Da der Personalbereich am unmittelbarsten mit dem Human-Capital-Management zu tun hat, wurde der Untersuchungsschwerpunkt auf dieses Ressort gelegt, das entsprechend am intensivsten befragt wurde. Dies spiegelt sich nicht nur in der Anzahl der Interviews in diesem Bereich wider, sondern auch im Umfang des Fragebogens. Die Hälfte der Interviewten sollte aus dem Ressort Personal stammen. Die Einbeziehung der anderen beiden Unternehmensbereiche diente dazu, das Bild vom Human-Capital-Management substanziell von anderen Seiten zu beleuchten, wobei dem Vertrieb ein etwas höherer Stellenwert beigemessen wurde als dem Finanzressort. Der Grund hierfür: Der Vertrieb kann den Dienst am Kunden nur mittels Mitarbeitern leisten, wodurch der finanzielle Erfolg eines Unternehmens erst erzielt werden kann.

Ziel war es, in möglichst jedem der drei Unternehmensbereiche ein Interview zu realisieren. Deshalb erfolgte eine Kontaktaufnahme durch die Interviewer mit jedem der Bereiche, sofern diese unterschiedliche Ansprechpartner aufwiesen. Der Zufall entschied, welcher Unternehmensbereich als erster beziehungsweise zweiter (falls vorhanden) kontaktiert wurde.

Fragebogen

Für jeden der drei Unternehmensbereiche Personal, Vertrieb und Finanzen wurde ein eigener Fragebogen mit spezifischen Fragen entwickelt, wobei eine Reihe von Aspekten in allen drei Fragebögen durchgehend und in identischer Form Eingang fand, um zentrale Themen aus verschiedenen Perspektiven beleuchten zu können.

Beim Ressort Personal betrug die durchschnittliche Befragungsdauer 22 Minuten, im Bereich Vertrieb lag sie im Schnitt bei 15, im Bereich Finanzen bei elf Minuten.

Thematisch deckten die Fragen den gesamten Mitarbeiterzyklus in einem Unternehmen sowie den internen und externen Aktionsradius der Mitarbeiter ab. Beleuchtet wurden primär die Aktivitäten zur Personalgewinnung, das Leistungs- und Persönlichkeitsprofil für Kandidaten, der Prozess der Mitarbeiterauswahl, die Arbeitszufriedenheit, Bindung beziehungsweise Loyalität und Motivation von Mitarbeitern, das Instrument der Mitarbeiterbefragung, die Fort- und Weiterbildung, die Personalbeurteilung und -entwicklung, der Einsatz von Bewertungs- und Messkriterien zur Evaluierung von Unternehmenserfolg im Allgemeinen und von Produktivität und Arbeitsqualität, außerdem Kundenzufriedenheit und Kundenbindung sowie das Instrument Kundenbefragung. Darüber hinaus wurde gefragt, inwieweit eine Verknüpfung von weichen Faktoren aus Mitarbeiter- und Kundenbefragungen und »harten« finanziellen Unternehmensdaten (Ergebniskennzahlen) erfolgt.

Des Weiteren wurde im Rahmen der Untersuchung – mit Blick auf die gesellschaftliche Relevanz und die demografische Entwicklung – das Thema »ältere Arbeitnehmer« aufgegriffen.

Schließlich wurde explizit nach der operativen und strategischen Relevanz des Faktors Human Capital gefragt, und zwar nach seiner heutigen und zukünftigen Bedeutung, seiner Auswirkung auf verschiedene Dimensionen und nach bereits erfolgten Veränderungen. Dieses Themenfeld war Bestandteil des Fragebogens für alle drei Unternehmensbereiche.

Die Fragebögen umfassten ausschließlich geschlossene Fragen.[7] Hierbei sind alle Antwortoptionen im Fragetext enthalten. Eine Auskunftsperson kann sich für eine oder manchmal auch mehrere der angebotenen Optionen entscheiden (Abb. 2.). Hierdurch wird die Einheitlichkeit und damit die Vergleichbarkeit der Antworten gewährleistet.[8]

Weiterhin wurden Antwortskalen verwandt, in der Regel eine Fünf- oder Vierpunkteskala. Auf der Fünfpunkteskala stellte die »Fünf« die jeweils höchste und die »Eins« die jeweils niedrigste Bewertung dar. Die Skalenstufen wurden mit Zahlen bezeichnet und die Endpunkte mit Blick auf die Fragestellung entsprechend benannt. Mittels des Wertespektrums konnten die Interviewpartner ihre Meinung abstufen. Durch die ungerade Anzahl von Abstufungen existiert eine Mitte, wodurch die

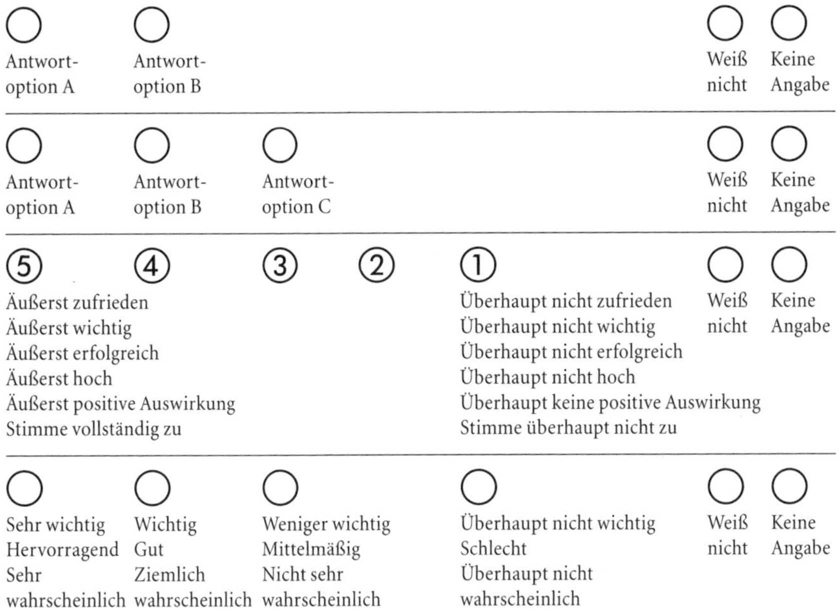

○	○				○	○
Antwort- option A	Antwort- option B				Weiß nicht	Keine Angabe

○	○	○			○	○
Antwort- option A	Antwort- option B	Antwort- option C			Weiß nicht	Keine Angabe

⑤	④	③	②	①	○	○
Äußerst zufrieden Äußerst wichtig Äußerst erfolgreich Äußerst hoch Äußerst positive Auswirkung Stimme vollständig zu				Überhaupt nicht zufrieden Überhaupt nicht wichtig Überhaupt nicht erfolgreich Überhaupt nicht hoch Überhaupt keine positive Auswirkung Stimme überhaupt nicht zu	Weiß nicht	Keine Angabe

○	○	○		○	○	○
Sehr wichtig Hervorragend Sehr wahrscheinlich	Wichtig Gut Ziemlich wahrscheinlich	Weniger wichtig Mittelmäßig Nicht sehr wahrscheinlich		Überhaupt nicht wichtig Schlecht Überhaupt nicht wahrscheinlich	Weiß nicht	Keine Angabe

Abbildung 2

Möglichkeit gegeben ist, eine neutrale Position einzunehmen (Abb. 2). Bei der Vierpunkteskala waren alle Antwortstufen verbal umschrieben. Aufgrund der geraden Anzahl von Abstufungen mussten die Interviewten sich tendenziell für eine der beiden Seiten auf der Skala entscheiden (Abb. 2). Der Einsatz von Antwortskalen erfolgte, um eine differenziertere Bewertung zu erhalten – um nicht nur Schwarz und Weiß, sondern durch die Abstufungen auch Graustufen wahrnehmen zu können. Der Einsatz der Fünf- oder Vierpunkteskala war vom Untersuchungsgegenstand abhängig.

Die Antwortmöglichkeiten »Weiß nicht« und »Keine Angabe« wurden den Befragten nicht von vornherein als Antwortoption angeboten, konnten aber, wenn sich ein Befragter von selbst so äußerte, aufgenommen werden. Dieser Vorgehensweise lag folgende Überlegung zugrunde: Wenn bereits in der Frage darauf hingewiesen wird, dass eine Antwort kein »Muss« ist, werden Personen mit einer schwach ausgeprägten Meinung dazu verleitet, der Frage über »Weiß nicht« oder »Keine Angabe« auszuweichen. Gehört die Antwortoption »Weiß nicht« und

Konzeption der Studie

»Keine Angabe« zum vorgegebenen Antwortenspektrum, so ist der Anteil derjenigen, die keine Antwort geben, höher, als wenn diese Kategorien nicht als Antwortoption angeboten werden.[9]

Methode

Die Durchführung der Befragung erfolgte in der Zeit zwischen dem 8. Juni und dem 26. Juli 2005 mittels computergestützter Telefoninterviews (Computer Assisted Telephone Interviewing) im Namen der Gallup GmbH (Potsdam) durch die forum! Marktforschung GmbH (Mainz). Die namentliche Nennung der Value Group GmbH (München) als Durchführungspartner der Gallup GmbH für diese Studie erfolgte bewusst nicht, da diese Information, verbunden mit dem Wissen über die geschäftliche Tätigkeit der Value Group GmbH, die Antworten der Befragten unter Umständen beeinflusst oder sogar Ablehnung hervorgerufen hätte (Sponsorship-Effekt). The Value Group GmbH bewertet und analysiert materielle und immaterielle Vermögenswerte von Unternehmen mit daraus resultierenden Wertentwicklungsaussichten für Investoren, wobei das Human Capital eine wichtige Rolle spielt.[10]

Dem Interview ging eine kurze Einleitung voraus, in der erläutert wurde, dass es um eine Bestandsaufnahme zur Wettbewerbsfähigkeit von Unternehmen in Deutschland gehe. Die Begrifflichkeit »Human Capital« oder »Human-Capital-Management« als Untersuchungsgegenstand wurde bewusst vermieden, um die Antworten der Befragten nicht zu beeinflussen. Der Terminus »Human Capital« wurde erst gegen Ende der Befragung, als die Thematik im Mittelpunkt des Forschungsinteresses stand, eingeführt.

Die Feldzeit wurde bewusst auf einen Zeitraum von sechs Wochen festgelegt. Der Grund hierfür ist, dass die für die Untersuchung relevanten Zielgruppen in der Regel einen gefüllten Terminkalender aufweisen und dementsprechend schwer zu erreichen sind. Der sechswöchige Befragungszeitraum ermöglichte es, Personen bei Abwesenheit aufgrund einer längeren Geschäftsreise, Urlaub oder Krankheit sowie Termindruck nicht von vornherein von der Untersuchung auszuschließen zu müssen, sondern einen geeigneten Termin für die Durchführung des Interviews zu finden. Pro »Zielperson« wurden bis zu sieben Kontaktversuche zu unterschiedlichen Zeitpunkten unternommen, manchmal unterstützt durch Hinweise zur Erreichbarkeit der Person. Bei Bereitschaft zur Teilnahme an der Untersuchung wurde das Interview entweder umgehend geführt oder ein Termin vereinbart, der auch außerhalb der regulären Geschäftszeiten liegen konnte.

Verwies ein potenzieller Interviewpartner auf einen anderen Ansprechpartner im Unternehmen, der für den entsprechenden Bereich verantwortlich zeichnet, wurde mit dieser Person Kontakt aufgenommen und bei Teilnahmebereitschaft die Befragung durchgeführt.

Das Telefon gehört zu den wichtigsten Kommunikationsmitteln unserer Zeit, so dass es sich hervorragend zur Datenerhebung eignet. Die Durchführung der Untersuchung mittels computergestützter Telefoninterviews bietet eine Reihe von Vorteilen gegenüber einer schriftlichen Befragung, bei der den Befragten der Fragebogen per Post zugestellt wird, mit der Bitte, diesen ausgefüllt zurückzuschicken. Diese Erhebungsmethode erfreut sich mit Blick auf relativ geringe Feldkosten für Untersuchungen in Unternehmen großer Beliebtheit.[11] Sie weist jedoch einige Schwächen auf, die sich auf die Datenqualität und damit auf die Aussagekraft der Daten auswirken. So ist bei schriftlichen Umfragen nicht kontrollierbar, ob tatsächlich die für die Befragung vorgesehene Person den Fragebogen ausfüllt oder eine andere Person dies für sie übernimmt. Denkbar wäre beispielsweise, dass jemand aus der Presse- und Öffentlichkeitsabteilung für die Beantwortung der Fragen zu Rate gezogen wird, was die Antworten »verzerrt« (Antworten mit Blick auf die Unternehmensbewertung).[12] Darüber hinaus kann der Befragte einen Fragebogen von Anfang bis Ende durchlesen, ehe er die Fragen beantwortet. Das Wissen um die nachfolgenden Fragen beeinflusst die Antworten auf die vorhergehenden.[13] Weiterhin ist das Blättern im Fragebogen möglich, womit der Interviewte die Konsistenz seiner Antworten überprüfen kann.[14] Die Ergebnisse werden dadurch ebenfalls verzerrt. Hinzu kommt, dass schriftliche Umfragen in der Regel geringe Rücklaufquoten aufweisen[15], denn es ist leichter, sich der schriftlichen

Konzeption der Studie

Aufforderung zur Teilnahme an einer Befragung zu entziehen als einen Interviewer am Telefon abzuweisen, der bei unschlüssigen Gesprächspartnern sein rhetorisches Talent einsetzen kann, um sie doch noch zur Teilnahme zu bewegen. Es ist nachgewiesenermaßen davon auszugehen, dass Befragte, die sich die Mühe machen, den Fragebogen auszufüllen und zurückzusenden, ein besonderes Interesse am Umfragethema haben. Der Personenkreis ist damit dann nicht mehr repräsentativ.[16] Bei der für diese Studie verwandten Erhebungsmethode bekommen die Interviewer die Fragen, die sie zu stellen haben, vom Computer nacheinander auf einem Monitor vorgelegt, lesen diese ihrem Gesprächspartner am Telefon vor und geben die Antwort als Codeziffer direkt in den Computer ein. Hieraus resultiert eine höhere Datenqualität, da eine zusätzliche Dateneingabe, wie sie bei schriftlichen Befragungen notwendig ist, entfällt.[17] Auch lassen sich formale Eingabefehler durch computergestützte Telefoninterviews reduzieren, da der Computer den Interviewer bei der Eingabe eines Codes, der außerhalb der möglichen Antwortcodes liegt, auf diesen Fehler aufmerksam macht. Darüber hinaus bestimmt der Computer beim computergestützten Telefoninterview – basierend auf den gegebenen Antworten der Befragten – die Filterführung[18] und legt dem Interviewer die jeweils nächste Frage vor. Hierdurch werden Filterfehler (und dadurch bedingt auch Auslassungsfehler oder die Beantwortung »überflüssiger« Fragen) vermieden, die bei schriftlichen Befragungen als Fehlerquelle – gerade bei Fragebögen mit komplexer Filterführung wie in vorliegender Untersuchung – nicht auszuschließen sind. Darüber hinaus verhindert der Einsatz von computergestützten Telefoninterviews durch Plausibilitätsprüfung der Angaben unlogische Antworten. Fehlermeldungen machen den Interviewer auf Unstimmigkeiten aufmerksam und veranlassen ihn, nochmals nachzufragen. Daneben ermöglichen computergestützte Telefoninterviews eine zufallsgesteuerte Rotation von Vorgaben, um Primacy- und Recency-Effekten vorzubeugen, was bei schriftlichen Umfragen nur äußerst schwer umsetzbar ist, da zahlreiche Fragebogenfassungen erstellt werden müssten. Beim Primacy-Effekt wird davon ausgegangen, dass Vorgaben, die zu Beginn einer längeren Liste stehen, besonders häufig genannt werden. Beim Recency-Effekt verhält es sich umgekehrt.

Hier wird angenommen, dass Vorgaben, die am Ende einer längeren Liste stehen, besonders häufig genannt werden.[19] Um diesen Effekten vorzubeugen, erzeugt der Computer für jedes Interview automatisch eine neue Reihenfolge der Vorgaben. Somit sind beide Effekte zwar weiterhin vorhanden, aber sie wirken sich auf alle Vorgaben in gleicher Weise aus. Schließlich ermöglichen computergestützte Telefoninterviews eine gute Kontrolle der Interviewer durch Monitoring und Feedback, wodurch die Standardisierung der Befragung gewährleistet wird.

So wurden die Interviews für diese Untersuchung während der Datenerhebung stichprobenartig auf vollständige und anweisungsgemäße Abwicklung hin geprüft. Der Supervisor, der die Befragungen im Interviewcenter beaufsichtigte, konnte sich jederzeit in die Gespräche einschalten und den Monitor des jeweiligen Interviewers mit dem Fragebogen einsehen. Die Befragten wurden vor Beginn des Interviews auf diese Art der Qualitätskontrolle hingewiesen und um ihr Einverständnis für diese Vorgehensweise gebeten. Wurde die Zustimmung verweigert, erfolgte kein Interview, was bei dieser Untersuchung nur in zwei Fällen vorkam. Durch diese Qualitätskontrolle konnte nicht zufriedenstellendes Verhalten der Interviewer schnell erkannt und durch Nachschulung korrigiert werden.

Alle an der Untersuchung beteiligten Interviewer, die über Erfahrung im Business-to-Business-Bereich verfügten, erhielten vor Beginn der Befragung ein persönliches Briefing und wurden über den Fragebogeninhalt, den Untersuchungshintergrund und das Untersuchungsziel informiert. An der Durchführung der Interviews waren insgesamt zehn Interviewer beteiligt.

Die Interviewer hatten die Möglichkeit, auf Wunsch einer potenziellen Auskunftsperson ein Telefax an diese zu senden, in dem der Untersuchungsgegenstand (Bestandsaufnahme zur Wettbewerbsfähigkeit von Unternehmen in Deutschland unter Entscheidungsträgern) kurz skizziert und die Gallup GmbH als Träger der Studie vorgestellt wurde.

Um die Teilnahmebereitschaft zu erhöhen, wurde den Interviewten als kleines Dankeschön für ihre Teilnahme an der Befragung das Angebot unterbreitet, eine Zusammenfassung der Ergebnisse in schriftlicher Form zu erhalten.

Ausschöpfung

Als ein zentraler Gradmesser für die Qualität einer Erhebung gilt die Ausschöpfungsquote.[20] Sie beschreibt den Grad der Realisierung einer Stichprobe. Ute Löffler merkt an: »Es gibt keine durch wissenschaftliche Untersuchungen nachgewiesene Untergrenze, ab wann eine Ausschöpfungsquote als nicht mehr ausreichend angesehen werden kann und die Repräsentativität einer Untersuchung dadurch gefährdet wird.«[21]

Grundsätzlich ist die Umfrageforschung auf die Erreichbarkeit und Kooperationsbereitschaft der Auskunftgebenden angewiesen. Als schwierig erwies sich für die vorliegende Untersuchung, dass in einigen der kontaktierten Unternehmen die Teilnahme an Befragungen generell untersagt ist. Wir mussten die Erfahrung machen, dass eine Reihe von Bereichsverantwortlichen gern an der Untersuchung teilgenommen hätte, aber aufgrund interner Regelungen nicht durfte. Diese Personen wurden als so genannte »Ausfälle« behandelt.[22] Des Weiteren musste im Laufe der Interviewanbahnung der Pool der zu befragenden Unternehmen durch unternehmensbedingte Veränderungen angepasst werden. So existierten einige Unternehmen zum Zeitpunkt der Befragung nicht mehr, obwohl sie offiziell noch in den Unternehmensdatenbanken geführt wurden. In diesen Fällen erfolgte nach außen hin die Vertretung durch einen Insolvenzverwalter, der selbstverständlich nicht befragt wurde. Ferner hatten einige Unternehmen zwischenzeitlich fusioniert, wodurch Unternehmensbereiche zusammengelegt worden waren.

Schließlich erwies sich die Teilnahmebereitschaft in Unternehmen mit mehr als einem Funktionsbereich und verschiedenen Ansprechpartnern als unterschiedlich.

Die im Rahmen der vorliegenden Untersuchung erreichte Ausschöpfung beträgt 30 Prozent (Personal 30 Prozent, Vertrieb 31 Prozent und Finanzen 28 Prozent), was angesichts der zeitlichen Belastung dieses Personenkreises und im Vergleich zu anderen empirischen Untersuchungen in Unternehmen äußerst positiv ist.

Auskunftgebende

Insgesamt wurden für diese Untersuchung 235 Entscheidungsträger, davon 110 Personalvorstände beziehungsweise -leiter oder deren Stellvertreter, 75 Vertriebsvorstände beziehungsweise -leiter oder deren Stellvertreter und 50 Finanzvorstände beziehungsweise -leiter oder deren Stellvertreter befragt.

Sieben Auskunftgebende sind in DAX-Unternehmen beschäftigt, elf in MDAX-Unternehmen, elf in SDAX-Unternehmen und sechs in TECDAX-Unternehmen. 201 Befragte sind für die weiteren börsengelisteten Unternehmen tätig.

Bei der Branchenstruktur, die anhand der Selbstauskunft der Befragten am Ende der Befragung ermittelt wurde und deren Kategorisierung in Anlehnung an die Branchenaufschlüsselung des Statistischen Bundesamtes (Wiesbaden) erfolgte, ergibt sich folgendes Bild:

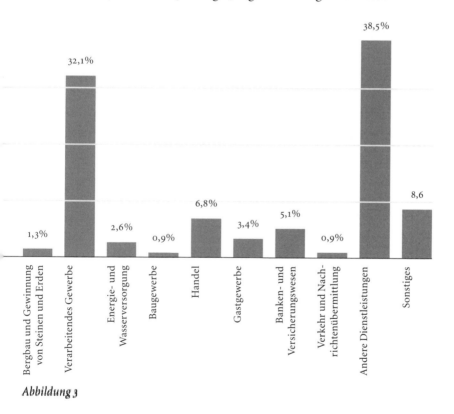

Abbildung 3

Stichprobenfehler

In Bezug auf die Genauigkeit der Ergebnisse ist anzumerken, dass in der Buchhaltung ein Cent immer ein Cent, aber selbst in der besten Umfrageforschung ein Prozent niemals ein Prozent ist. Bei Umfragedaten können nur Bandbreiten abgeschätzt werden. Grundsätzlich lässt sich sagen: Je kleiner die Stichprobe, desto größer die Schwankungsbreite und desto ungenauer die Ergebnisse. Darüber hinaus hat auch die gewählte Vertrauenswahrscheinlichkeit (Konfidenzniveau) Einfluss auf die Schwankungsbreite. Je höher unter gleichen Umständen die Vertrauenswahrscheinlichkeit, desto breiter die Fehlerspanne (Konfidenzintervall).[23] In der vorliegenden Untersuchung wird von einer 95-Prozent-Vertrauenswahrscheinlichkeit ausgegangen. Dies bedeutet, dass der wahre Anteilswert der Grundgesamtheit mit einer Wahrscheinlichkeit von 95 Prozent innerhalb des ermittelten Intervalls liegt.[24]

Zunächst wird der Standardfehler mittels folgender Formel errechnet, wobei p für den ermittelten Stichprobenwert und n für die Stichprobengröße steht: $\sqrt{\frac{p \cdot (1-p)}{n}}$.

Anschließend wird das Fehlerintervall ermittelt, das sich durch die Multiplikation des Sicherheitsgrades[25] mit dem Standardfehler ergibt.[26]

Es ist darauf hinzuweisen, dass sich die Qualität der Prognose mit abnehmender Stichprobengröße verschlechtert und die Ergebnisse daher nur noch bedingt aussagekräftig sind.[27]

Beurteilung des Unternehmenserfolges

Wie eingangs erwähnt, wurde jedes Unternehmen anhand seines wirtschaftlichen Erfolges auf Basis öffentlich verfügbarer finanzieller Kennziffern bewertet. In diese Bewertung gingen zwei Kennzahlen ein: erstens die Gewinnrendite (Gewinn bezogen auf den Aktienkurs), zweitens die Umsatzrendite (Gewinn bezogen auf den Umsatz). Diese Kennziffern wurden für die Jahre 2002, 2003 und 2004 erhoben.

In einem ersten Schritt wurde den untersuchten Unternehmen für jedes Jahr bezüglich der Umsatz- und Gewinnrendite ein Rang zugeordnet, der dann für die drei Jahre zu einem Gesamtrang zusammengefasst wurde. Unternehmen mit Verlusten wurde durch ein Bereinigungsverfahren eine Umsatz- und Gewinnrendite von »Null« in dem Jahr zugeordnet, in dem sie den Verlust machten. Dadurch verzichtet man auf eine Differenzierung der Unternehmen nach der Höhe der Verluste, das heißt, die Unternehmen werden nicht danach unterschieden, ob sie einen sehr hohen oder nur einen marginalen Verlust erwirtschafteten.

Anschließend wurde die Stichprobe nach dem Gesamtrang sortiert und in drei gleich große Performanceklassen (»Terzile«) eingeteilt, um sehr gute (Top Performer), durchschnittliche (Average Performer) und unterdurchschnittliche Unternehmen (Low Performer) unterscheiden zu können.

Zur Analyse der Befragungsergebnisse wurde die Gruppe der »Top Performer« (oberes Terzil) der Gruppe der »Low Performer« (unteres Terzil) gegenübergestellt, um die Befragungsergebnisse an der wirtschaftlichen Entwicklung der jeweils besten und schlechtesten Unternehmen spiegeln zu können und um so zu untersuchen, ob ein Zusammenhang zwischen dem Unternehmenserfolg und dem Umgang mit Human Capital feststellbar ist.

Anmerkungen zu den Ergebnissen

Die Analyse und Interpretation des Datenmaterials erfolgt zunächst auf der Basis der Angaben aller Befragten. Hierbei gilt es allerdings zu berücksichtigen, dass nicht jede Frage in jedem der drei Unternehmensbereiche Personal, Vertrieb und Finanzen gestellt wurde. »Alle Befragten« beschränkt sich in diesem Fall auf den entsprechenden Bereich. In einem weiteren Schritt wird, sofern die jeweilige Frage in mehreren Unternehmensbereichen vorgelegt wurde, eine Aussage über Unterschiede zwischen diesen getroffen. Mit Bezug auf die weiter oben erfolgten Ausführungen ist nochmals anzumerken, dass Umfragen einen statistischen Unschärfebereich haben. Dies bedeutet, dass nicht jede Ergebnisdifferenz zwischen den Bereichen auch einem »echten« Unterschied entspricht. Von statistisch signifikanten Unterschieden kann erst gesprochen werden, wenn die Differenz zwischen den Ergebnissen ein bestimmtes Minimum überschreitet; andernfalls ist davon auszugehen, dass kein Unterschied in den Antworten aus den verschiedenen Bereichen vorliegt. Der Leser wird auf entsprechende beziehungsweise nicht vorhandene Unterschiede hingewiesen.[28]

Bei der Betrachtung und Interpretation der Ergebnisse wird nahezu ausnahmslos die Spitzenbewertung (Top-Box) herangezogen, also der Anteil der Befragten, die auf einer Fünfpunkteskala die höchstmögliche Bewertung »Fünf« vornahmen. Eine Spitzenbewertung kann als uneingeschränkte Bewertung ohne Wenn und Aber angesehen werden. Die hierzulande weit verbreitete Meinung, dass in Deutschland selten eine Spitzenbewertung erfolgen würde und daher die Bewertung mit einer »Vier« in der Auswertung Berücksichtigung finden müsste, weil diese schon als sehr positiv anzusehen sei, lässt sich anhand einer Vielzahl von Beispielen aus der langjährigen Gallup-Forschung widerlegen.[29] Auf eine Betrachtung der Ergebnisse in kombinierter Form zur Darstellung des gesamten positiven Bewertungsbereichs, der so genannten Top-2-Box, wird daher nur in sehr seltenen Ausnahmefällen zurückgegriffen. Analog wird bei Vierpunkteskalen verfahren.

Mit »Weiß nicht« oder »Keine Angabe« beantwortete Fragen werden bei der Auswertung nicht berücksichtigt.

Abschließend ist darauf hinzuweisen, dass es sich bei den Prozentangaben um gerundete Werte handelt. Daher ergeben diese in den Grafiken und Tabellen nicht immer genau 100.

Im Rahmen von Kapitel 3 finden neben den Ergebnissen dieser Untersuchung auch Daten aus anderen Studien Verwendung, die in den vergangenen Jahren von Gallup erstellt wurden. Entsprechende Daten sind mit einer Quellenangabe gekennzeichnet.

1   Vgl. Pons Collins Wörterbuch für die berufliche Praxis. Deutsch-Englisch. Englisch-Deutsch, Stuttgart 1998, S. 780
2   Vgl. Pace, E.: »George H. Gallup Is Dead at 82. Pioneer in Public Opinion Polling«, in: *The New York Times*, 28.7.1984, S. 1, 9; vgl. ferner Clymer, A.: »The Man Who Made Polling What It Is«, in: *The New York Times*, 28.7.1984, S. 9
3   Die *Deutsche Börse* definiert die Indizes auf ihrer Internetseite wie folgt: »DAX misst die Performance der 30 hinsichtlich Orderbuchumsatz und Marktkapitalisierung größten deutschen Unternehmen des Prime Standard. [...] MDAX enthält die Werte der 50 Unternehmen des Prime Standard aus klassischen Sektoren, die den im Aktienindex DAX enthaltenen Unternehmen hinsichtlich Orderbuchumsatz und Marktkapitalisierung nachfolgen (Midcaps). [...] SDAX ist der Auswahlindex für 50 kleinere Unternehmen, so genannte Smallcaps, die den im Aktienindex MDAX enthaltenen Werten hinsichtlich Orderbuchumsatz und Marktkapitalisierung nachfolgen. [...] TECDAX bildet die Entwicklung der 30 größten Technologieunternehmen des Prime Standard ab, die den im Aktienindex DAX enthaltenen Unternehmen hinsichtlich Orderbuchumsatz und Marktkapitalisierung nachfolgen.«
4   Unter »anderen börsengelisteten Unternehmen« sind Unternehmen zusammengefasst, deren Wertpapiere an der Börse in Deutschland gehandelt werden, die jedoch weder im Leitindex DAX noch in einem der drei Nebenwert-Indizes (MDAX, SDAX, TECDAX) gelistet sind.
5   Vgl. Laatz, W.: *Empirische Methoden. Ein Lehrbuch für Sozialwissenschaftler*, Thun u.a. 1993, S. 425
6   Detaillierte Ausführungen zu diesem Stichprobenverfahren findet der interessierte Leser bei: Quee, W. T.: *Marketing Research*, 2. Aufl., Singapur 1996, S. 102ff.
7   Eine Ausnahme wurde bei der Ermittlung von Zahlenangaben (wie bei der Abfrage der Fluktuationshöhe oder dem Weiterbildungsbudget) gemacht. In diesem Fall wurde auf offene Fragen zurückgegriffen. In der Auswertung wurden die Antworten Kategorien zugeordnet.
8   Vgl. Fink, A.: *How to ask survey questions*, The Survey Kit, Bd. 2, Thousand Oaks, Cal., u.a. 1995, S. 33
9   Vgl. Molenaar, N. J.: »Response-effects of ›Formal‹ Characteristics of Questions«, in: Dijkstra, W./van der Zouwen, J. (Hrsg.): *Response Behaviour in the Survey-interview*, London u.a. 1982, S. 68
10   Vgl. Noelle-Neumann, E./Petersen, T.: *Alle, nicht jeder. Einführung in die Methoden der Demoskopie*, 3. Aufl., Berlin u.a. 2000, S. 97
11   Vgl. Wyss, W.: *Marktforschung von A–Z. Eine Einführung aus der Praxis, für die Praxis*, Adligenswil 1991, S. 178
12   Vgl. Bourque, L. B./Fielder, E. P.: *How to conduct self-administered and mail surveys*, The Survey Kit, Bd. 3, Thousand Oaks, Cal., u.a. 1995, S. 19f.; vgl. ferner Quee, W. T.: *Marketing Research*, 2. Aufl., Singapur 1996, S. 144
13   Wenn ein Personalvorstand oder -leiter beispielsweise Auskunft darüber geben soll, welchen Stellenwert aus seiner persönlichen Sicht ältere Arbeitnehmer für den Erfolg eines Unternehmens haben, und er weiß, dass später im Fragebogen die Frage folgt, ob sein Unternehmen Mitarbeiter im Alter von 50 Jahren und darüber ein-

gestellt hat, so wird das nicht ohne Einfluss auf seine Beantwortung der ersten Frage bleiben.

14 Vgl. Bourque, L. B./Fielder, E. P.: *How to conduct self-administered and mail surveys*, The Survey Kit, Bd. 3, Thousand Oaks, Cal., u. a. 1995, S. 18 f.; vgl. ferner Quee, W. T.: *Marketing Research*, 2. Aufl., Singapur 1996, S. 144

15 Vgl. Bourque, L. B./Fielder, E. P.: *How to conduct self-administered and mail surveys*, The Survey Kit, Bd. 3, Thousand Oaks, Cal., u. a. 1995, S. 14 f.; vgl. ferner Quee, W. T.: *Marketing Research*, 2. Aufl., Singapur 1996, S. 145

16 Die moderne Demoskopie, wie wir sie heute kennen, ist die Folge einer fehlgeschlagenen schriftlichen Befragung im Jahre 1936: Die Zeitschrift *Literary Digest* hatte vor der US-Präsidentschaftswahl mit den Kandidaten Franklin D. Roosevelt und Alf Landon mehr als zehn Millionen »Wahlzettel« verschickt und erstellte auf der Grundlage von knapp 2,4 Millionen zurückgesandten Antworten eine falsche Prognose über den Wahlausgang, während sich die Prognose von George Gallup und Kollegen, die auf wenigen Tausend repräsentativ ausgewählten Befragten basierte, als korrekt erwies. Die Stichprobe des *Literary Digest* war nicht zufällig, sondern auf einen Teil der Wahlbevölkerung begrenzt, und dieser Teil entstammte überwiegend einer bestimmten sozialen Schicht (Telefon und Automobilbesitz, was zur damaligen Zeit eher Wohlhabenden vorbehalten war). Vgl. Newport, F.: *Polling Matters. Why Leaders Must Listen to the Wisdom of the People*, New York 2004, S. 163 ff. Detaillierte Ausführungen hierzu findet der interessierte Leser bei: Moore, D. W.: *The Superpollsters. How they measure and manipulate public opinion in America*, New York 1995, S. 31 ff.

17 Die manuelle Übertragung der Antworten vom Fragebogen in ein Computerprogramm wie SPSS stellt eine potenzielle Fehlerquelle dar.

18 Filterführungen steuern den Interviewablauf. Sie dienen der Differenzierung des Befragtenkreises aufgrund vorab fest definierter Antworten. So wird das Interview je nach Antwort des Befragten an einer bestimmten Stelle fortgesetzt.

19 Vgl. Laatz, W.: *Empirische Methoden. Ein Lehrbuch für Sozialwissenschaftler*, Thun u. a. 1993, S. 135 ff.

20 Vgl. Kaase, M.: *Qualitätskriterien der Umfrageforschung. Denkschrift*, Berlin u. a. 1999, S. 31

21 Löffler, U.: »Ausschöpfung bevölkerungsrepräsentativer Random-Untersuchungen«, in: ADM Arbeitskreis Deutscher Markt- und Sozialforschungsinstitute e. V., AG. MA Arbeitsgemeinschaft Media-Analyse e. V. (Hrsg.): *Stichproben-Verfahren in der Umfrageforschung. Eine Darstellung für die Praxis*, Opladen 1999, S. 91

22 Unter »Ausfällen« sind Interviews zu verstehen, die nicht zustande gekommen sind, obwohl sie in der Stichprobe vorgesehen waren. Zu den Ausfällen, die die Repräsentanz berühren (systematische Ausfälle), gehören Verweigerungen und nicht erreichte Personen.

23 Vgl. Bortz, J.: *Statistik für Sozialwissenschaftler*, 5., vollst. überarb. und aktualisierte Aufl., Berlin u. a. 1999, S. 103

24 Vgl. Vogel, F.: *Beschreibende und schließende Statistik. Formeln, Definitionen, Erläuterungen, Stichwörter und Tabellen*, 12. Aufl., München u. a. 2000, S. 209 f.

25 +/- 1,96 Standardabweichungen bei einem Sicherheitsgrad von 95 Prozent

26 Wenn in der vorliegenden Untersuchung beispielsweise ein Wert von 40 Prozent ermittelt wurde, dann liegt bei der Befragung von 235 Personen der wahre Wert in der Grundgesamtheit mit einer Wahrscheinlichkeit von 95 Prozent im Bereich von 33,7 bis 46,3 Prozent. Beträgt die Merkmalsausprägung zehn Prozent, so liegt der wahre Wert zwischen 6,2 und 13,8 Prozent. Mit fünfprozentiger Wahrscheinlichkeit liegt er außerhalb dieser Intervalle. Die statistische Schwankungsbreite beträgt 6,3 Prozentpunkte beziehungsweise 3,8 Prozentpunkte nach oben und unten. Große Intervalle ergeben sich insbesondere dann, wenn der Anteilswert eines Merkmals in der Stichprobe nahe 50 Prozent liegt. Bei der Analyse einzelner Fragen, die nur in einem Unternehmensbereich gestellt wurden, tritt aufgrund kleinerer Fallzahlen eine größere Schwankungsbreite auf. Die Ergebnisse werden dementsprechend ungenauer. Auch dies soll an einem Beispiel aufgezeigt werden. Ausgegangen wird wieder von einem ermittelten Wert von 40 Prozent. Die Zahl der Befragten beträgt nun statt 235 lediglich 50. Es ergibt sich ein Bereich von 26,4 bis 53,6 Prozent, in dem der Wert der Grundgesamtheit mit 95-prozentiger Wahrscheinlichkeit liegt. Mit der Gegenwahrscheinlichkeit liegt er außerhalb dieses Bereichs. Die Abweichung von dem in der Stichprobe ermittelten Wert beläuft sich somit auf 13,6 Prozentpunkte nach oben und unten.

27 Sobald der Stichprobenumfang weniger als 50 Befragte umfasst, haben die Ergebnisse nur noch indikative Aussagekraft. Vgl. Wyss, W.: *Marktforschung von A–Z. Eine Einführung aus der Praxis, für die Praxis,* Adligenswil 1991, S. 541

28 Für die Testung der Unterschiede in den Anteilen verschiedener Ausprägungen zwischen den verschiedenen Stichproben – sprich: den einzelnen Erhebungen – wurde jeweils ein zweiseitiger t-Test für Anteilsunterschiede auf einem Signifikanzniveau von $a = 0{,}05$ durchgeführt. Die zur Berechnung verwandte Formel findet der interessierte Leser in: Neter, J./Wassermann, W./Whitemore, G. A.: *Applied Statistics,* 3. Aufl., Boston u.a. 1978, S. 323ff.

29 Im Rahmen des Engagement-Indexes Deutschland wird die Zustimmung zu Aussagen mittels einer Fünfpunkteskala (»fünf« = »stimme vollständig zu« und »eins« = »stimme überhaupt nicht zu«) gemessen. Die Ergebnisse sind repräsentativ für die Arbeitnehmerschaft in Deutschland ab 18 Jahre. Der ersten $Q^{12®}$-Aussage – »Ich weiß, was bei der Arbeit von mir erwartet wird« – stimmten im Jahr 2005 sieben von zehn Arbeitnehmern (71 Prozent) vollständig zu (Spitzenbewertung). Bei der zweiten $Q^{12®}$-Aussage – »Ich habe die Materialien und die Arbeitsmittel, um meine Arbeit richtig zu machen« – antwortete die Hälfte der Befragten (52 Prozent) mit »stimme vollständig zu« (Spitzenbewertung).

III Die Ergebnisse

Die Ergebnisse unserer Studie werden entlang der Wertschöpfungskette des Human Capital dargestellt. Diese entspricht der Organisation vieler Personalabteilungen in deutschen Unternehmen. Dabei sind die Gewinnung, die Bindung, die Entwicklung sowie die Beurteilung und Messung von Human Capital die wesentlichen Stufen der Prozesskette.

Die Gewinnung von Human Capital

Schon die Gewinnung der richtigen Mitarbeiter bedeutet eine wichtige Weichenstellung für den Erfolg und den Wertbeitrag des Human Capital. Wird bei den Rekrutierungs- und Auswahlprozessen das Potenzial der Bewerber nicht richtig eingeschätzt und werden die Anforderungen des Unternehmens an den neuen Mitarbeiter unpräzise formuliert, dann werden wesentliche Chancen verspielt. Denn wer Mitarbeiter ohne ausreichendes Potenzial oder mit den falschen Qualifikationen und Eigenschaften einstellt, wird aus ihnen keine Spitzenkräfte machen und keine Spitzenergebnisse im Unternehmen erzielen können.

Ausgangspunkt für jedes Human-Capital-Management ist die Beschaffung von Mitarbeitern – somit sind die Personalbeschaffung und -auswahl traditionelle Aufgabengebiete jeder Human-Resource- beziehungsweise Personalabteilung. Bei der Deckung des Personalbedarfs geht es dementsprechend um alle Aktivitäten, die auf die Gewinnung und den Einsatz personeller Kapazitäten ausgerichtet sind, sei es die Suche und Bereitstellung geeigneter Arbeitskräfte, sei es der eigentliche Auswahlprozess für eine konkrete Stelle oder schließlich die Integration des neuen Mitarbeiters in den betrieblichen Leistungsprozess.[1]

Wege der Personalbeschaffung und ihre Erfolgsbewertung

Die Auswahl der richtigen Beschaffungsmaßnahmen und der daraus abgeleiteten Beschaffungswege stellt eine zentrale Voraussetzung der erfolgreichen Mitarbeitersuche und -gewinnung dar. Wenn es um die Wege geht, die Unternehmen bei der Personalsuche bevorzugen, wird nach Angaben der in unserer Studie befragten Personalentscheider vornehmlich die unternehmenseigene Homepage eingesetzt (91 Prozent), es werden Empfehlungen von Mitarbeitern berücksichtigt (88 Prozent) und Stellenanzeigen in Zeitungen und Zeitschriften beziehungsweise in Internet-Job-Portalen geschaltet (86 beziehungsweise 83 Prozent). Darüber hinaus werden potenzielle Kandidaten direkt angesprochen (73 Prozent) und Personalberater mit der Personalsuche betraut (67 Prozent). Der Rückgriff auf Mitarbeiter von Zeitarbeitsfirmen wie auch auf Vorschläge der Bundesagentur für Arbeit oder von Jobcentern erfolgt hingegen vergleichsweise seltener (55 beziehungsweise 54 Prozent). Gleiches gilt für Messen und Veranstaltungen (52 Prozent).

Im Anschluss an die Ermittlung der für die Personalgewinnung genutzten Vorgehensweisen sollten die Personalentscheider den Erfolg der Beschaffungswege einschätzen. Zur Bewertung wurden den Befragten dabei jeweils nur noch jene Personalbeschaffungswege vorgelegt, die ihren Angaben zufolge auch tatsächlich angewandt werden. Für die Bewertung stand eine Skala von eins (überhaupt nicht erfolgreich) bis fünf (äußerst erfolgreich) zur Verfügung.

Erwartungsgemäß zeigt sich im Ergebnis, dass die seltener beschrittenen Wege auch als wenig effizient angesehen werden. Nichtsdestotrotz stellt sich die Frage, weshalb rund jedes zweite Unternehmen bei der Personalgewinnung Varianten einsetzt, die es doch eigentlich nicht als erfolgreich einschätzt. Von den Personalverantwortlichen, die angeben, dass sie zur Mitarbeitergewinnung auf Messen und Veranstaltungen präsent sind beziehungsweise sich Vorschläge von der Arbeitsagentur oder von Jobcentern machen lassen, bewertet kein Einziger diese als äußerst erfolgreich. Und gerade einmal neun Prozent attestieren dies dem Ausleihen von Mitarbeitern bei Zeitarbeitsfirmen. Alle übrigen zum Einsatz kommenden Vorgehensweisen werden hingegen –

wie aus Tabelle 1 hervorgeht – von 20 bis 30 Prozent der Personalentscheider als äußerst erfolgreich bewertet. Unter dem Strich stellt sich aber kein Weg als besonders erfolgversprechend heraus. Als die drei mehr oder weniger erfolgreichen Methoden der Mitarbeitergewinnung gelten – wie ebenfalls Tabelle 1 entnommen werden kann – die Beauf-

	Nutzung*	Bewertung** (Top-Box)[1]	Bewertung** (Top-2-Box)
Unternehmenseigene Homepage	91 %	15 %	42 %
Mitarbeiterempfehlungen	88 %	22 %	44 %
Stellenanzeigen in Zeitungen und Zeitschriften	86 %	24 %	60 %
Stellenanzeigen in Internet-Job-Portalen	83 %	28 %	60 %
Direktansprache von potenziellen Mitarbeitern	73 %	26 %	61 %
Beauftragung von Personalberatern	67 %	22 %	75 %
Mitarbeiter von Zeitarbeitsfirmen	55 %	9 %	35 %
Vorschläge der Bundesagentur für Arbeit sowie von Jobcentern	54 %	0 %	9 %
Messen und Veranstaltungen	52 %	0 %	16 %

Basis: Personalentscheider (Nutzung n_{min} = 109).

1 Ausgewiesen: Stufe fünf auf einer Fünf-Punkte-Skala, wobei »fünf« »äußerst erfolgreich« bedeutet.

2 Ausgewiesen: Stufe fünf und vier auf einer Fünf-Punkte-Skala, wobei »fünf« »äußerst erfolgreich« bedeutet.

Fragestellung:
* »Ich lese Ihnen jetzt einige Wege vor, die ein Unternehmen bei der Personalsuche gehen kann. Sagen Sie mir bitte für jede Möglichkeit, ob Ihr Unternehmen diese nutzt oder nicht. Wie steht es mit…?«
(Vorgaben wurden von Interview zu Interview nach dem Zufallsprinzip sortiert.)

** »Bitte sagen Sie mir nun, wie erfolgreich jeder der nachfolgend genannten Wege bei der Personalsuche aus Ihrer persönlichen Erfahrung ist. Bitte verwenden Sie eine Fünf-Punkte-Skala, wobei ›fünf‹ ›äußerst erfolgreich‹ und ›eins‹ ›überhaupt nicht erfolgreich‹ bedeutet. Mit den Werten dazwischen können Sie Ihre Meinung abstufen. Wie steht es mit…?«
(Relevante Vorgaben wurden nach dem Zufallsprinzip sortiert.)

Tabelle 1: Methoden der Personalbeschaffung und ihre Erfolgsbewertung (Ranking basierend auf der Nutzung)

tragung von Headhuntern (Top-2-Box: 75 Prozent), die Direktansprache (Top-2-Box: 61 Prozent), Annoncen in Printmedien (Top-2-Box: 60 Prozent), sowie Einträge in Internet-Job-Portale (Top-2-Box: 60 Prozent).

Suchkriterien und Anforderungsprofile für neue Mitarbeiter

Verantwortungsbewusstsein, Verlässlichkeit und Gründlichkeit (59 Prozent), aus eigenem Antrieb Dinge tun, ohne dies gesagt zu bekommen (52 Prozent), sowie fachliche Kenntnisse (49 Prozent) – das sind augenscheinlich die Eigenschaften, die für Personalentscheider bei potenziellen Mitarbeitern am wichtigsten sind. Insgesamt wurden den Befragten elf Aspekte zur Bewertung auf einer Skala von eins (überhaupt nicht wichtig) bis fünf (äußerst wichtig) vorgelegt.[2] Wie die Daten veranschaulichen, wird vor allem Wert auf Denk-, Verhaltens- und Gefühlsmuster gelegt, die eine Person von Hause aus »mitbringt« und die weniger erlern- und veränderbar sind. Dies trifft auch auf die im Wichtigkeitsranking nachfolgenden Eigenschaften zu. Dabei handelt es sich im Einzelnen um die Ausdauer und Fähigkeit, an einer Sache bis zum Abschluss dranzubleiben (46 Prozent), Offenheit gegenüber neuen Erfahrungen (45 Prozent) und Persönlichkeitsmerkmale (35 Prozent).

Ein starkes Selbstbewusstsein ist offenbar keine zwingend erforderliche Eigenschaft für potenzielle Mitarbeiter, denn das Ergebnis bei der Vorgabe »Glaube an die eigenen Fähigkeiten« lässt erkennen, dass eine ausgeprägte Individualität in der Arbeitswelt offenbar wenig erwünscht ist oder zumindest nicht erwartet wird (24 Prozent).

Das Schlusslicht unter den abgefragten Eigenschaften bilden erstaunlicherweise all jene Anforderungskriterien, die in der Regel als die fundamental bedeutsamen angeführt werden, wenn es um die Skizzierung des idealen Mitarbeiters und die Ausschreibung von Stellenprofilen geht. Es sind die Kriterien, die sich auf den konkreten beruflichen Background eines Kandidaten beziehen. Hierzu zählen der Bildungshintergrund eines Bewerbers (14 Prozent), seine beruflichen Referenzen (17 Prozent), positive Leistungsbeurteilungen (22 Prozent) sowie seine berufliche Laufbahn (23 Prozent) (vgl. Tab. 2).

	Bewertung** (Top-Box)¹	Bewertung** (Top-2-Box)
Verantwortungsbewusstsein, Verlässlichkeit oder Gründlichkeit	59 %	95 %
Aus eigenem Antrieb Dinge tun	52 %	83 %
Fachliche Kenntnisse	49 %	91 %
Ausdauer und Fähigkeit, an einer Sache bis zum Abschluss dranzubleiben	46 %	90 %
Offenheit gegenüber neuen Erfahrungen	45 %	88 %
Persönlichkeitsmerkmale	35 %	85 %
Selbstbewusstsein und Glaube an die eigenen Fähigkeiten	24 %	80 %
Berufliche Laufbahn und Erfahrung	23 %	75 %
Positive Leistungsbeurteilungen	22 %	71 %
Berufliche Referenzen	17 %	56 %
Bildungshintergrund	14 %	61 %

Basis: Personalentscheider (Nutzung n_{min} = 107).

1 Ausgewiesen: Stufe fünf auf einer Fünf-Punkte-Skala, wobei »fünf« »äußerst wichtig« bedeutet.

2 Ausgewiesen: Stufe fünf und vier auf einer Fünf-Punkte-Skala, wobei »fünf« »äußerst wichtig« bedeutet.

Fragestellung:
»Bitte sagen Sie mir, wie wichtig Ihnen die folgenden Faktoren sind, wenn Sie neue Mitarbeiter/Mitarbeiterinnen einstellen. Bitte bewerten Sie mittels einer Fünf-Punkte-Skala, auf der ›fünf‹ ›äußerst wichtig‹ und ›eins‹ »überhaupt nicht wichtig« bedeutet, die Bedeutung der folgenden Faktoren beim Einstellen eines Bewerbers/einer Bewerberin. Mit den Werten dazwischen können Sie Ihre Meinung abstufen. Wie ist es mit…?«
(Die Vorgaben wurden von Interview zu Interview nach dem Zufallsprinzip sortiert.)

Tabelle 2: Anforderungsprofil für potenzielle Mitarbeiter
(Ranking basierend auf der Top-Box-Bewertung)

Anhand des Rankings lässt sich erkennen, welche Kriterien in Auswahlprozessen und -instrumenten grundsätzlich erfasst werden müssten, damit diese zentralen Anforderungen an neue Mitarbeiter angemessen berücksichtigt und in der Folge die passenden Personen ausgewählt werden können.

Anforderungen an die Mitarbeiter und Unternehmensgestalter von morgen

In der Untersuchung wurde außerdem ermittelt, welche Anforderungen einerseits an Führungskräfte und andererseits an Mitarbeiter ohne Führungsverantwortung im Rahmen des Auswahlprozesses gestellt werden. Hierzu wurden die Interviewpartner wiederum gebeten, die Bedeutung von vorgegebenen Eigenschaften anhand einer Skala von eins (überhaupt nicht wichtig) bis fünf (äußerst wichtig) zu bewerten. Jede der beiden Gruppen wurde dabei separat mit den jeweils identischen Vorgaben beleuchtet.[3] Basierend auf den Antworten konnte ein umfangreiches Anforderungsprofil für Führungskräfte und Mitarbeiter ohne Führungsverantwortung erstellt werden.

Nach Auffassung der Befragten sollte eine Führungskraft *ergebnisorientiert* (78 Prozent), *unternehmerisch* (76 Prozent) und *motivierend* (75 Prozent) sein. Diese Attribute werden als äußerst wichtig eingestuft. Dahinter rangieren die Eigenschaften *entscheidungsfreudig* (70 Prozent), *kundenorientiert* (68 Prozent), *kompetent* (68 Prozent), *zuverlässig* (66 Prozent) und *ehrlich* (66 Prozent). Es folgen im Wichtigkeitsranking *durchsetzungsstark* (59 Prozent) und mit einigem Abstand *teamfähig* (49 Prozent), *innovationsfreudig* (48 Prozent) und *kritikfähig* (45 Prozent).

Bei diesem Ranking sticht besonders ins Auge, dass die Innovationsfreudigkeit von nicht einmal der Hälfte der befragten Personalentscheider als zentrale Anforderung an eine Führungskraft betrachtet wird. Wie wir in Kapitel 1 dargelegt haben, ist es jedoch gerade die Innovationsleistung des Human Capital, die einen wichtigen Werttreiber für ein Unternehmen darstellt. Sie bildet die Voraussetzung für herausragende Leistungen eines Unternehmens; und je wissensbasierter dieses ist, desto größer ist die Bedeutung innovativer Wertschöpfungsbeiträge für den Unternehmenserfolg. Die Sicherung einer kontinuierlichen Innovationskraft ist eine zentrale Managementaufgabe und damit eine wesentliche Schlüsselkomponente für vorausschauendes Human-Capital-Management. Die Ergebnisse unserer Befragung zeigen, dass dies den Entscheidern in den Unternehmen hierzulande noch nicht in hinreichendem Maße bewusst ist.

	Bewertung** (Top-Box)[1]	Bewertung** (Top-2-Box)[2]
ergebnisorientiert	78 %	99 %
unternehmerisch	76 %	98 %
motivierend	75 %	97 %
entscheidungsfreudig	70 %	97 %
kundenorientiert	68 %	96 %
kompetent	68 %	99 %
ehrlich	66 %	92 %
zuverlässig	66 %	97 %
durchsetzungsstark	59 %	95 %
teamfähig	49 %	88 %
innovationsfreudig	48 %	91 %
kritikfähig	45 %	93 %
bescheiden	1 %	19 %

Basis: Personalentscheider (Nutzung n_{min} = 109).

1 Ausgewiesen: Stufe fünf auf einer Fünf-Punkte-Skala, wobei »fünf« »äußerst wichtig« bedeutet.

2 Ausgewiesen: Stufe fünf und vier auf einer Fünf-Punkte-Skala, wobei »fünf« »äußerst wichtig« bedeutet.

Fragestellung:
»Ich lese Ihnen nun einige Eigenschaften vor. Bitte sagen Sie mir für jede Eigenschaft, wie wichtig Ihnen diese bei einer Führungskraft ist. Bitte verwenden Sie eine Fünf-Punkte-Skala, wobei ›fünf‹ ›äußerst wichtig‹ und ›eins‹ ›überhaupt nicht wichtig‹ bedeutet. Mit den Werten dazwischen können Sie Ihre Meinung abstufen. Wie steht es mit ... ?«
(Die Vorgaben wurden von Interview zu Interview nach dem Zufallsprinzip sortiert.)

Tabelle 3: Anforderungsprofil für Führungskräfte
(Ranking basierend auf der Top-Box-Bewertung)

Ein weiterer auffälliger Befund ergab sich bei den Persönlichkeitseigenschaften, die als bedeutsam für zukünftige Führungskräfte eingestuft wurden: Nahezu kein Personalentscheider betrachtet die Eigenschaft *bescheiden* als äußerst wichtiges Kriterium (1 Prozent). Angesichts der Situation vieler deutscher Unternehmen, die durch finanziellen Druck und Kosteneinsparungen, finanzielle Einschnitte bei der Belegschaft (unter anderem Streichung oder Kürzung von Urlaubs-

	Bewertung** (Top-Box)[1]	Bewertung** (Top-2-Box)[2]
ehrlich	73 %	95 %
zuverlässig	67 %	98 %
teamfähig	65 %	98 %
kundenorientiert	64 %	95 %
kompetent	54 %	96 %
ergebnisorientiert	45 %	90 %
kritikfähig	24 %	86 %
motivierend	21 %	55 %
unternehmerisch	21 %	55 %
innovationsfreudig	18 %	67 %
entscheidungsfreudig	16 %	58 %
durchsetzungsstark	11 %	51 %
bescheiden	1 %	17 %

Basis: Personalentscheider (Nutzung n_{min} = 109).

1 Ausgewiesen: Stufe fünf auf einer Fünf-Punkte-Skala, wobei »fünf« »äußerst wichtig« bedeutet.

2 Ausgewiesen: Stufe fünf und vier auf einer Fünf-Punkte-Skala, wobei »fünf« »äußerst wichtig« bedeutet.

Fragestellung:
»Ich lese Ihnen nun einige Eigenschaften vor. Bitte sagen Sie mir für jede Eigenschaft, wie wichtig Ihnen diese bei einem Mitarbeiter ohne Führungsverantwortung ist. Bitte verwenden Sie eine Fünf-Punkte-Skala, wobei ›fünf‹ ›äußerst wichtig‹ und ›eins‹ ›überhaupt nicht wichtig‹ bedeutet. Mit den Werten dazwischen können Sie Ihre Meinung abstufen. Wie steht es mit ... ?«
(Die Reihenfolge der Vorgaben wechselte nach dem Zufallsprinzip.)

Tabelle 4: Anforderungsprofil für Mitarbeiter ohne Führungsverantwortung (Ranking basierend auf der Top-Box-Bewertung)

und Weihnachtsgeld) und Zugeständnisse seitens dieser (beispielsweise längere Arbeitszeiten ohne Ausgleich) gekennzeichnet ist, ist dies ein auffälliges Ergebnis. Selbst bei Betrachtung der Top-2-Box, die die Bewertung im gesamten Wichtigkeitsbereich widerspiegelt, erhöht sich der Wert auf nur 19 Prozent. Alle anderen Eigenschaften rangieren bei dieser Betrachtung zwischen 88 und 99 Prozent (vgl. Tab. 3). In Anbetracht der gegenwärtig und zukünftig notwendigen Einschnitte könnte die vorbildhafte Bescheidenheit einer Führungskraft die Voraussetzung dafür sein, dass diese Veränderungen und Einschnitte zum Wohl und Erfolg, aber auch Erhalt eines Unternehmens von Mitarbeitern auch mitgetragen werden.

An Mitarbeiter ohne Führungsverantwortung werden folgende Anforderungen gestellt: *ehrlich* (73 Prozent), gefolgt von *zuverlässig* (67 Prozent), *teamfähig* (65 Prozent) sowie *kundenorientiert* (64 Prozent). Es schließen sich *kompetent* (54 Prozent) und *ergebnisorientiert* (45 Prozent) und mit deutlichem Abstand *kritikfähig* (24 Prozent), *motivierend* und *unternehmerisch* (jeweils 21 Prozent), *innovationsfreudig* (18 Prozent), *entscheidungsfreudig* (16 Prozent) und *durchsetzungsstark* (11 Prozent) an. Bei den Mitarbeitern ohne Führungsverantwortung wird also die Innovationsfreudigkeit noch weniger gefordert als bei Führungskräften und auch bei ihnen stellt das Kriterium der Bescheidenheit das Schlusslicht im Wichtigkeitsranking dar (1 Prozent) (vgl. Tab. 4).

Der Vergleich der beiden Mitarbeiterdimensionen (Führungskräfte versus Mitarbeiter) zeigt, dass sich die Anforderungsprofile für die Mitarbeiter der Leitungsebene und Mitarbeiter ohne Leitungs- und Fachfunktion erwartungsgemäß deutlich unterscheiden. So wird von Führungskräften deutlich stärker als von Mitarbeitern ohne Führungsverantwortung eingefordert, dass sie ergebnisorientiert (78 zu 45 Prozent), unternehmerisch (76 zu 21 Prozent), motivierend (75 zu 21 Prozent) entscheidungsfreudig (70 zu 16 Prozent), kompetent (68 zu 54 Prozent), durchsetzungsstark (59 zu 11 Prozent), innovationsfreudig (48 zu 18 Prozent) und kritikfähig (45 zu 24 Prozent) sind.

Von Mitarbeitern ohne Führungsverantwortung wird hingegen lediglich erwartet, dass sie teamfähiger als Führungskräfte sind (64 zu 49 Prozent).

Kein Unterschied zwischen beiden Gruppen lässt sich beim Anforderungsprofil im Hinblick auf die Eigenschaften *kundenorientiert, ehrlich* und *zuverlässig* ausmachen. Sie werden gleichermaßen von Führungskräften und Mitarbeitern ohne Führungsverantwortung erwartet (vgl. Tab. 5).

	Führungskräfte* (Top-Box) A	Mitarbeiter ohne Führungsverantwortung** (Top-Box) B
ergebnisorientiert	78 % (B)	45 % (A)
unternehmerisch	76 % (B)	21 % (A)
motivierend	75 % (B)	21 % (A)
entscheidungsfreudig	70 % (B)	16 % (A)
kundenorientiert	68 %	64 %
kompetent	68 % (B)	54 % (A)
ehrlich	66 %	73 %
zuverlässig	66 %	67 %
durchsetzungsstark	59 % (B)	11 % (A)
teamfähig	49 % (B)	65 % (A)
innovationsfreudig	48 % (B)	18 % (A)
kritikfähig	45 % (B)	24 % (A)
bescheiden	1 %	1 %

Basis: Personalentscheider. Für Führungskräfte und für Mitarbeiter ohne Führungsverantwortung gilt jeweils: n_{min} = 109.

Ausgewiesen: Stufe fünf auf einer Fünf-Punkte-Skala, wobei »fünf« »äußerst wichtig« bedeutet.

Hinweis: Statistisch signifikante Unterschiede zwischen den beiden Spalten werden durch eine Kennzeichnung angezeigt ($p<0,05$). Buchstaben hinter dem Prozentwert zeigen diese Unterschiede gegenüber dem Wert der entsprechenden Spalte an.

Fragestellung:

* »Ich lese Ihnen nun einige Eigenschaften vor. Bitte sagen Sie mir für jede Eigenschaft, wie wichtig Ihnen diese bei einer Führungskraft ist. Bitte verwenden Sie eine Fünf-Punkte-Skala, wobei ›fünf‹ ›äußerst wichtig‹ und ›eins‹ ›überhaupt nicht wichtig‹ bedeutet. Mit den Werten dazwischen können Sie Ihre Meinung abstufen. Wie steht es mit ... ?«
(Die Vorgaben wurden nach dem Zufallsprinzip sortiert.)

** »Ich lese Ihnen nun einige Eigenschaften vor. Bitte sagen Sie mir für jede Eigenschaft, wie wichtig Ihnen diese bei einem Mitarbeiter ohne Führungsverantwortung ist. Bitte verwenden Sie eine Fünf-Punkte-Skala, wobei ›fünf‹ ›äußerst wichtig‹ und ›eins‹ ›überhaupt nicht wichtig‹ bedeutet. Mit den Werten dazwischen können Sie Ihre Meinung abstufen. Wie steht es mit ... ?«
(Die Vorgaben wurden nach dem Zufallsprinzip sortiert.)

Tabelle 5: Anforderungsprofil für Führungskräfte und Mitarbeiter ohne Führungsverantwortung im Vergleich

Engpassfaktor Kundenorientierung

Betrachtet man das Anforderungsprofil für Führungskräfte je nach der Unternehmensperformance, sticht Folgendes ins Auge: Personalentscheider, die für ein Unternehmen mit unterdurchschnittlicher Unternehmensperformance tätig sind, messen der Kundenorientierung eine höhere Bedeutung bei als Personalentscheider, die in einem Unternehmen mit überdurchschnittlicher Marktperformance beschäftigt sind (81 zu 55 Prozent; Top-Box-Wert). Offensichtlich sind sich die Personallenker der unterdurchschnittlich erfolgreichen Unternehmen durchaus der Schwächen ihres Unternehmens bewusst. Sie wissen, wie wichtig die Kundenorientierung der Mitarbeiter ist, und gewichten diese Anforderung insbesondere für Führungskräfte ihrer Unternehmen höher. Dies ist vor allem deshalb relevant, weil Führungskräfte eine Vorbildrolle innehaben. Mit dem, was sie ihren Mitarbeitern vorleben, können sie sowohl Motivations- als auch Multiplikatoreffekte erzielen.

Die Entscheidung für den richtigen Mitarbeiter

Wie oben dargelegt, zeichnen sich leistungsstarke Organisationen dadurch aus, dass sie die richtigen Mitarbeiter dort einsetzen, wo sie am meisten bewirken können. Aber wie wählen sie diese »richtigen« Mitarbeiter aus? Welche Auswahlinstrumente setzen sie für diese entscheidende Aufgabe ein?

Auf die Frage »Wenn Sie Einstellungsentscheidungen treffen, nutzen Sie eher: *informelle Interviews* oder *strukturierte Interviews und Tests?*«[4] gaben zwei Drittel der Personalentscheider (64 Prozent) *informelle Interviews* als das favorisierte Instrument an. Das klassische Vorstellungsgespräch dominiert damit eindeutig das »Casting« von neuen Mitarbeitern. Nur ein Drittel der Befragten (36 Prozent) geht die Entscheidungsfindung systematisch an und schafft durch den Einsatz von strukturierten Interviews und Tests eine gewisse Vergleichbarkeit zwischen den Kandidaten, wodurch die subjektive Beurteilung minimiert wird (vgl. Abb. 1).

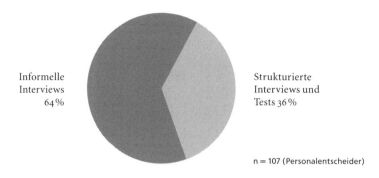

n = 107 (Personalentscheider)

Fragestellung:
»Wenn Sie Einstellungsentscheidungen treffen, nutzen Sie eher: (informelle Interviews) oder (strukturierte Interviews und Tests)?«
(Die Reihenfolge der Vorgaben wechselte von Interview zu Interview.)
Abbildung 1: Grundlage für die Entscheidungsfindung bei Einstellungen

Instinktive Mitarbeiterauswahl

Wird die Entscheidungsfindung bei Einstellungen etwas genauer betrachtet, wird deutlich, dass im Zweifelsfall oder in letzter Konsequenz das Bauchgefühl des Personalentscheiders ausschlaggebend ist (87 Prozent). Nur eine Minderheit der Personalentscheider (14 Prozent) trifft ihre letztendliche Einstellungsentscheidung mit Blick auf die Referenzen eines Bewerbers (Bildungshintergrund, berufliche Laufbahn, Testergebnisse). Unternehmens- und erfolgsrelevante Entscheidungen werden demnach nicht strikt rational getroffen, sondern sind sehr emotional geprägt (vgl. Abb. 2).

Damit ist noch nicht behauptet, dass die so getroffenen Entscheidungen Fehlentscheidungen sein müssen, allerdings zeigt diese Antwort deutlich auf, dass die Personalauswahl sehr subjektiven Präferenzen folgt, was die Systematik und objektive Überprüfung des Erfolgs der Personalauswahl erheblich beeinflussen kann.

Der Prozess der Mitarbeiterauswahl

Jeder sechste Personalentscheider (16 Prozent) gibt an, dass im Schnitt weniger als ein halber Monat vergeht, bis eine offene Stelle mit einem

n = 104 (Personalentscheider)

Fragestellung:
»Wenn Sie sich nicht sicher sind, ob Sie jemanden einstellen sollen, was hätte mehr Gewicht bei der Entscheidungsfindung: (die Referenzen des Bewerbers, wie zum Beispiel Bildungshintergrund, berufliche Laufbahn oder Testergebisse) oder (Ihr Instinkt oder ›Bauchgefühl‹ bezüglich der Kandidaten/Kandidatinnen)?«
(Die Reihenfolge der Vorgaben wechselte von Interview zu Interview.)

Abbildung 2: Was gibt den Ausschlag bei der Einstellung von Bewerbern?

geeigneten Kandidaten besetzt ist. Die Mehrheit der Befragten (84 Prozent) erklärt jedoch, dass dies länger als vier Wochen dauere – im Schnitt zweieinhalb Monate.

In drei Viertel der Unternehmen (73 Prozent) wird die Mitarbeiterauswahl gemeinsam vom jeweils betroffenen Fachbereich und der Personalabteilung getroffen. So gut wie keine Stellenvergabe erfolgt ausschließlich durch die Personalfachleute (1 Prozent). Deutlich häufiger wird eine vakante Position unterdessen allein durch den jeweiligen Fachbereich ohne die Einbindung der Personaler besetzt (26 Prozent) (vgl. Abb. 3).[5]

Der demografische Wandel – noch kein Thema für deutsche Unternehmen

Angesichts der demografischen Entwicklung in Deutschland (Geburtenrückgänge bei gleichzeitiger Erhöhung der Lebenserwartung) widmete sich die Untersuchung auch der Thematik ältere Arbeitnehmer,

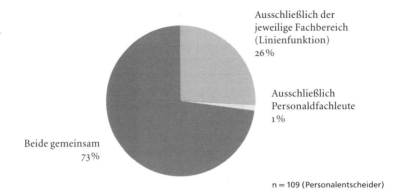

Fragestellung:
»Wenn Ihr Unternehmen eine Mitarbeiterauswahl trifft, wer trifft dann eher die Entscheidung: (der jeweilige Fachbereich) oder (die Personalfachleute) oder beide gemeinsam?«
(Die Reihenfolge der Vorgaben wechselte von Interview zu Interview.)

Abbildung 3: Einbindung in die Entscheidungsfindung bei der Mitarbeiterauswahl.

die hier als Personen ab 50 Jahre definiert werden. Schon in absehbarer Zeit, nämlich im Jahr 2015, könnten – wie in Kapitel 1 ausführlich beschrieben – qualifizierte Arbeitskräfte knapp werden. Bereits im Jahr 2006 werden in Ostdeutschland mehr Arbeitnehmer über 50 als unter 30 Jahre alt sein, in Westdeutschland wird dies im Jahr 2008 der Fall sein. Mehr als jeder dritte Arbeitnehmer hierzulande wird im Jahr 2020 die 50 überschritten haben.[6] Dementsprechend wird kein Weg mehr an Arbeitnehmern jenseits des 50. Lebensjahres vorbeiführen.

Ältere Mitarbeiter als Erfolgsfaktor

Die Entscheider scheinen sich der Bedeutung älterer Mitarbeiter für den Unternehmenserfolg bewusst zu sein – zumindest bekunden sie dies, wie die Antwort auf die Frage »*Wie wichtig sind aus Ihrer Sicht ältere Arbeitnehmer/Arbeitnehmerinnen für den Unternehmenserfolg? Würden Sie sagen, dass diese sehr wichtig, wichtig, weniger oder überhaupt nicht wichtig sind?*« verdeutlicht. Ein Drittel von ihnen (33 Prozent) gab *sehr wichtig* an, jeder Zweite (53 Prozent) *wichtig* (vgl. Tab. 6).

Die Ergebnisse

	Alle Entscheider (n = 229)	Personalentscheider (n = 109) A	Vertriebsentscheider (n = 73) B	Finanzentscheider (n = 47) C
Sehr wichtig	33 %	23 % (B)	45 % (A)	38 %
Wichtig	53 %	62 % (B, C)	44 % (A)	45 % (A)
Weniger wichtig	13 %	14 %	10 %	15 %
Überhaupt nicht wichtig	1 %	1 %	1 %	2 %
Top-2-Box:	86 %	85 %	89 %	83 %
Bottom-2-Box:	14 %	15 %	11 %	17 %

Hinweis: Statistisch signifikante Unterschiede zwischen den Unternehmensbereichen werden durch eine Kennzeichnung angezeigt (p < 0,05). Buchstaben hinter dem Prozentwert zeigen diese Unterschiede gegenüber dem Wert der entsprechenden Spalte an.

Fragestellung:
»Wie wichtig sind aus Ihrer Sicht ältere Arbeitnehmer/Arbeitnehmerinnen für den Unternehmenserfolg?«

Tabelle 6: Bedeutung von älteren Arbeitnehmern für den Unternehmenserfolg

Vor allem Vertriebs- und Finanzentscheider vertreten also die Auffassung, ältere Arbeitnehmer seien essenziell für den Erfolg eines Unternehmens. Erstere antworteten zu 45 Prozent mit *sehr wichtig*, Letztere zu 38 Prozent. Bei Personalentscheidern beträgt der entsprechende Wert erstaunlicherweise nur 23 Prozent (vgl. Tab. 6).

Wie erklärt sich die hohe Wertschätzung älterer Arbeitnehmer im Vertrieb? Im Laufe ihrer Karriere haben diese Mitarbeiter Kenntnisse darüber gesammelt, wie eine Aufgabe beziehungsweise ein Problem inhaltlich und methodisch anzugehen und zu lösen ist. Sie haben außerdem tragfähige Kundenbeziehungen aufbauen sowie einen »Verkaufsinstinkt« entwickeln können. Dieser Erfahrungsschatz und die erworbene Kompetenz dürfte bei Kunden zu Vertrauen führen. Dieses wiederum bildet die Grundlage einer jeden Geschäftsbeziehung[7], was sich im Output von Verkaufsprofis, von »alten Hasen«, oftmals widerspiegeln dürfte.

Die Zurückhaltung der Personalentscheider bei dieser Frage mag vielfältige Gründe haben. Kostenargumente (höhere Löhne und Gehälter) lassen sich mit Blick auf die Daten allerdings nur schwer anführen, denn Finanzentscheider, die die Kostenseite berufsbedingt stets im Auge haben, messen älteren Arbeitnehmern tendenziell einen größeren Beitrag zum Unternehmenserfolg zu, als dies Personalentscheider tun. Trotz aller Wichtigkeitsbekundungen – die Realität in den Unternehmen sieht anders aus. Wie eine Studie der Bundesanstalt für Arbeit (Landesarbeitsamt Nordrhein-Westfalen) ergab, gibt es in vier von zehn Unternehmen in Deutschland keine Mitarbeiter mehr jenseits der 50.[8] Laut einer Studie der Organization for Economic Cooperation and Development (OECD) sind nur noch 39 Prozent der 55- bis 64-Jährigen berufstätig (siehe auch Kapitel 1).[9] Nicht weil ältere Menschen nicht mehr arbeiten wollen, sondern weil sie es in vielen Unternehmen aus vielerlei Gründen (unter anderem reduzierte Leistungsfähigkeit, höhere Gehälter und eingeschränkte Flexibilität)[10] nicht dürfen. Auch für diejenigen, die seit Jahrzehnten erwerbstätig sind, besitzt Arbeit einen hohen Stellenwert. Selbst wenn sie so viel Geld erben würden, dass sie nicht mehr arbeiten müssten – also ein finanziell sorgenfreies Leben möglich wäre –, würde die Mehrheit der über 50-Jährigen (61 Prozent) nicht kündigen, sondern weiterhin ihrer beruflichen Tätigkeit nachgehen wollen.[11] Ältere Menschen haben auf dem deutschen Arbeitsmarkt jedoch kaum noch Chancen.

Ältere Mitarbeiter – wichtig, aber chancenlos

Im Rahmen der Untersuchung wurde den Personalentscheidern ein Szenario vorgelegt, bei dem zwei Bewerber für eine zu besetzende Stelle zur Auswahl stehen. Beide Kandidaten verfügen über exakt die gleiche fachliche Qualifikation und identische Eigenschaften. Der einzige Unterschied zwischen ihnen besteht in ihrem Lebensalter. Der erste Bewerber ist 50 Jahre alt, der zweite 35.[12]

Deutlich wurde dabei, dass es sich bei der behaupteten Wichtigkeit von älteren Arbeitnehmern für den Erfolg eines Unternehmens um ein Lippenbekenntnis handelt: Die Mehrheit der Personalentscheider (83 Prozent) gibt im vorgelegten Szenario dem jüngeren Bewerber den Vorzug (vgl. Abb. 4).

Die Ergebnisse

n = 87 (Personalentscheider)

Fragestellung:
»Einmal angenommen, Sie hätten die Wahl zwischen zwei Bewerbern und beide verfügen über die gleiche fachliche Qualifikation und identische Eigenschaften. Der einzige Unterschied ist das Alter...«
Version 1:...»Der erste Bewerber ist 35 Jahre alt und der zweite 50 Jahre alt. Für welchen der beiden Bewerber würden Sie sich entscheiden?«
Version 2:...»Der erste Bewerber ist 50 Jahre alt und der zweite 35 Jahre alt. Für welchen der beiden Bewerber würden Sie sich entscheiden?«
(Version 1 und Version 2 wurde von Interview zu Interview im Wechsel vorgelegt.)

Abbildung 4: Entscheidung für Jung oder Alt?

Dieses Ergebnis deckt sich mit Befunden der Bundesanstalt für Arbeit (Landesarbeitsamt Nordrhein-Westfalen) zum Einstellungsverhalten von Betrieben in Deutschland. Vier von zehn Unternehmen würden ältere Arbeitnehmer grundsätzlich nicht (15 Prozent) oder nur unter bestimmten Voraussetzungen (24 Prozent) einstellen. Als die mitunter zentrale Bedingung für den Rückgriff auf ältere Arbeitnehmer wird die Nichtverfügbarkeit von jüngeren Arbeitnehmern genannt.[13]

Allerdings lässt sich feststellen, dass die Chancen des 50-jährigen Bewerbers gegenüber dem 35-jährigen mit zunehmender attestierter Wichtigkeit von älteren Arbeitnehmern für den Unternehmenserfolg ansteigen. Während bei Personalentscheidern, die die entsprechende Frage mit *sehr wichtig* beantworteten, beide Kandidaten bei der Jobvergabe gleichermaßen Berücksichtigung finden (50-jährige Bewerber: 53 Prozent – 35-jährige Bewerber: 47 Prozent), geben Personalentscheider, die *wichtig* angaben, dem jüngeren Bewerber den Vorzug (50-jährige Bewerber: 9 Prozent – 35-jährige Bewerber: 91 Prozent). Personalentscheider, die ältere Arbeitnehmer für den Unternehmenserfolg als un-

Beurteilung älterer Arbeitnehmer für den Unternehmenserfolg mit:	Entscheidung zugunsten des 50-jährigen Bewerbers (n = 15) A	Entscheidung zugunsten des 35-jährigen Bewerbers (n = 71) B
Sehr wichtig	53 %	47 %
Wichtig	9 % (B)	91 % (A)
Weniger wichtig/ Überhaupt nicht wichtig	0 % (B)	100 % (A)

Basis: Personalentscheider.

Hinweis: Statistisch signifikante Unterschiede zwischen den beiden Spalten werden durch eine Kennzeichnung angezeigt (p < 0,05). Buchstaben hinter dem Prozentwert zeigen diese Unterschiede gegenüber dem Wert der entsprechenden Spalte an.

Tabelle 7: Bewerberauswahl je nach der Wichtigkeitsbeurteilung älterer Arbeitnehmer für den Unternehmenserfolg

wichtig ansehen, entscheiden sich grundsätzlich zugunsten des jüngeren Bewerbers (50-jährige Bewerber: 0 Prozent – 35-jährige Bewerber: 100 Prozent) (vgl. Tab. 7).

Die Entscheidung für einen älteren Mitarbeiter

Bei den Antworten auf die Frage »*Haben Sie oder Ihre Kollegen/Kolleginnen im vergangenen Jahr Bewerber/Bewerberinnen eingestellt, die 50 Jahre oder älter waren?*« ergibt sich kein einheitliches Bild. Während die eine Hälfte mit »Ja« antwortete, gab die andere »Nein« an (49 zu 51 Prozent).[14] Diejenigen, die die Frage bejahten, erklärten, dass ihr Unternehmen im vergangenen Jahr im Schnitt zwei Neueinstellungen von Personen über 50 Jahren vorgenommen habe (Median).

Ältere Menschen sind sich ihrer Situation auf dem Arbeitsmarkt bewusst. So stuften im Frühjahr 2005 acht von zehn Arbeitnehmern ab 50 Jahre (83 Prozent) ihre Chance, bei Verlust ihres Arbeitsplatzes eine neue Anstellung zu finden, als *weniger gut* (19%) oder *überhaupt nicht gut* (64%) ein.[15] Die düstere Stimmung scheint mit Blick auf die Arbeitslosenstatistik wenig verwunderlich. Im Jahr 2004 betrug der Anteil der 50- bis unter 65-Jährigen an allen Arbeitslosen 24,7 Prozent. Zum Vergleich: Der Anteil bei den Jüngeren (bis unter 25 Jahren) betrug 11,5 Prozent.[16]

Dass es Ältere auf dem Arbeitsmarkt so schwer haben, verwundert mit Blick auf folgenden Befund durchaus: Die Aussage »*Eine erfolgreiche Arbeitsgruppe besteht aus einem gesunden Mix zwischen jungen und älteren Mitarbeitern mit Erfahrung*« findet unter Arbeitnehmern aller Altersgruppen – wie aus Tabelle 8 hervorgeht – gleichermaßen hohe Zustimmung.[17]

	Top-Box	Top-2-Box
Arbeitnehmer gesamt	56 %	84 %
Arbeitnehmer im Alter von 18 bis 34 Jahren	56 %	83 %
Arbeitnehmer im Alter von 35 bis 44 Jahren	57 %	87 %
Arbeitnehmer im Alter von 45 bis 54 Jahren	54 %	80 %
Arbeitnehmer im Alter von 18 bis 49 Jahren	56 %	84 %
Arbeitnehmer im Alter von 50 Jahren und älter	57 %	82 %
Arbeitnehmer im Alter von 55 Jahren und älter	60 %	86 %

Basis: Arbeitnehmer ab 18 Jahren in Gesamtdeutschland (n = 1862).

Fragestellung:
»Bitte bewerten Sie auf einer Fünf-Punkte-Skala, wobei ›fünf‹ ›stimme vollständig zu‹ und ›eins‹ ›stimme überhaupt nicht zu‹ bedeutet, die nachfolgende Aussage: Eine erfolgreiche Arbeitsgruppe besteht aus einem gesunden Mix zwischen jungen und älteren Mitarbeitern mit Erfahrung.«

Quelle: Gallup-Engagement-Index Deutschland 2005.

Tabelle 8: Teams aus Jung und Alt – die Mischung macht's!

Der Grund für die Chancenlosigkeit älterer Personen dürfte überwiegend in vorherrschenden Klischees zu suchen sein – beispielsweise schnellere Ermüdung, unpräzises Arbeiten, geringere Lernfähigkeit, geringe Lust auf Neues, ungeeignet für Teamarbeit aufgrund von Eigenbrötlerei –, die jedoch allesamt durch Studien widerlegt sind.[18]

Darauf deuten auch die Befragungsergebnisse des Gallup-Engagement-Indexes Deutschland 2005 hin. 87 Prozent der Arbeitnehmer unter 45 Jahren geben an, dass es Kollegen, die das 50. Lebensjahr überschritten haben, nicht an Motivation und Begeisterung bei der Arbeit fehlt.[19] Des Weiteren vertreten neun von zehn Beschäftigten jenseits des 50. Lebensjahres (91 %) die Auffassung, dass sie von jüngeren Kollegen Leistungsfähigkeit bescheinigt bekommen.[20]

Eine Reihe von Untersuchungen kommt zu dem Schluss, dass sich, wenn als Bewertungsgrundlage das Arbeitsergebnis herangezogen wird, keine Unterschiede in der beruflichen Leistungsfähigkeit von älteren und jüngeren Beschäftigten ausmachen lassen.[21]

Infolgedessen wäre ein sofortiges Umdenken in der Personalpolitik hierzulande wünschenswert. Nur sehr vereinzelt lassen sich Anzeichen dafür in deutschen Unternehmen erkennen, beispielsweise bei der Firma Brose, einem Automobilzulieferer aus Coburg[22], oder beim BMW-Werk in Leipzig[23].

Die Bindung des Human Capital

Mitarbeiter werden meist danach beurteilt, wie kompetent sie ihre Aufgaben erfüllen, inwieweit sie die an sie gerichteten beruflichen und persönlichen Erwartungen und Anforderungen erfüllen, wie strategisch weitsichtig sie Entscheidungen treffen. Dabei agieren die Mitarbeiter meist an einer der wichtigsten Schnittstellen des Unternehmens: der Schnittstelle zu den Kunden. Deshalb sind sie und ihre Leistungen konsequenterweise auch danach zu beurteilen, wie erfolgreich sie den »Dienst am Kunden« bewältigen. Kunden können heutzutage zwischen immer mehr Produkt- und Dienstleistungsvarianten wählen, und die Gewinnung und Pflege von Kunden steht im Mittelpunkt kundenorientierten Managements. Sie wird damit immer mehr zur zentralen Unternehmensaufgabe. Insbesondere wenn es sich um interaktionsintensive Dienstleistungen handelt, werden Mitarbeiter- und Kundenzufriedenheit zu strategischen Erfolgsfaktoren des Unternehmens.[24]

Die Kundenorientierung als Anforderung an (neue) Mitarbeiter eines Unternehmens ist, wie in den vorangegangenen Auswertungen bereits dargestellt wurde, für die Entscheider in den Unternehmen ein wesentlicher Werttreiber des Unternehmenserfolges. Sie wissen, dass nur durch eine optimale Betreuung und Bindung von Kunden der Kampf um Wettbewerbspositionen gewonnen werden kann und dass der Schlüssel dazu in kundenorientierten Mitarbeitern liegt.

Studien belegen, dass ein wichtiger Ansatzpunkt für eine Verbesserung der Kundenbindung in der Mitarbeiterbindung zu finden ist.[25] Motivierte und kompetente Mitarbeiter sind das »Aushängeschild« eines jeden Unternehmens. Sie prägen das Bild ihrer Firma bei den Kunden. So kann sich Mitarbeiterfluktuation negativ auf die Kundenbindung und damit auf die Geschäftsentwicklung auswirken, etwa wenn Kunden abwandern, weil ihre Betreuer das Unternehmen verlassen. Neben dem Verlust von Kundenbeziehungen sind der Know-how-Verlust, der Verlust von Wissen an etwaige Wettbewerber und der dadurch verringerte Unternehmenswert schwerwiegende Fluktuationskosten. Zur Illustration: Die Kosten der Wiederbesetzung einer Stelle durch eine Neuausschreibung, das Auswahlverfahren und die Einarbeitung des Nachfolgers belaufen sich je nach Qualifikationsstufe auf eine Summe zwischen 6000 und 45 000 Euro.[26]

Mitarbeiterbindung und -motivation als Erfolgsparameter

Gebundene und motivierte Mitarbeiter sind somit das »A und O«, um im Wettbewerb mithalten zu können. Dementsprechend scheint es wenig verwunderlich, dass jeder zweite von uns befragte Entscheider – quer durch die drei Unternehmensbereiche Personal, Vertrieb und Finanzen – die Auffassung vertritt, dass die Bindung und die Motivation von Mitarbeitern maßgeblich für den Unternehmenserfolg sind (vgl. Tab. 9).

Die Pflege und Erhöhung des Bindungs- beziehungsweise Motivationsgrades von Mitarbeitern stellt somit einen der zentralen Aufgabenschwerpunkte des Human-Capital-Managements und eine Herausforderung für die kommenden Jahre dar. Die Situation in Deutschland macht ein Handeln unabdingbar. Aktuell – so das Ergebnis des jüngsten Gallup-Engagement-Indexes Deutschland (2005) – verspüren 27,5 Millionen der insgesamt 31,66 Millionen Arbeitnehmer[27] hierzulande

	Alle Entscheider (n = 235)	Personal-entscheider (n = 110) A	Vertriebs-entscheider (n = 75) B	Finanz-entscheider (n = 50) C
(5) Äußerst wichtig	52 %	52 %	56 %	48 %
(4)	43 %	43 %	39 %	50 %
(3)	4 %	6 %	4 %	2 %
(2)	0 %	0 %	1 %	0 %
(1) Überhaupt nicht wichtig	0 %	0 %	0 %	0 %
Top-2-Box	95 %	95 %	95 %	98 %
Bottom-2-Box	0 %	0 %	1 %	0 %

Hinweis: Statistisch signifikante Unterschiede zwischen den Unternehmensbereichen werden durch eine Kennzeichnung angezeigt (p < 0,05). Buchstaben hinter dem Prozentwert zeigen diese Unterschiede gegenüber dem Wert der entsprechenden Spalte an.

Fragestellung:
»Welchen Stellenwert hat aus Ihrer Sicht die Bindung und die Motivation von Mitarbeitern/Mitarbeiterinnen für den Erfolg Ihres Unternehmens? Bitte verwenden Sie eine Fünf-Punkte-Skala, wobei ›fünf‹ ›äußerst wichtig‹ und ›eins‹ ›überhaupt nicht wichtig‹ bedeutet. Mit den Werten dazwischen können Sie Ihre Meinung abstufen.«

Tabelle 9: Beurteilung der Bindung und der Motivation von Mitarbeitern für den Unternehmenserfolg

keine echte Verpflichtung gegenüber ihrer Arbeit (87 Prozent): 21,845 Millionen Beschäftigte machen lediglich Dienst nach Vorschrift (69 Prozent), 5,699 Millionen haben die innere Kündigung bereits vollzogen (18 Prozent). Damit bleibt der Anteil der Beschäftigten, bei denen sich keine oder eine geringe emotionale Bindung an den Job ausmachen lässt, auf hohem Niveau stabil (2004: 87 Prozent – 2003: 88 Prozent – 2002: 85 Prozent 2001: 84 Prozent).

Der Anteil der Arbeitnehmer in Deutschland, die eine hohe emotionale Bindung an ihre berufliche Aufgabe, zum Arbeitsumfeld und gegenüber ihrem Arbeitgeber aufweisen, beträgt 13 Prozent (2004: 13 Prozent – 2003: 12 Prozent – 2002: 15 Prozent 2001: 16 Prozent).[28]

Wie zufrieden sind Mitarbeiter deutscher Unternehmen?

Richten wir das Augenmerk, bevor wir uns mit der Thematik Bindung und Motivation näher beschäftigen, zunächst auf einen Teilaspekt der Mitarbeitersituation: die Arbeitszufriedenheit. Um einen Eindruck davon zu bekommen, wie es um diese aus Unternehmenssicht bestellt ist, wurden die Entscheider um eine Einschätzung der Arbeitszufriedenheit in ihrer Firma gebeten. Zur Bewertung stand ihnen eine Skala von eins (überhaupt nicht zufrieden) bis fünf (äußerst zufrieden) zur Verfügung.

Auf der Stufe fünf oder vier der Fünf-Punkte-Skala (Top-2-Box), also dem Bereich von Zufriedenheit, verorten sieben von zehn Entscheidern ihr Unternehmen (71 Prozent). Die Mehrheit geht demnach

	Alle Entscheider (n = 235)	Personalentscheider (n = 110) A	Vertriebsentscheider (n = 75) B	Finanzentscheider (n = 50) C
(5) Äußerst zufrieden	8 %	6 % (C)	5 % (C)	16 % (A, B)
(4)	63 %	60 %	72 %	56 %
(3)	26 %	33 % (B)	19 % (A)	24 %
(2)	3 %	2 %	4 %	4 %
(1) Überhaupt nicht zufrieden	0 %	0 %	0 %	0 %
Top-2-Box	71 %	66 %	77 %	72 %
Bottom-2-Box	3 %	2 %	4 %	4 %

Hinweis: Statistisch signifikante Unterschiede zwischen den Unternehmensbereichen werden durch eine Kennzeichnung angezeigt ($p < 0{,}05$). Buchstaben hinter dem Prozentwert zeigen diese Unterschiede gegenüber dem Wert der entsprechenden Spalte an.

Fragestellung:
»Wie schätzen Sie persönlich die Arbeitszufriedenheit der meisten Mitarbeiter/Mitarbeiterinnen in Ihrem Unternehmen ein? Bitte verwenden Sie eine Fünf-Punkte-Skala, wobei ›fünf‹ ›äußerst zufrieden‹ und ›eins‹ ›überhaupt nicht zufrieden‹ bedeutet. Mit den Werten dazwischen können Sie Ihre Meinung abstufen.«

Tabelle 10: Einschätzung der Arbeitszufriedenheit durch die Entscheider

davon aus, dass die Belegschaft mit ihren Jobs im Großen und Ganzen zufrieden ist. Unzufriedenheit unterstellt den Mitarbeitern hingegen nur eine verschwindend geringe Minderheit der Befragten (Bottom-2-Box: 3 Prozent). Das skizzierte Meinungsbild lässt sich ressortübergreifend feststellen.

	Personal- entscheider* (n = 235)	Arbeitnehmer 2005** (n = 1883)
(5) Äußerst zufrieden	8 %	26 %
(4)	63 %	41 %
(3)	26 %	20 %
(2)	3 %	8 %
(1) Überhaupt nicht zufrieden	0 %	4 %
Top-2-Box	71 %	67 %
Bottom-2-Box	3 %	12 %

Fragestellung:
* »Wie schätzen Sie persönlich die Arbeitszufriedenheit der meisten Mitarbeiter/Mitarbeiterinnen in Ihrem Unternehmen ein? Bitte verwenden Sie eine Fünf-Punkte-Skala, wobei ›fünf‹ ›äußerst zufrieden‹ und ›eins‹ ›überhaupt nicht zufrieden‹ bedeutet. Mit den Werten dazwischen können Sie Ihre Meinung abstufen.«
** »Bewerten Sie mit einer Fünf-Punkte-Skala, wobei ›fünf‹ ›äußerst zufrieden‹ und ›eins‹ ›überhaupt nicht zufrieden‹ bedeutet, wie zufrieden Sie insgesamt damit sind, bei Ihrer Firma zu arbeiten.«

** *Quelle: Gallup-Engagement-Index Deutschland 2005*

Tabelle 11: Einschätzung der Arbeitszufriedenheit durch die Entscheider im Vergleich mit Arbeitnehmerangaben

Eine Arbeitszufriedenheit der Mitarbeiter ohne jegliche Einschränkung (Stufe fünf) nimmt nur jeder zwölfte bis dreizehnte Entscheider (8 Prozent) an. Auffällig dabei ist: Die Ansicht, dass die Mitarbeiter des eigenen Unternehmens äußerst zufrieden sind (Top-Box), wird statistisch signifikant häufiger von Finanzentscheidern (16 Prozent) als von Personal- oder Vertriebschefs vertreten (6 beziehungsweise 5 Prozent) (vgl. Tab. 10).

Vergleicht man diese Schätzungen mit den Angaben von Arbeitnehmern, dann zeigt sich, dass die Entscheider – wie aus Tabelle 11 hervorgeht – den Anteil äußerst zufriedener Mitarbeiter und den der insgesamt Unzufriedenen in ihren Unternehmen unterschätzen.

Beschäftigte in Top-Performance-Unternehmen werden als zufriedener mit der eigenen Arbeitssituation eingeschätzt

Mit Blick auf die Unternehmensperformance zeigt sich, dass Entscheider aus Unternehmen mit einer überdurchschnittlichen Performance in größerer Zahl der Auffassung sind, in ihrer Firma herrsche eine hohe Zufriedenheit unter der Belegschaft, als dies bei Entscheidern aus Unternehmen mit einer unterdurchschnittlichen Performance der Fall ist (Top-Box: 11 zu 1 Prozent). Offenbar wird ein enger Zusammenhang zwischen der Zufriedenheit der Mitarbeiter und den Unternehmensergebnissen angenommen. Dabei darf freilich nicht übersehen werden, dass in wirtschaftlich erfolgreichen Unternehmen der Erfolgsdruck eventuell geringer ausfallen könnte und sowohl die Mitarbeiter als auch das Management mit ihrer Gesamtsituation zufriedener sein könnten. Dennoch ist dieser Zusammenhang bemerkenswert und sollte als Anregung für weitere Überprüfungen im einzelnen Unternehmen dienen.

Instrumente zur Ermittlung der Arbeitszufriedenheit

Wie gewinnen Unternehmen Informationen über die Arbeitszufriedenheit ihrer Belegschaft? Um dies herauszufinden, wurden den Personalentscheidern verschiedene Informationsquellen vorgelegt und jeweils abgefragt, ob diese zur Beurteilung der Arbeitszufriedenheit in ihrem Unternehmen herangezogen werden.

In erster Linie wird zur Ermittlung der Zufriedenheit das persönliche Gespräch gewählt, und zwar sowohl mit den Mitarbeitern (91 Prozent) als auch mit den Führungskräften (90 Prozent). Es folgen als Indikatoren das Niveau der Mitarbeiterfluktuation (77 Prozent), Daten zur Dauer der Betriebszugehörigkeit (75 Prozent) und Daten zu Krankheits- und Fehlzeiten (67 Prozent). Am seltensten kommt das Instrument der Mitarbeiterbefragung zum Einsatz (51 Prozent), obwohl es zur systematischen Ermittlung des Stimmungsbildes in der Belegschaft am

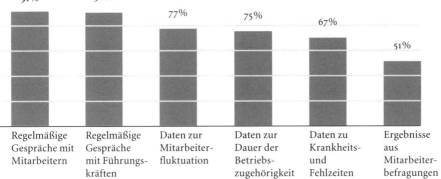

Fragestellung:
»Welche der nachfolgenden Informationen ziehen Sie heran, um sich ein Bild von der Arbeitszufriedenheit der Mitarbeiter/Mitarbeiterinnen in Ihrem Unternehmen zu machen? Wie steht es mit ...?«
(Über die Reihenfolge der Vorgaben wurde von Interview zu Interview nach dem Zufallsprinzip entschieden)

Abbildung 5: *Instrumente zur Evaluierung der Arbeitszufriedenheit*

geeignetsten erscheint, da derartige Umfragen jedem Mitarbeiter die Möglichkeit eröffnet, sich »Gehör« zu verschaffen (vgl. Abb. 5).

Mitarbeiterbefragungen: ein unterschätztes Instrument des Human-Capital-Managements

Der geringe Stellenwert, der Mitarbeiterbefragungen als Instrument der Personalarbeit beigemessen wird, tritt noch deutlicher zu Tage, wenn danach gefragt wird, ob in regelmäßigen Abständen Erhebungen zum Arbeitsplatz beziehungsweise zur Arbeitszufriedenheit durchgeführt werden.[29] Lediglich vier von zehn Personalentscheidern (38 Prozent) bejahten diese Frage (vgl. Abb. 6). »Regelmäßige Durchführung« bedeutet für zwei Drittel der Unternehmen (64 Prozent), die Mitarbeiterbefragungen durchführen, dass diese einmal pro Jahr erfolgen. In jedem fünften Unternehmen (21 Prozent) findet eine Umfrage alle zwei Jahre statt, in jedem siebenten (14 Prozent) seltener (vgl. Abb. 6).

Die Mehrheit der Unternehmen (63 Prozent) organisiert die Befragung zur Jobzufriedenheit ihrer Beschäftigten dabei in Eigenregie. Die

Die Ergebnisse

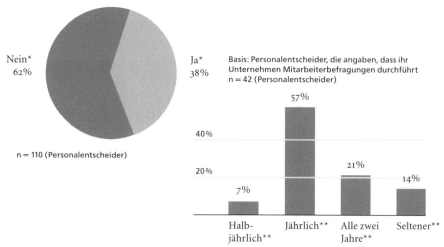

Fragestellung:
* »Führt Ihr Unternehmen in regelmäßigen Abständen eine Befragung der Mitarbeiter/Mitarbeiterinnen zu Ihrem Arbeitsplatz bzw. zu Ihrer Arbeitszufriedenheit durch?«
** »Wie oft führt Ihr Unternehmen Mitarbeiterbefragungen durch? Tun Sie dies halbjährlich, jährlich, alle zwei Jahre oder seltener?«

Abbildung 6: Regelmäßige Durchführung von Mitarbeiterbefragungen und Durchführungsfrequenz

Übrigen lassen sie vollständig von einem externen Dienstleister abwickeln (29 Prozent) oder binden einen solchen zumindest ein (7 Prozent) (vgl. Abb. 7).

Ergebnisse von Mitarbeiterbefragungen – Kernelement der Berichterstattung für das Management?

Über die Befragungsergebnisse wird nach Angaben der Personalverantwortlichen in erster Linie auf der Ebene des Gesamtunternehmens (42 Prozent) oder auf der Ebene eines größeren Bereichs beziehungsweise einer größeren Abteilung (34 Prozent) berichtet. Eine Aufschlüsselung auf Arbeitsgruppenebene findet eher selten statt (29 Prozent) (vgl. Abb. 8).[30] Kurzum: In nicht einmal ein Drittel der Fälle findet eine Detaillierung auf Arbeitsgruppenebene statt. Dies hat enorme Bedeutung für die Maßnahmen, die aus Mitarbeiterbefragungen abgeleitet werden können, insbesondere hinsichtlich der Konkretisierung und

Basis: Personalentscheider, die angaben, dass ihr Unternehmen Mitarbeiterbefragungen durchführt. n = 41

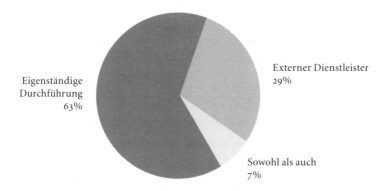

Fragestellung:
»Organisiert Ihr Unternehmen die Mitarbeiterbefragung eigenständig oder erfolgt dies durch einen externen Dienstleister?«

Abbildung 7: Durchführung der Mitarbeiterbefragung

Basis: Personalentscheider, die angaben, dass ihr Unternehmen Mitarbeiterbefragungen durchführt.
Mehrfachnennungen waren möglich   n = 41

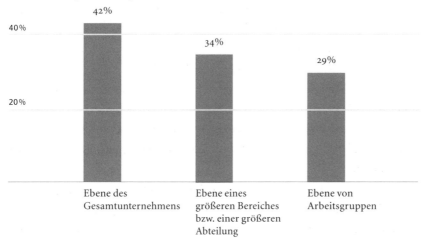

Fragestellung:
»Bis auf welche Unternehmensebene werden die Ergebnisse der Mitarbeiterbefragungen üblicherweise aufgeschlüsselt? Erfolgt dies (auf der Ebene des Gesamtunternehmens), (auf Ebene eines größeren Bereiches bzw. einer größeren Abteilung) oder (auf der Ebene von Arbeitsgruppen)?«
(Die Reihenfolge der Vorgaben wechselte von Interview zu Interview.)

Abbildung 8: Auswertungstiefe der Mitarbeiterbefragung

Die Ergebnisse

Überprüfung der nötigen Handlungsschritte und der Zuweisung von Verantwortlichkeiten. Die Ableitung von Maßnahmen wird deutlich schwerer, wenn genaue Zuordnungen nicht möglich oder erwünscht sind. Die Gefahr, dass Maßnahmen dann ganz unterbleiben oder »im Blindflug« erfolgen, steigt erheblich.

Werden die Befragungsergebnisse auf Arbeitsgruppenebene aufgeschlüsselt, erhält jede Führungskraft, die einer Arbeitsgruppe vorsteht, auch einen individuellen Ergebnisbericht (100 Prozent). Diese Form des Feedbacks ist als äußerst hilfreiches Instrument für Führungskräfte anzusehen, da so lokale Defizite aufgezeigt werden und das Führungsverhalten entsprechend modifiziert werden kann. Die Relevanz derartiger Informationen für Führungskräfte unterstreicht eine Studie der Managementberatung Hewitt Associates, der zufolge sieben von zehn amerikanischen Personalmanagern der Auffassung sind, dass Vorgesetzte an ihren Führungsqualitäten arbeiten müssen.[31]

Woran es hierzulande hapert, zeigt – ohne hierauf im Detail eingehen zu wollen – der Gallup-Engagement-Index Deutschland. Seit dem Jahr 2001 lassen sich jährlich die gleichen Defizite ausmachen, unter anderem ein Mangel an Lob und Anerkennung für gute Arbeit, fehlendes Interesse an den Arbeitnehmern als Personen, geringe Unterstützung bei der individuellen Entwicklung von Mitarbeitern sowie ausbleibendes Feedback bei persönlichen Fortschritten, darüber hinaus eine mangelnde Berücksichtigung von Mitarbeitermeinungen.[32] Ohne eine geeignete individuelle Informationsgrundlage ist eine Verbesserung der Führungsleistung aber nur schwer zu bewerkstelligen. Ergebnisse auf höherer Ebene können dies für den Einzelnen nicht leisten, denn Ergebnisse auf Unternehmensebene oder auf der Ebene eines größeren Bereichs beziehungsweise einer größeren Abteilung sind immer nur Durchschnittswerte, die darüber hinwegtäuschen, dass verschiedene Führungskräfte unterschiedliche Führungsleistungen erbringen.

Mitarbeiterbefragungen führen zu konkreten Maßnahmen

Unabhängig von der Ebene, auf der die Ergebnisse der Mitarbeiterbefragung bereitgestellt werden, beschäftigen sich die Unternehmen

Basis: Personalentscheider, die angaben, dass ihr Unternehmen Mitarbeiterbefragungen durchführt.   n = 41

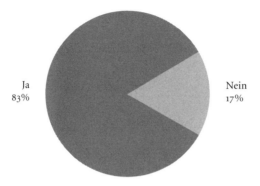

Ja 83%   Nein 17%

Fragestellung:
»Findet eine Besprechung oder Diskussion der Ergebnisse aus den Mitarbeiterbefragungen in den Arbeitsgruppen zwischen den direkten Vorgesetzten und den Mitarbeitern/Mitarbeiterinnen statt?«

Abbildung 9: Besprechung der Befragungsergebnisse auf Arbeitsgruppenebene

mehrheitlich (83 Prozent) mit den bereitgestellten und verdichteten Resultaten auf Arbeitsgruppenebene (vgl. Abb. 9).

In nahezu allen Unternehmen münden die Umfragebefunde in konkrete Maßnahmen (93 Prozent) (vgl. Abb. 10), die überwiegend von »oben«, also von der Unternehmensleitung (37 Prozent) oder den Führungskräften größerer Bereiche beziehungsweise größerer Abteilungen, getroffen werden (32 Prozent). Maßnahmen werden demnach ohne Berücksichtigung lokaler Gegebenheiten nach dem Gießkannenprinzip verordnet. Weniger verbreitet ist es, die zu ergreifenden Maßnahmen im Rahmen eines Dialoges zwischen dem direkten Vorgesetzten und seinen Mitarbeitern zu erarbeiten (47 Prozent) (vgl. Abb. 11).[33] Dieser Ansatz hat den Vorteil, dass ein Unternehmen von innen heraus »gesunden« kann, da verschiedene Arbeitsgruppen in der Regel ganz unterschiedliche Defizite aufweisen und diese dann gezielt angegangen werden können. Ein solcher eigenverantwortlicher Weg erweist sich in der Praxis gegenüber dem Gießkannenprinzip als deutlich effizienter.

Die Ergebnisse

Basis: Personalentscheider, die angaben, dass ihr Unternehmen Mitarbeiterbefragungen durchführt.   n = 41

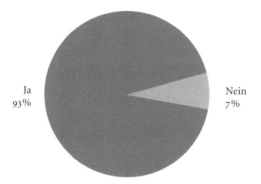

Ja 93%   Nein 7%

Fragestellung:
»Werden basierend auf den Ergebnissen der Mitarbeiterbefragungen in der Regel konkrete Maßnahmen abgeleitet?«

Abbildung 10: Ableitung von Maßnahmen

Insgesamt haben sechs von zehn Personalverantwortlichen (61 Prozent) den Eindruck, dass die im Rahmen der Mitarbeiterbefragung gewonnenen Erkenntnisse nicht in der Schublade verschwinden, sondern genutzt werden; ein weiteres Drittel (34 Prozent) hat zumindest teilweise diesen Eindruck (vgl. Abb. 12).

Mitarbeiterbefragungen – ein nur selten genutztes Instrument

Inwiefern die Nutzung der Ergebnisse und die abgeleiteten Maßnahmen eine bessere Unternehmensperformance zur Folge haben, bleibt für die meisten Unternehmen weitgehend im Dunkeln. Eine systematische Verknüpfung der Ergebnisse der Mitarbeiterbefragung mit finanziellen Kennzahlen, also dem Geschäftsergebnis der Arbeitsgruppe, des Unternehmensbereiches oder des Gesamtunternehmens, findet kaum statt. Nur jeder siebte Personalentscheider (15 Prozent) gab an, dass ein derartiges Controlling erfolgt, und ebenso viele (15 Prozent) erklärten, dass dies zumindest ansatzweise gemacht wird (vgl. Abb. 13). Dabei ist gerade die Überprüfung der Wirksamkeit von Aktivitäten besonders

Basis: Personalentscheider, die angaben, dass ihr Unternehmen Mitarbeiterbefragungen durchführt, und erklärten, dass basierend auf den Ergebnissen Maßnahmen abgeleitet werden. Mehrfachnennungen waren möglich

n = 38

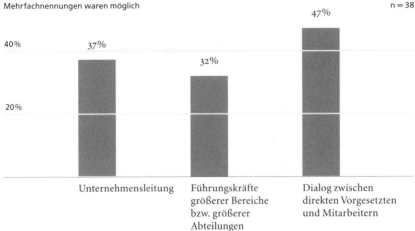

Fragestellung:
»Wird die Entscheidung über die zu ergreifenden Maßnahmen dabei (von der Unternehmensleitung getroffen), (von den Führungskräften größerer Bereiche bzw. größerer Abteilungen getroffen) oder (im Rahmen eines Dialoges zwischen den direkten Vorgesetzten und den Mitarbeitern/Mitarbeiterinnen Ihrer Arbeitsgruppe getroffen)?«
(Die Reihenfolge der Vorgaben wechselte von Interview zu Interview.)

Abbildung 11: Entscheidung über die Maßnahmen

Basis: Personalentscheider, die angaben, dass ihr Unternehmen Mitarbeiterbefragungen durchführt.   n = 41

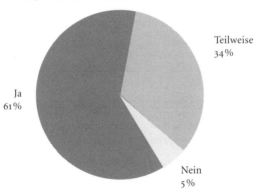

Fragestellung:
»Haben Sie persönlich den Eindruck, dass die aus den Mitarbeiterbefragungen gewonnenen Erkenntnisse auch umgesetzt werden?«

Abbildung 12: Umsetzung der Erkenntnisse aus den Mitarbeiterbefragungen

Die Ergebnisse

wichtig. Unternehmen sollten ein genaues Bild davon haben, wie sich ihre Personalarbeit auf den Erfolg des Unternehmens auswirkt, um entsprechende Entscheidungen treffen zu können. Aber selbst die Finanzentscheider, denen wohl ein starkes Interesse am Kosten-Nutzen-Verhältnis von Aktivitäten unterstellt werden kann, verneinen die Frage nach einer solchen Überprüfung mehrheitlich (57 Prozent) (vgl. Abb. 12). Kurzum: Es werden Aktivitäten durchgeführt, die mit Aufwand und Kosten verbunden sind, bei denen aber aufgrund von fehlender Erfolgskontrolle weitestgehend unklar bleibt, ob sie zielführend sind. Daher ist es nicht verwunderlich, wenn Mitarbeiterbefragungen oft mit einem erheblichen Negativ-Image behaftet sind: »Money for Nothing!« So oder ähnlich lauten die gängigen Urteile in vielen Unternehmen; und die Bereitschaft, an Mitarbeiterbefragungen teilzunehmen, ist bei Mitarbeitern und Führungskräften folglich schwach ausgeprägt. Nicht selten werden deshalb die Teilnahmequoten bei Mitarbeiterbefragun-

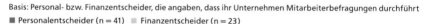

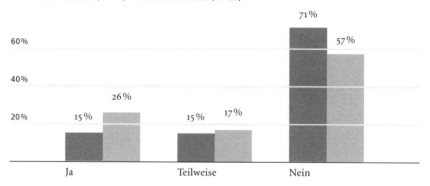

Fragestellung:
»Erfolgt in Ihrem Unternehmen eine systematische Verknüpfung der Ergebnisse aus den Mitarbeiterbefragungen mit finanziellen Kennzahlen Ihres Unternehmens?«

Hinweis: Statistisch signifikante Unterschiede zwischen den Unternehmensbereichen werden durch eine Kennzeichnung angezeigt ($p < 0{,}05$). Buchstaben in den Balken zeigen diese Unterschiede gegenüber dem Wert des entsprechenden Balkens an.

Abbildung 13: Verknüpfung der Ergebnisse von Mitarbeiterbefragungen mit finanziellen Kennzahlen des Unternehmens

gen kontrolliert sowie Mindestquoten als Pflichtvorgabe vom Management »angeordnet« – die Teilnahmequote wird als Indikator für den Erfolg einer Mitarbeiterbefragung gewertet.

In der Folge können Personaler in vielen Fällen den Beitrag ihrer Arbeit nicht anschaulich demonstrieren, so dass es bei finanziellem Druck schwierig wird, die Schrumpfung des Personalbudgets abzuwenden.[34]

Die Loyalität zum Arbeitgeber

Um die Mitarbeiterbindung zu analysieren, wurden den Personal- und Vertriebsverantwortlichen unter anderem Aussagen zur Bewertung vorgelegt, die sich auf die Loyalität von Mitarbeitern, nämlich die Bereitschaft zu positiver Mund-zu-Mund-Propaganda und das Vorhandensein von »Treue« gegenüber dem Arbeitgeber, beziehen. Dabei wurde vorausgesetzt, dass den Entscheidern beider Unternehmensbereiche in der Regel ein hohes Maß an direkter Nähe zu den einzelnen Mitarbeitern unterstellt werden kann. Anhand einer Skala von eins (stimme überhaupt nicht zu) bis fünf (stimme vollständig zu) sollten sie angeben, inwieweit die meisten Mitarbeiter ihres Unternehmens den folgenden Aussagen ihrer Auffassung nach zustimmen würden:

– »Ich würde meine Firma als einen hervorragenden Arbeitsplatz meinen Freunden und Familienangehörigen empfehlen.«
– »Ich beabsichtige, heute in einem Jahr noch bei meiner derzeitigen Firma zu sein.«
– »Ich beabsichtige, heute in drei Jahren noch bei meiner derzeitigen Firma zu sein.«
– »Ich beabsichtige, meine berufliche Karriere bei meiner derzeitigen Firma zu machen.« .

Alle Aussagen wurden dem Gallup-Engagement-Index Deutschland entnommen, so dass die Einschätzung der Entscheider mit den Angaben von Arbeitnehmern verglichen werden kann. Hierdurch lässt sich ermitteln, wie es um ihr Gespür hinsichtlich der Verhaltensweisen von

Mitarbeitern bestellt ist, die es in ihre Unternehmensstrategie einzubeziehen gilt.

Unterschätzt: Mitarbeiter als Botschafter des Unternehmens

Die positive Mund-zu-Mund-Propaganda seitens der Mitarbeiter, das heißt die Empfehlung des eigenen Arbeitsplatzes im Freundes- und Bekanntenkreis, wird von den Entscheidern unterschätzt. So glaubt nur ein kleiner Teil der befragten Führungskräfte (11 Prozent), dass die meisten Beschäftigten ihres Unternehmens dieses uneingeschränkt als Arbeitgeber weiterempfehlen würden. Das gilt sowohl für die Personal- als auch für die Vertriebschefs. Die Arbeitnehmerbefragung zeigt hingegen, dass ein Viertel der Beschäftigten (26 Prozent) den eigenen Arbeitsplatz ohne Wenn und Aber Freunden und Familienangehörigen empfehlen würde (vgl. Abb. 14). Dieser Anteil erweist sich seit dem Jahr 2001 als stabil (2004: 24 Prozent – 2003: 22 Prozent – 2001: 26 Prozent). Beim Personalmarketing könnte dieser Befund stärkere Berücksichtigung finden, da diese Form von »Werbung« zum einen kostengünstig ist und da zum anderen Botschaften aus dem direkten Umfeld in der Regel höhere Aufmerksamkeit finden und als glaubwürdiger angesehen werden als werbliche Maßnahmen.[35]

Was im Hinblick auf die *positive* Mund-zu-Mund-Propaganda festzustellen ist, lässt sich auch bei der *negativen* Mund-zu-Mund-Propaganda ausmachen. Auch sie wird von den Entscheidern unterschätzt. Dies ist insofern wichtig, als sie den Bemühungen von Unternehmen entgegenwirkt, sich als potenzieller attraktiver Arbeitgeber zu positionieren. Negative Mund-zu-Mund-Propaganda geht von Arbeitnehmern, wenn es um ihren Arbeitsplatz geht, allerdings viel seltener aus als positive. Das Verhältnis beträgt 1 : 2,9.

Unterschätzt: Die Fluktuationsrisiken

Die Bindung von Mitarbeitern an ein Unternehmen wird von den Entscheidern überschätzt. Ihre Annahmen zur Wechselbereitschaft von Mitarbeitern decken sich – wie Abbildung 15 veranschaulicht – nicht

»Ich würde meine Firma als einen hervorragenden Arbeitsplatz meinen Freunden und Familienangehörigen empfehlen.«

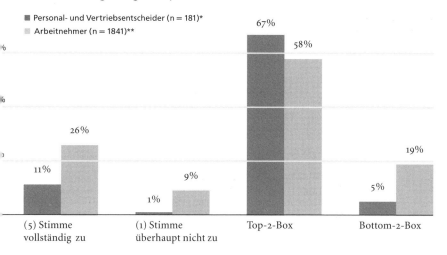

(5) Stimme vollständig zu   (1) Stimme überhaupt nicht zu   Top-2-Box   Bottom-2-Box

Fragestellung:
* »Bitte bewerten Sie auf einer Fünf-Punkte-Skala, wobei ›fünf‹ ›stimme vollständig zu‹ und ›eins‹ ›stimme überhaupt nicht zu‹ bedeutet, wie die meisten Mitarbeiter/ Mitarbeiterinnen Ihres Unternehmens die folgenden Aussagen bewerten würden:...«
** »Bitte bewerten Sie auf einer Fünf-Punkte-Skala, wobei ›fünf‹ ›stimme vollständig zu‹ und ›eins‹ ›stimme überhaupt nicht zu‹ bedeutet, folgende Aussage:...«
** Quelle: Gallup-Engagement-Index Deutschland 2005

Abbildung 14: Bereitschaft zu positiver Mund-zu-Mund-Propaganda durch die Belegschaft nach Einschätzung von Entscheidern und nach Angabe von Arbeitnehmern

mit den Bekundungen von Arbeitnehmern. Nach Einschätzung der Entscheider spielt kaum ein Beschäftigter mit dem Gedanken, sein derzeitiges Unternehmen kurz-, mittel- oder langfristig zu verlassen (2 Prozent; 4 Prozent; 8 Prozent), was vor dem Hintergrund hoher Arbeitslosigkeit wenig verwunderlich erscheint.

Aus der Arbeitnehmerbefragung geht indessen hervor, dass sich jeder neunte Beschäftigte mit dem Gedanken trägt, dem derzeitigen Arbeitgeber innerhalb eines Jahres den Rücken zu kehren, jeder fünfte bis sechste beabsichtigt, dies mittelfristig zu tun, nämlich innerhalb der nächsten drei Jahre, und jeder vierte kann sich nicht vorstellen, für seine derzeitige Firma bis zur Verrentung tätig zu sein (vgl. Abb. 15). Die sich

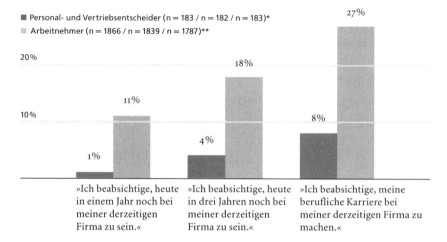

Fragestellung:
* »Bitte bewerten Sie auf einer Fünf-Punkte-Skala, wobei ›fünf‹ ›stimme vollständig zu‹ und ›eins‹ ›stimme überhaupt nicht zu‹ bedeutet, wie die meisten Mitarbeiter/ Mitarbeiterinnen Ihres Unternehmens die folgenden Aussagen bewerten würden:…«
** »Bitte bewerten Sie auf einer Fünf-Punkte-Skala, wobei ›fünf‹ ›stimme vollständig zu‹ und ›eins‹ ›stimme überhaupt nicht zu‹ bedeutet, folgende Aussage:…«
** Quelle: Gallup-Engagement-Index Deutschland 2005

Abbildung 15: Bereitschaft zur Arbeitgebertreue über verschiedene Zeithorizonte nach Einschätzung von Entscheidern und nach Angabe von Arbeitnehmern

zuspitzende Situation auf dem Arbeitsmarkt scheint auf die Überlegungen der Beschäftigten hierzulande kaum Einfluss zu haben.

Die Arbeitgebertreue: stärker in Top-Performance-Unternehmen

Wenn Entscheider aus Unternehmen mit überdurchschnittlicher und unterdurchschnittlicher Performance miteinander verglichen werden, bestätigt sich folgende Vermutung: Die besser Performenden stufen den Großteil ihrer Mitarbeiter sowohl auf kurze als auch auf mittelfristige Sicht als treuer ein als die schlechter Performenden (50 zu 30 Prozent beziehungsweise 30 zu 14 Prozent). In der Einschätzung der langfristigen Arbeitgebertreue unterscheidet sich das Antwortverhalten der Entscheider mit Blick auf die Unternehmensperformance nicht (14 zu 8 Prozent) (vgl. Abb. 16).

Dass Entscheider die Fluktuationsgefahr unterschätzen, verwundert vor dem Hintergrund des folgenden Befundes wenig: Jeder siebente Personalentscheider (14 Prozent) gibt an, dass sein Unternehmen derzeit keine ungewollte Fluktuation aufweist, und ein weiteres Drittel (34 Prozent) erklärt, dass der Anteil der von Mitarbeitern ausgehenden Kündigungen unter einem Prozent liegt. Auch wenn ungewollte Fluktuation angesichts der hohen Arbeitslosigkeit derzeit kein Thema für Unternehmen zu sein scheint, sollte sie nicht gänzlich vernachlässigt werden. In jedem zweiten Unternehmen (52 Prozent) beträgt die ungewollte Fluktuation mindestens ein Prozent. Wird dieser Kreis einer ge-

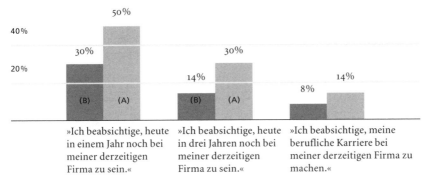

Fragestellung:
»Bitte bewerten Sie auf einer Fünf-Punkte-Skala, wobei ›fünf‹ ›stimme vollständig zu‹ und ›eins‹ ›stimme überhaupt nicht zu‹ bedeutet, wie die meisten Mitarbeiter/Mitarbeiterinnen Ihres Unternehmens die folgenden Aussagen bewerten würden:…«

Hinweis: Statistisch signifikante Unterschiede zwischen beiden Gruppen werden durch eine Kennzeichnung angezeigt (p < 0,05). Buchstaben in den Balken zeigen diese Unterschiede gegenüber dem Wert des entsprechenden Balkens an.

Abbildung 16: Bereitschaft zur Arbeitgebertreue über verschiedene Zeithorizonte nach Einschätzung von Entscheidern aus Unternehmen mit über- und unterdurchschnittlicher Unternehmensperformance

Die Ergebnisse

naueren Betrachtung unterzogen, wird sichtbar, dass immerhin 43 Prozent dieser Unternehmen eine ungewollte Fluktuation von fünf und mehr Prozent aufweisen (vgl. Abb. 17).

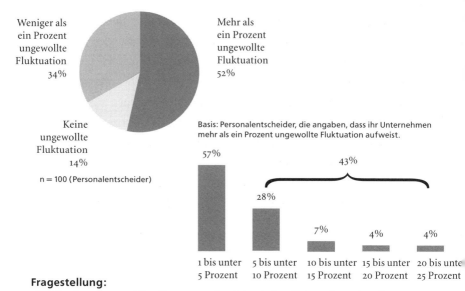

Fragestellung:
»Wie hoch war ungefähr die ungewollte Mitarbeiterfluktuation, also die Kündigung seitens der Mitarbeiter/Mitarbeiterinnen in Ihrem Unternehmen im vergangenen Jahr in Prozent?«

Abbildung 17: Ungewollte Mitarbeiterfluktuation

Dementsprechend sollte der Bindung und Motivation von Mitarbeitern nicht nur in wirtschaftlich guten, sondern auch in schlechten Zeiten Aufmerksamkeit geschenkt werden. Immerhin geht jeder vierte Personalentscheider (27 Prozent) davon aus, dass mit Beginn des nächsten Konjunkturaufschwungs die Anzahl der von Mitarbeitern eingereichten Kündigungen im Vergleich zum Vorjahr ansteigen wird (vgl. Abb. 18).

Positive Effekte von Mitarbeiterbindung

Welchen positiven Effekt die Mitarbeiterbindung auf die Bereitschaft zu positiver Mund-zu-Mund-Propaganda sowie auf die »Treue« von Arbeitnehmern, aber auch auf Fehltage oder Innovationsfreudigkeit hat,

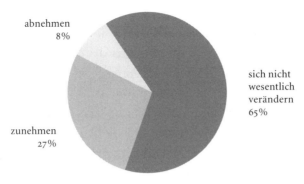

n = 106 (Personalentscheider)

Fragestellung:
»Wie schätzen Sie die ungewollte Mitarbeiterfluktuation, also die Kündigung seitens der Mitarbeiter/Mitarbeiterinnen in Ihrem Unternehmen mit Beginn des nächsten Konjunkturaufschwungs im Vergleich zu den letzten zwölf Monaten ein? Wird diese (zunehmen), (abnehmen) oder sich nicht wesentlich verändern?«
(Die Reihenfolge der Vorgaben wechselte von Interview zu Interview.)

Abbildung 18: Einschätzung der ungewollten Fluktuation mit Beginn des nächsten Konjunkturaufschwungs

soll im Folgenden anhand von Daten des aktuellen Gallup-Engagement-Indexes Deutschland veranschaulicht werden. Hierzu werden die beiden extremen Gruppen »Mitarbeiter mit hoher emotionaler Bindung« und »Mitarbeiter ohne emotionale Bindung« miteinander verglichen.[36]

Das Ergebnis: Die Bereitschaft zu positiver Mund-zu-Mund-Propaganda ist erwartungsgemäß eher bei Mitarbeitern mit einer hohen emotionalen Bindung zu ihrer Arbeit als bei solchen ohne emotionale Bindung auszumachen. So sind lediglich acht Prozent der Mitarbeiter, die keine emotionale Bindung aufweisen, gewillt, den eigenen Arbeitsplatz ohne Einschränkung an Freunde oder Familienangehörige weiterzuempfehlen (Top-Box), hingegen 66 Prozent der Mitarbeiter mit einer hohen emotionalen Bindung.

Die Wahrscheinlichkeit, dass Mitarbeiter, die keine emotionale Bindung aufweisen, das Unternehmen binnen eines Jahres verlassen, ist sehr viel höher als bei Personen mit einer hohen emotionalen Bindung. Der Aussage »Ich beabsichtige, heute in einem Jahr noch bei meiner derzeitigen Firma zu sein« stimmen nur vier von zehn Mitarbeitern (44 Prozent) ohne emotionale Bindung uneingeschränkt zu, aber neun von

Die Ergebnisse 109

zehn mit einer hohen emotionalen Bindung (90 Prozent). Ähnlich verhält es sich, wenn jene Aussage mit einem Zeithorizont von drei Jahren vorgelegt wird. In diesem Fall stimmt jeder dritte Arbeitnehmer ohne emotionale Bindung (33 Prozent) der Aussage vollständig zu, bei den Arbeitnehmern mit einer hohen emotionalen Bindung sind es neun von zehn (86 Prozent). Und von den Mitarbeitern, die keine emotionale Bindung zu ihrer Stelle aufweisen, will lediglich jeder Fünfte (19 Prozent) seinen Karriereweg beim derzeitigen Arbeitgeber gehen, wohingegen dies zwei Drittel der Mitarbeiter mit einer hohen emotionalen Bindung (64 Prozent) planen.

Die Fehltage aufgrund von Krankheit oder Unwohlsein (basierend auf der Selbstauskunft der Befragten) betragen bei Mitarbeitern mit hoher emotionaler Bindung sechs, bei Mitarbeitern ohne emotionale Bindung acht Tage.[37]

Ein Unterschied je nach Bindungsgrad zeigt sich weiterhin bei der Anzahl der Ideen, die von Mitarbeitern ausgehen. Mit im Schnitt zwölf präsentierten Verbesserungsvorschlägen innerhalb von sechs Monaten sind Mitarbeiter, die eine hohe emotionale Bindung an ihren Job haben, deutlich vorschlagsfreudiger als solche ohne emotionale Bindung, die es in diesem Zeitraum auf fünf Vorschläge bringen. Anzumerken ist in diesem Zusammenhang, dass Unternehmen durch Verbesserungsvorschläge von Mitarbeitern im Jahr 2004 mehr als eine Milliarde Euro eingespart haben.[38]

Bestandsaufnahme der Mitarbeiterbindung in deutschen Unternehmen

Werden Entscheider explizit nach dem Grad der Bindung der meisten Mitarbeiter ihres Unternehmens gefragt, so schätzt ein Viertel (24 Prozent) diesen als äußerst hoch ein (Stufe fünf auf der Fünf-Punkte-Skala) und für weitere 55 Prozent liegt er zumindest noch im grünen Bereich (Stufe vier auf der Fünf-Punkte-Skala) (vgl. Tab. 12). Dabei gehen Entscheider aus Unternehmen mit einer überdurchschnittlichen Performance eher als Entscheider aus Unternehmen mit einer unterdurchschnittlichen Performance davon aus, dass ein Großteil der Beschäftig-

	Alle Entscheider (n = 235) A	Personal- entscheider (n = 110) B	Vertriebs- entscheider (n = 75) C	Finanz- entscheider (n = 50)
(5) Äußerst hoch	24 %	19 %	27 %	30 %
(4)	55 %	57 %	56 %	48 %
(3)	18 %	20 %	16 %	16 %
(2)	3 %	4 %	1 %	6 %
(1) Überhaupt nicht hoch	0 %	0 %	0 %	0 %
Top-2-Box	79 %	76 %	83 %	78 %
Bottom-2-Box	3 %	4 %	1 %	6 %

Hinweis: Statistisch signifikante Unterschiede zwischen den Unternehmensbereichen werden durch eine Kennzeichnung angezeigt (p < 0,05). Buchstaben hinter dem Prozentwert zeigen diese Unterschiede gegenüber dem Wert der entsprechenden Spalte an.

Fragestellung:
»Wie schätzen Sie persönlich den Grad der Bindung der meisten Mitarbeiter/ Mitarbeiterinnen an Ihr Unternehmen ein? Bitte verwenden Sie eine Fünf-Punkte-Skala, wobei ›fünf‹ ›äußerst hoch‹ und ›eins‹ ›überhaupt nicht hoch‹ bedeutet. Mit den Werten dazwischen können Sie Ihre Meinung abstufen.«

Tabelle 12: Einschätzung des Bindungsgrades eines Großteils der Mitarbeiter durch die Entscheider

ten ihres Unternehmens ohne Wenn und Aber gebunden ist (Top-Box: 33 zu 15 Prozent).

Bindung ist nicht gleich Motivation

Deutlich geringer als der Bindungs- wird der Motivationsgrad der meisten Mitarbeiter eingeschätzt. Diese Diskrepanz in der Einschätzung der Entscheider zwischen Bindung und Motivation dürfte auf die Situation am Arbeitsmarkt zurückzuführen sein. Ein Viertel der Entscheider (24 Prozent) attestiert dem Großteil der Beschäftigten in ihrem Unternehmen eine uneingeschränkte Bindung, aber nur ein Achtel (12 Prozent) bescheinigt ihnen eine hundertprozentige Motivation (vgl. Tab. 13).

	Alle Entscheider (n = 235)	Personalentscheider (n = 110) A	Vertriebsentscheider (n = 75) B	Finanzentscheider (n = 50) C
(5) Äußerst hoch	12 %	8 %	16 %	16 %
(4)	60 %	62 %	59 %	58 %
(3)	25 %	29 %	20 %	24 %
(2)	2 %	1 %	3 %	2 %
(1) Überhaupt nicht hoch	1 %	0 %	3 %	0 %
Top-2-Box	72 %	70 %	75 %	74 %
Bottom-2-Box	3 %	1 %	6 %	2 %

Hinweis: Statistisch signifikante Unterschiede zwischen den Unternehmensbereichen werden durch eine Kennzeichnung angezeigt (p < 0,05). Buchstaben hinter dem Prozentwert zeigen diese Unterschiede gegenüber dem Wert der entsprechenden Spalte an.

Fragestellung:
»Wie schätzen Sie persönlich den Grad der Motivation der meisten Mitarbeiter/Mitarbeiterinnen in Ihrem Unternehmen ein? Bitte verwenden Sie eine Fünf-Punkte-Skala, wobei ›fünf‹ ›äußerst hoch‹ und ›eins‹ ›überhaupt nicht hoch‹ bedeutet. Mit den Werten dazwischen können Sie Ihre Meinung abstufen.«

Tabelle 13: Einschätzung des Motivationsgrades eines Großteils der Mitarbeiter durch die Entscheider

Wie weiter oben aufgezeigt, glaubt kein Entscheider, dass Mitarbeiterbindung und -motivation für den Unternehmenserfolg irrelevant wären (vgl. Tab. 9). Insofern sollten diese Befunde zum Nachdenken anregen.

Wichtige Faktoren für die Bindung und Motivation von Mitarbeitern

Um zu ermitteln, welche Faktoren aus Sicht der Entscheider zu Bindung und Motivation der Belegschaft beitragen, wurde ihnen eine Reihe von Einflussgrößen vorgelegt, deren Bedeutung sie anhand einer Skala von eins (unwichtig) bis fünf (äußerst wichtig) bewerten sollten.

Die meisten Befragten messen dem Faktor »Sicherer Arbeitsplatz«

den größten Stellenwert für die Bindung und Motivation von Mitarbeitern bei (53 Prozent). Auffällig: Entscheider aus Unternehmen mit einer überdurchschnittlichen Performance bescheinigen diesem Motiv eine deutlich höhere Relevanz, als dies Entscheider aus Unternehmen mit einer unterdurchschnittlichen Performance tun (Top-Box: 69 zu 40 Prozent).

An zweiter Stelle folgt mit »Regelmäßiges, ernst gemeintes Lob für gute Arbeit« (45 Prozent) ein Beweggrund, der in vielen Unternehmen zu kurz kommt. Wird Arbeitnehmern die Aussage »Ich habe in den letzten sieben Tagen für gute Arbeit Anerkennung oder Lob bekommen« vorgelegt und danach gefragt, inwieweit sie auf einer Fünf-Punkte-Skala von eins (stimme überhaupt nicht zu) bis fünf (stimme vollständig zu) zustimmen können, zeigt sich, dass nur 16 Prozent uneingeschränkt (Top-Box) und gerade einmal 39 Prozent mehr oder weniger zustimmen (Top-2-Box).

Nahezu ebenso wichtig wie die Anerkennung von beruflicher Leistung ist den Entscheidern zufolge das Betriebsklima (43 Prozent), mit einigem Abstand gefolgt vom direkten Vorgesetzten (32 Prozent), dem Arbeitseinsatz entsprechend den persönlichen Fähigkeiten (28 Prozent) sowie abwechslungsreicher Tätigkeit beziehungsweise Arbeitsinhalten (25 Prozent). Damit werden als Prioritäten in erster Linie Faktoren genannt, die mehr oder weniger in Verbindung mit der Führungskraft oder ihrem Einflussbereich stehen.

Eine eher untergeordnete Rolle wird der Entscheidungsfreiheit (19 Prozent), der Vereinbarkeit von Familie und Beruf (18 Prozent), dem Grundgehalt (18 Prozent) sowie den Aufstiegs- und Karrieremöglichkeiten (18 Prozent), der Fort- und Weiterbildung (14 Prozent), der Zahlung von Provisionen (13 Prozent), der Reputation des Unternehmens (12 Prozent) und zusätzlichen Leistungen des Arbeitgebers wie Firmenwagen, vermögenswirksame Leistungen, Weihnachts- und Urlaubsgeld oder Sozialleistungen (12 Prozent) zugeschrieben.

Den geringsten Stellenwert messen die Entscheider der Work-Life-Balance, der Bezahlung von Überstunden sowie einer betrieblichen Altersvorsorge bei (jeweils 7 Prozent) (vgl. Tab. 14).

Sicherer Arbeitsplatz
Regelmäßiges, ernst gemeintes Lob für gute Arbeit
Betriebsklima
Vorgesetzter/Vorgesetzte

Einsatz entsprechend den persönlichen Fähigkeiten
Abwechselungsreiche Tätigkeit beziehungsweise Arbeitsinhalte
Entscheidungsfreiheit
Vereinbarkeit von Familie und Beruf

Grundgehalt
Aufstiegs- und Karrieremöglichkeiten
Fort- und Weiterbildungsmöglichkeiten
Zahlung von Provisionen

Reputation des Unternehmens
Zusätzliche Leistungen des Arbeitgebers
(Firmenwagen, vermögenswirksame Leistungen, Weihnachts- und Urlaubsgeld)
Work-Life-Balance
Bezahlung von Überstunden
Betriebliche Altersvorsorge, Betriebsrente

Ausgewiesen: Stufe fünf auf einer Fünf-Punkte-Skala, wobei »fünf« »äußerst wichtig« bedeutet.

Hinweis: Statistisch signifikante Unterschiede zwischen den Unternehmensbereichen werden durch eine Kennzeichnung angezeigt (p < 0,05). Buchstaben hinter dem Prozentwert zeigen diese Unterschiede gegenüber dem Wert der entsprechenden Spalte an.

Tabelle 14: Bindungs- und Motivationsfaktoren
(Ranking basierend auf der Top-Box-Bewertung)

Die Reputation des Unternehmens

Weil viele Unternehmen ihr Image pflegen oder verbessern wollen, ergreifen sie entsprechende Maßnahmen. Ziel ist es, in den Augen der Öffentlichkeit positiver bewertet zu werden als die Mitbewerber am Markt, was letztlich den Absatz von Produkten oder Dienstleistungen

Alle Entscheider	Personal- entscheider A	Vertriebs- entscheider B	Finanz- entscheider C
53 %	52 % (n = 110)	56 % (n = 75)	52 % (n = 50)
45 %	49 % (n = 110)	36 % (n = 75)	49 % (n = 49)
43 %	45 % (n = 110)	43 % (n = 75)	40 % (n = 50)
32 %	34 % (n = 110)	26 % (n = 74)	38 % (n = 50)
28 %	32 % (n = 110)	23 % (n = 75)	26 % (n = 50)
25 %	30 % (n = 110)	21 % (n = 75)	20 % (n = 50)
19 %	20 % (n = 110)	20 % (n = 75)	16 % (n = 49)
18 %	22 % (n = 110)	12 % (n = 74)	18 % (n = 50)
18 %	19 % (n = 109)	19 % (n = 75)	16 % (n = 50)
18 %	17 % (n = 110)	19 % (n = 74)	18 % (n = 50)
14 %	18 % (n = 110)	8 % (n = 75)	14 % (n = 50)
13 %	11 % (n = 107)	18 % (n = 73)	9 % (n = 47)
12 %	12 % (n = 109)	13 % (n = 75)	12 % (n = 50)
12 %	12 % (n = 110)	12 % (n = 75)	10 % (n = 50)
7 %	5 % (n = 104)	8 % (n = 72)	7 % (n = 41)
7 %	10 % (n = 107)	5 % (n = 74)	4 % (n = 49)
7 %	9 % (n = 109)	4 % (n = 73)	6 % (n = 47)

Fragestellung:
»Ich lese Ihnen jetzt einige Faktoren vor, die Einfluss auf die Bindung und Motivation von Mitarbeitern/Mitarbeiterinnen haben können. Sagen Sie mir bitte für jeden Aspekt, welchen Stellenwert dieser aus Ihrer persönlichen Sicht für die Bindung und Motivation von Mitarbeitern/Mitarbeiterinnen in Ihrem Unternehmen hat. Bitte verwenden Sie eine Fünf-Punkte-Skala, wobei ›fünf‹ ›äußerst wichtig‹ und ›eins‹ ›überhaupt nicht wichtig‹ bedeutet. Mit den Werten dazwischen können Sie Ihre Meinung abstufen. Wie steht es mit…?«
(Die Vorgaben wurden von Interview zu Interview nach dem Zufallsprinzip neu sortiert.)

fördern soll. Im Rahmen der Untersuchung wurde daher der Frage nachgegangen, welche Maßnahmen Unternehmen zu diesem Zweck einsetzen. Hierzu wurde den Personal- und Vertriebsentscheidern eine Reihe von möglichen Aktivitäten zur Imagepflege vorgelegt und danach gefragt, ob ihr Unternehmen von ihnen Gebrauch macht oder nicht. Die beiden Entscheidergruppen erschienen uns bei dieser Frage deshalb relevant, weil beide auf das Gesamtbild, das sich Personen von ihrem Unternehmen machen, angewiesen sind: der Vertriebsbereich im

Hinblick auf den Absatz von Produkten oder Dienstleistungen, der Personalbereich, um sich als attraktiver Arbeitgeber positionieren und qualifiziertes Personal anziehen zu können.

Das Anbieten von guten Produkten beziehungsweise Dienstleistungen wird als die beste Möglichkeit betrachtet, um Einfluss auf das Image eines Unternehmens zu nehmen. Nahezu alle Entscheider (98 Prozent) gaben an, dass ihre Firma dies tut – ein Ergebnis, das kaum verwundern dürfte, denn gute Produkte und Dienstleistungen sind Voraussetzung, um am Markt überhaupt bestehen zu können. Dass sie zum Ruf eines Unternehmens einen nicht unerheblichen Beitrag leisten, steht außer Frage.

Human Capital als wichtiger Einflussfaktor für das Image

Welche Faktoren sind es nun, die die Reputation eines Unternehmens steigern? Das Schaffen und der Erhalt von Arbeitsplätzen (87 Prozent) sowie das Anbieten von Ausbildungsplätzen (84 Prozent) werden – vor dem Hintergrund von Massenarbeitslosigkeit – von den befragten Entscheidern als ausschlaggebend für das Unternehmensimage angesehen, gefolgt von Engagement für Gemeinwesen und Gesellschaft (62 Prozent) und mit deutlichem Abstand der Familienfreundlichkeit des Unternehmens (38 Prozent) und der Teilnahme an Untersuchungen wie beispielsweise »Bester Arbeitgeber«, »Top Job« oder Ähnlichem (25 Prozent).

Georg-Volkmar Graf Zedtwitz-Arnim sieht die Aufgabe der Öffentlichkeitsarbeit dementsprechend darin, »das Bild, das Image des Unternehmens so zu formen, dass es für die Öffentlichkeit akzeptabel, dass es sympathiefähig wird und bleibt«[39]. Die meisten Unternehmen setzen auf Medienberichterstattung, um so in der Öffentlichkeit Sympathien zu gewinnen, getreu dem Motto: Tue Gutes und rede darüber. So kommt der Öffentlichkeitsarbeit als Maßnahme zur Imagepflege ein größerer Stellenwert zu (85 Prozent) als dem Sponsoring (57 Prozent) und Werbung im Fernsehen, Hörfunk oder in den Printmedien (51 Prozent) (vgl. Tab. 15).[40]

	Alle Entscheider	Personal-entscheider A	Vertriebs-entscheider B
Gute Produkte beziehungsweise Dienstleistungen anbieten	98 %	98 % (n=109)	99 % (n=75)
Schaffung oder Erhalt von Arbeitsplätzen	87 %	84 % (n=107)	92 % (n=74)
Öffentlichkeitsarbeit	85 %	84 % (n=109)	85 % (n=75)
Anbieten von Ausbildungsplätzen	84 %	86 % (n=109)	81 % (n=75)
Engagement für Gemeinwesen und Gesellschaft	62 %	60 % (n=108)	65 % (n=74)
Sponsoring	57 %	54 % (n=107)	61 % (n=75)
Werbung in Fernsehen, Hörfunk oder Printmedien	51 %	48 % (n=109)	56 % (n=75)
Unterstreichen der Familien-freundlichkeit des Arbeitgebers	38 %	35 % (n=108)	43 % (n=72)
Teilnahme an Untersuchungen wie »Bester Arbeitgeber« oder »Top Job«	25 %	28 % (n=109)	21 % (n=71)

Ausgewiesen: Ja, wird gemacht.

Hinweis: Statistisch signifikante Unterschiede zwischen den Unternehmens-bereichen werden durch eine Kennzeichnung angezeigt (p < 0,05). Buchstaben hinter dem Prozentwert zeigen diese Unterschiede gegenüber dem Wert der entsprechenden Spalte an.

Fragestellung:
»Ich lese Ihnen nun mögliche Aktivitäten zur Imagepflege vor, die Unternehmen ergreifen können. Bitte sagen Sie mir jeweils, ob Ihr Unternehmen von der entsprechenden Aktivität Gebrauch macht oder nicht. Wie steht es mit…?«
(Die Reihenfolge der Vorgaben variierte von Interview zu Interview.)

Tabelle 15: Aktivitäten zur Imagepflege

Die Entwicklung von Human Capital

Wenden wir uns nun einer weiteren Stufe im Wertschöpfungsprozess des Human-Capital-Managements zu – der Personalentwicklung. Ihr Ziel ist es, das im Unternehmen vorhandene Human Capital fortzubilden, um es leistungsfähig zu halten, um es für veränderte oder steigende Anforderungen gezielt zu entwickeln. Dies kann durch eine individuelle Weiterentwicklung eines Mitarbeiters, eine Professionalisierung eines Leistungsträgers, durch strukturelle und inhaltliche Veränderungen einer Position oder durch die Erweiterung eines Verantwortungsbereiches erfolgen.

Weiterbildung – eine wichtige Investition in das Humankapital

Um zu ermitteln, wie es in Unternehmen um die personelle Entwicklungsarbeit bestellt ist, wurden die Personalentscheider mit einem Szenario konfrontiert: Sie hatten für die Besetzung einer Stelle die Auswahl zwischen zwei Bewerbern. Der Unterschied zwischen beiden bestand darin, dass der eine von ihnen schon längere Zeit im Unternehmen arbeitet, aber für die ausgeschriebene Position weitergebildet werden muss, während der andere ein externer Kandidat ist, der die erforderliche Qualifikation für die Ausübung des Job bereits mitbringt.[41]

Das Ergebnis: Die Mehrheit (60 Prozent) der befragten Personalentscheider würde nicht den externen Know-how-Träger an Bord holen, sondern die Stelle mit dem eigenen Mitarbeiter besetzen (vgl. Abb. 19).

Der erhoffte Vorteil dieser Vorgehensweise liegt auf der Hand: Der interne Bewerber kennt das Unternehmen, dessen Produkte oder Dienstleistungen sowie die Prozesse, ist mit der Unternehmenskultur vertraut und unterhält Kontakte im Unternehmen, auf die er zurückgreifen kann. Hinzu kommt, dass ein Unternehmen aufgrund der bisher geleisteten Arbeit eines internen Kandidaten ein genaues Bild von diesem hat. Das Risiko, die sprichwörtliche Katze im Sack zu kaufen, wird hierdurch minimiert. Ein weiteres wichtiges Kriterium für die Favorisierung interner Stellenbesetzungen sind die Kosten. Eine Einarbeitung neuer Mitarbeiter kostet Zeit und Geld, und der Zeitverzug bis zur vollen Einsatzfähigkeit kann einen Wettbewerbsnachteil bedeuten und Friktionen und Motivationsprobleme mit bestehenden Mitarbeitern hervorrufen. Beide Aspekte gilt es bei der Stellenbesetzung zu berücksichtigen. Da der internen Stellenbesetzung – laut Befragungsergebnis – der Vorzug gegeben wird, bedarf es verstärkter Bemühungen der Unternehmen um die Weiterbildung der Mitarbeiter. Denn nur da-

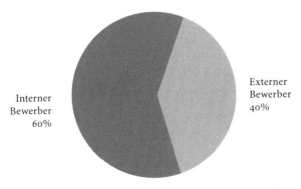

n = 99 (Personalentscheider)

Fragestellung:
»Angenommen, Sie hätten die Wahl zwischen zwei Bewerbern. Der Unterschied zwischen den beiden Kandidaten besteht darin, dass der erste Bewerber (schon längere Zeit in Ihrem Unternehmen arbeitet, aber für die zu besetzende Stelle weitergebildet werden muss), und der zweite Bewerber (von außerhalb des Unternehmens stammt und die erforderliche Qualifikation bereits mitbringt). Für welchen der beiden Bewerber würden Sie sich entscheiden?
(Die Reihenfolge der Vorgaben wechselte von Interview zu Interview.)
Abbildung 19: Stellenbesetzung: Mitarbeitereinkauf oder »Eigengewächs«?

durch bleiben ihre Qualifikationen auf dem neuesten Stand und sie selbst marktfähig.

Human Capital – »up to date«?

Zur Personalentwicklung gehört nicht nur die Fortbildung, sondern auch die Weiterbildung, also die Festigung und Vertiefung der Kenntnisse der Mitarbeiter, um so die Wettbewerbsfähigkeit zu erhalten beziehungsweise zu steigern. Es gilt, das Wissen stets »up to date« zu halten. Im Mittelpunkt steht daher die Frage, wie es um die Weiterbildung hierzulande bestellt ist. Werden den Mitarbeitern entsprechende Möglichkeiten gegeben? Und haben die Unternehmen dies im Budget vorgesehen?

Im Hinblick auf Weiterbildungstage existiert in den meisten Unternehmen (56 Prozent) keine einheitliche Regelung. Wo eine solche vorhanden ist (38 Prozent), stehen jedem Mitarbeiter im Schnitt jährlich 4,5 Arbeitstage für Weiterbildung zu Verfügung, die nach Angaben eines Großteils der Personalentscheider (63 Prozent) auch von den meisten Mitarbeitern in Anspruch genommen werden. Als Gründe für die Nichtnutzung der Weiterbildungstage werden Arbeitsaufkommen, Arbeitsbelastung oder betriebsbedingte Gründe angeführt.[42] Hinweise für Desinteresse der Mitarbeiter an Weiterbildung, Unwissenheit hinsichtlich des Weiterbildungsangebotes oder fehlende Unterstützung der Vorgesetzten geben die Daten nicht.

Weiterbildung des Human Capital – eine Kostenfrage?

Auch was das Weiterbildungsbudget angeht, lässt sich in den meisten Unternehmen (64 Prozent) keine einheitliche Regelung ausmachen. In jenen, in denen dies doch der Fall ist, beträgt das Weiterbildungsbudget pro Mitarbeiter und Jahr im Schnitt 1500 Euro (Median).

Der Kostendruck in Unternehmen ist überall spürbar. Bei den Weiterbildungsmaßnahmen für Mitarbeiter wird weitestgehend verhalten agiert. Die Mehrheit der Personalentscheider (45 Prozent) gibt an, dass sich das Pro-Kopf-Budget für Weiterbildung gegenüber dem Jahr 2000 nicht wesentlich verändert hat. Zu- und Abnahme halten sich die Waage. 29 Prozent der Befragten erklären, das Pro-Kopf-Budget für Weiterbildung habe innerhalb der vergangenen fünf Jahre zugenommen, 26 Prozent geben an, es habe in diesem Zeitraum abgenommen (vgl. Abb. 20).

Die Antworten auf die Frage »Hat Ihr Unternehmen im vergangenen Jahr Einsparungen beim Personal und der Aus- und Weiterbildung durchgeführt?« ergeben kein einheitliches Bild. Die eine Hälfte der Personalentscheider berichtet von Kürzungen (47 Prozent), die andere nicht (53 Prozent) (vgl. Abb. 21).

Der Erfolg von Unternehmen – Voraussetzung oder Ergebnis von Weiterbildungen?

Überaus interessant ist der Zusammenhang zwischen Einsparungen beim Personal und der Aus- und Weiterbildung im vergangenen Jahr einerseits und der Unternehmensperformance andererseits. In Unter-

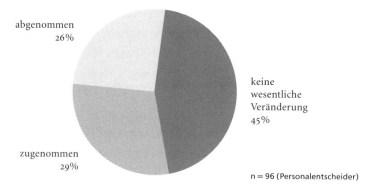

Fragestellung:
»Wie hat sich das Pro-Kopf-Budget für Weiterbildung im Jahr 2005 gegenüber dem Jahr 2000 verändert? Hat es (zugenommen), (abgenommen) oder hat es sich nicht wesentlich verändert?«
(Die Reihenfolge der Vorgaben wechselte von Interview zu Interview.)

Abbildung 20: Veränderung im Pro-Kopf-Budget für Weiterbildung zwischen dem Jahr 2000 und dem Jahr 2005

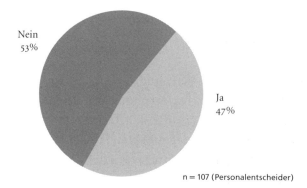

Fragestellung:
»Hat Ihr Unternehmen im vergangenen Jahr Einsparungen beim Personal und der Aus- und Weiterbildung durchgeführt?«

Abbildung 21: Einsparungen beim Personal sowie bei der Aus- und Weiterbildung

nehmen, die eine überdurchschnittliche Performance aufweisen, kamen in den letzten zwölf Monaten deutlich seltener Sparmaßnahmen beim Personal beziehungsweise der Aus- und Weiterbildung zum Tragen als in jenen, bei denen eine unterdurchschnittliche Unternehmensperformance auszumachen ist (24 zu 63 Prozent). In der Regel wird

Die Ergebnisse

dieser Zusammenhang damit begründet, dass die wirtschaftlich erfolgreichen Unternehmen logischerweise mehr Geld für Investitionen in Weiterbildungen hätten und somit Kosten für die Weiterbildung der Mitarbeiter besser kompensieren können als wirtschaftlich weniger erfolgreiche Unternehmen.

Da die vorliegende Studie nur einen vergleichsweise kurzen Zeitraum der wirtschaftlichen Entwicklung von Unternehmen berücksichtigt, kann ein direkter kausaler Zusammenhang zwischen Investitionen in Weiterbildung und dem wirtschaftlichen Erfolg von Unternehmen nicht eindeutig belegt werden.[43] Allerdings ist auffällig, dass angesichts des allgemeinen Kostendrucks und notwendiger Sparprogramme die wirtschaftlich erfolgreichen Unternehmen in diesem Punkt wenig Zugeständnisse machen und bei der Weiterbildung nicht massiv den Rotstift ansetzen.

Die Bedeutung des Human Capital für Kundenbeziehungen

Unternehmen haben gewöhnlich den Anspruch, auf die Anforderungen ihrer Kunden zu reagieren und sie zufrieden zu stellen, um so die Kundenbindung zu gewährleisten. Unterstellt wird ein Zusammenhang zwischen Kundenzufriedenheit und Kundenbindung.[44] Das Motto »Kundenzufriedenheit ist unser oberstes Ziel« findet dementsprechend Eingang in die Unternehmensleitsätze zahlreicher Unternehmen. Angesichts der wachsenden Auswahl und Austauschbarkeit von Produkten und Dienstleistungen sowie des schärfer werdenden Wettbewerbs soll über die Zufriedenheit eine »Wechselhürde« aufgebaut und »Treue« erzwungen werden. Sind Kunden unzufrieden, bedeutet das nämlich nicht nur, dass sie zum Mitbewerber abwandern und somit Geschäft wegbricht, sondern möglicherweise auch, dass sie durch negative Mund-zu-Mund-Propaganda das Unternehmen in schlechtem Licht erscheinen lassen. Werner Pepels spricht in diesem Zusammenhang von einer »verhängnisvollen negativen Multiplikatorenkette«[45]. So erzählt ein unzufriedener Kunde doppelt so vielen Personen von seinen schlechten Erfahrungen wie ein zufriedener Kunde von seinen guten (16 zu 8 Personen).[46]

Zufriedenheit und Unzufriedenheit entstehen beim Kunden als Folge eines Abgleichs von erwarteter und erlebter Leistung. Jeder Kunde hat mehr oder weniger konkrete Erwartungen an einen Anbieter. Diese bilden sich in Abhängigkeit von individuellen Bedürfnissen und sind geprägt von eigenen Erfahrungen mit demselben oder ähnlichen Anbietern. Unzufriedenheit entsteht, wenn die Erwartungen nicht erfüllt werden. Die Erfüllung von Erwartungen reicht für Zufriedenheit jedoch nicht aus, vielmehr müssen sie übertroffen werden.[47] Coffman und Gonzales-Molina merken dazu an: »Einige Unternehmen fordern dazu auf, ›die Kundenerwartungen jedes Mal zu übertreffen‹, ohne sich bewusst zu sein, dass jede Erwartung nur einmal übertroffen werden kann. Jeder Spitzenservice wird beim nächsten Mal schon als selbstverständlich vorausgesetzt. Aber den meisten Unternehmen fällt es schon schwer genug, ihren Service ein einziges Mal zu verbessern! Unzufriedene Kunden werden ohnehin kaum wiederkommen [...].«[48]

Die Betreuung der Kunden und damit auch das Übertreffen ihrer Erwartungen liegt, vor allem bei interaktionsintensiven Dienstleistungsunternehmen, wesentlich in den Händen der Mitarbeiter. Deren Leistungsfähigkeit, Motivation, Bindung und Zufriedenheit stehen demnach in direktem Zusammenhang mit der Zufriedenheit der Kunden.

Die Kundenzufriedenheit ist in Deutschland, trotz zahlreicher Maßnahmen wie Customer-Relationship-Programme, Kundenbefragungen und Mitarbeiterschulungen, seit Jahren nahezu unverändert, und zwar auf nur mäßig zufriedenstellendem Niveau.[49]

Kundenzufriedenheit als Unternehmensziel

Nur eine geringe Anzahl der von uns befragten Vertriebsentscheider erklärte, dass in ihrem Unternehmen alles darangesetzt wird, um ein hohes Maß an Kundenzufriedenheit zu erreichen. Die Befragten sollten auf einer Skala von eins (stimme überhaupt nicht zu) bis fünf (stimme

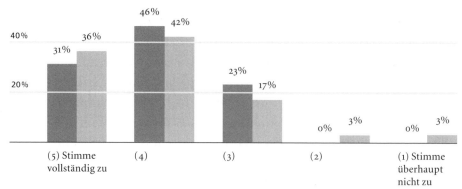

Fragestellung:
* »Bitte bewerten Sie auf einer Fünf-Punkte-Skala, wobei ›fünf‹ ›stimme vollständig zu‹ und ›eins‹ ›stimme überhaupt nicht zu‹ bedeutet, wie die meisten Mitarbeiter/Mitarbeiterinnen Ihres Unternehmens die folgende Aussage bewerten würden: ›Ich strenge mich immer an, um sicherzustellen, dass unsere Kunden äußerst zufrieden sind.‹«
** »Bitte bewerten Sie auf einer Fünf-Punkte-Skala, wobei ›fünf‹ ›stimme vollständig zu‹ und ›eins‹ ›stimme überhaupt nicht zu‹ bedeutet, Ihre Zustimmung zu folgender Aussage: ›Meine Kollegen strengen sich immer an, um sicherzustellen, dass unsere Kunden äußerst zufrieden sind.‹«
** Quelle: Gallup-Engagement-Index Deutschland 2004

Abbildung 22: Einschätzung der Kundenorientierung

vollständig zu) angeben, wie sich die Mitarbeiter ihres Unternehmens im Hinblick auf die Aussage »Ich strenge mich immer an, um sicherzustellen, dass unsere Kunden äußerst zufrieden sind« positionieren würden. Ein knappes Drittel der Befragten (31 Prozent) entschied sich für eine »Fünf« (Top-Box). Diese Einschätzung deckt sich weitestgehend mit dem Bild, das die Beschäftigten selbst entwerfen. Von ihnen stimmte gut ein Drittel (36 Prozent) jener Aussage uneingeschränkt zu.[50] Des Weiteren deckt sich der Anteil der Vertriebsentscheider und derjenige der Arbeitnehmer, die auf der Fünf-Punkte-Skala noch eine »Vier« vergeben (Vertriebsentscheider: 46 Prozent – Arbeitnehmer: 42 Prozent) (vgl. Abb. 22).

Werden Vertriebsentscheider in unserer Studie danach gefragt, wie sie einerseits die Zufriedenheit und andererseits die Bindung ihrer Kunden auf einer Skala von eins (überhaupt nicht zufrieden/überhaupt

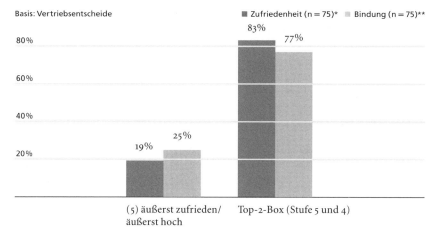

Fragestellung:
*»Wie schätzen Sie die Zufriedenheit Ihrer Kunden mit Ihrem Unternehmen ein? Bitte verwenden Sie eine Fünf-Punkte-Skala, wobei ›fünf‹ ›äußerst zufrieden‹ und ›eins‹ ›überhaupt nicht zufrieden‹ bedeutet. Mit den Werten dazwischen können Sie Ihre Meinung abstufen.«
** »Wie schätzen Sie den Grad der Bindung der meisten Ihrer Kunden an Ihr Unternehmen ein? Bitte verwenden Sie eine Fünf-Punkte-Skala, wobei ›fünf‹ ›äußerst hoch‹ und ›eins‹ ›überhaupt nicht hoch‹ bedeutet. Mit den Werten dazwischen können Sie Ihre Meinung abstufen.«

Abbildung 23: Einschätzung der Kundenzufriedenheit- und -bindung

nicht hoch) bis fünf (äußerst zufrieden/äußerst hoch) einschätzen, ergibt sich folgendes Bild: Acht von zehn Befragten vergaben sowohl bei der Zufriedenheits- als auch bei der Kundenbindungsfrage entweder eine »Fünf« oder »Vier« (Top-2-Box) (vgl. Abb. 23). Sie gehen also davon aus, dass ihre Kunden mit der Leistung des Unternehmens mehrheitlich zufrieden und an dieses gebunden sind. Dass Vertriebsentscheider – wie in der Praxis üblich – einen Zusammenhang zwischen Zufriedenheit und Bindung der Kunden unterstellen, lässt sich daraus ableiten, dass die Korrelation zwischen der Zufriedenheit und dem Grad der Bindung 0,57 beträgt, es sich also um eine stark positive Korrelation handelt.[51] In Wirklichkeit ist dieser Zusammenhang jedoch deutlich komplexer.[52]

Die Ergebnisse

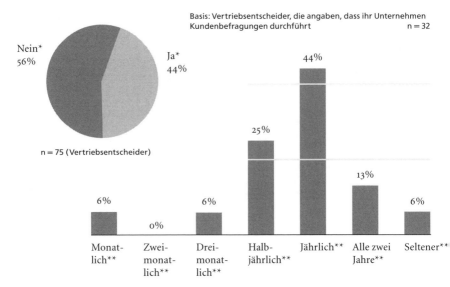

Fragestellung:
* »Führt Ihr Unternehmen in regelmäßigen Abständen eine Befragung der Kunden/Kundinnen zu deren Gesamteindruck von Ihrem Unternehmen als Anbieter durch?«
** »Wie oft führt Ihr Unternehmen Kundenbefragungen durch? Tun Sie dies monatlich, zweimonatlich, dreimonatlich, halbjährlich, jährlich, alle zwei Jahre oder seltener?«

Abbildung 24: Regelmäßige Durchführung von Kundenbefragungen und ihre Durchführungsfrequenz

Die Ermittlung der Kundenzufriedenheit

Kundenrelevante Bedürfnisse können nur durch Kundenbefragungen ermittelt werden. Lediglich vier von zehn Vertriebsentscheidern (44 Prozent) erklärten, dass ihre Firma in regelmäßigen Abständen Umfragen unter ihren Kunden zu deren Gesamteinschätzung des Unternehmens durchführt. 81 Prozent tun dies einmal jährlich oder häufiger. Die Übrigen befragen ihre Kunden alle zwei Jahre oder seltener (19 Prozent) (vgl. Abb. 24).

Das Ziel einer Kundenbefragung besteht in der Regel darin, die Meinungen und Einstellungen der Kunden zu ermitteln, um so die Optimierungsbemühungen innerhalb des Unternehmens zielgenau und auf Basis lokalisierbarer Ursache-Wirkungs-Zusammenhänge entwickeln zu können. Die Aufschlüsselung der Ergebnisse erfolgt bei den meisten Unternehmen auf der Gesamtebene (57 Prozent) sowie auf der Ebene größerer Bereiche beziehungsweise Abteilungen (39 Prozent). Das Herunterbrechen der Kundenbefragungsergebnisse auf die kleinstmögliche Ebene, nämlich auf Arbeitsgruppen- oder Mitarbeiterebene, ist bis dato eher selten (29 Prozent) (vgl. Abb. 25).[53] Eine Zuordnung der Befragungsergebnisse zu dem Beitrag einzelner Mitarbeiter findet nicht oder zumindest in sehr geringem Maß statt. Der Zusammenhang zwischen engen Kunden-Mitarbeiter-Beziehungen und einem positiven Verlauf der Wertschöpfung ist daher sehr schwer zu belegen.

Eine Aufschlüsselung der Ergebnisse auf der kleinstmöglichen Ebene stellt den besten Weg dar, jeden Mitarbeiter dazu zu motivieren, auf lokaler Ebene den Kunden in den Mittelpunkt zu rücken – und lassen sich Erfolge auch messen. Mittels der Kundenbefragungsergebnisse werden die einzelnen Arbeitsgruppen über ihren Dienst am Kunden

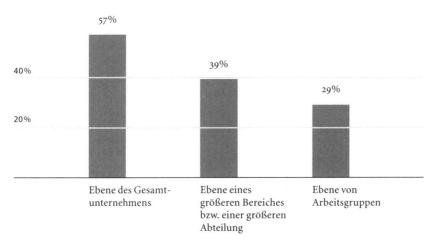

Fragestellung:
»Bis auf welche Unternehmensebene werden die Ergebnisse der Kundenbefragungen üblicherweise aufgeschlüsselt? Erfolgt dies (auf der Ebene des Gesamtunternehmens), (auf Ebene eines größeren Bereiches bzw. einer größeren Abteilung) oder (auf der Ebene der Arbeitsgruppen)?«
(Die Reihenfolge der Vorgaben wechselte von Interview zu Interview.)
Abbildung 25: Auswertungstiefe der Kundenbefragung

Die Ergebnisse

auf dem Laufenden gehalten und können so Defizite in ihrem Einflussbereich aufdecken, was die Voraussetzung für deren Beseitigung bildet. Dass die Messung nicht auf direkter Mitarbeiterebene erfolgt, mag vielschichtige Gründe haben, die hier nicht im Detail diskutiert werden können.[54] Die Nachteile liegen jedoch auf der Hand: »Das Beziehungsmanagement beginnt nicht im Sitzungssaal, sondern beim persönlichen Kontakt mit dem einzelnen Kunden.«[55]

Bei allen Unternehmen (100 Prozent) führen die Befragungsergebnisse zu konkreten Maßnahmen, wobei diese von »oben« geplant und vorgegeben werden (70 Prozent). Einflussreicher als die Unternehmensleitung sind dabei die Führungskräfte größerer Bereiche und Abteilungen (18 versus 52 Prozent). 58 Prozent der befragten Vertriebsentscheider gaben an, dass die Entscheidung über die zu ergreifenden Aktivitäten auf lokaler Ebene im Rahmen eines Dialogs zwischen direkten Vorgesetzten und ihren Mitarbeitern fällt (vgl. Abb. 26).[56]

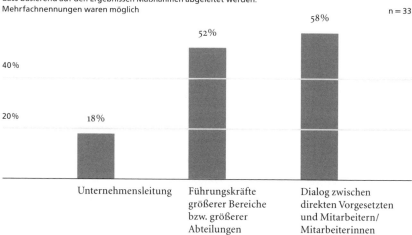

Basis: Vertriebsentscheider, die angaben, dass ihr Unternehmen Kundenbefragungen durchführt und erklärten, dass basierend auf den Ergebnissen Maßnahmen abgeleitet werden.
Mehrfachnennungen waren möglich   n = 33

»**Fragestellung:**
Wird die Entscheidung über die zu ergreifenden Maßnahmen dabei (von der Unternehmensleitung getroffen), (von den Führungskräften größerer Bereiche bzw. größerer Abteilungen getroffen) oder (im Rahmen eines Dialoges zwischen den direkten Vorgesetzten und den Mitarbeitern/Mitarbeiterinnen Ihrer Arbeitsgruppe getroffen)?«
(Die Vorgaben wurden von Interview zu Interview nach dem Zufallsprinzip sortiert.)

Abbildung 26: Entscheidung über die Maßnahmen

Unsere Studie zeigt, dass den Vertriebsentscheidern bewusst ist, wie wichtig der unmittelbare Input der Mitarbeiter als Reaktion auf die Kundenbefragungen ist. Die Mitarbeiter werden als Stimmungsbarometer, als Frühwarnsystem dringend benötigt; sie ermöglichen es, die erforderlichen kundenspezifischen Maßnahmen festzulegen.

Fraglich ist allerdings, wie sich sinnvolle Maßnahmen ableiten lassen, für die eigentlich keine geeignete Datengrundlage, nämlich keine lokalen Leistungsdaten, vorhanden ist. Man kann davon ausgehen, dass das Vorhandensein solcher Daten die Bereitschaft zu Verhaltensänderungen erhöhen würde, während übergeordnete Ebenen vielen Mitarbeitern zu weit weg erscheinen dürften – getreu dem Motto: »Nein, mein Verhalten gegenüber dem Kunden spiegelt das Ergebnis nicht im Geringsten wider – das müssen die anderen sein.«

In erster Linie münden die Befragungsbefunde in Maßnahmen zur Mitarbeiterführung (77 Prozent) und Mitarbeiterentwicklung durch Weiterbildung und Trainings (74 Prozent). Nur in wenigen Fällen wirken sich die Ergebnisse von Kundenbefragungen direkt auf die Mitarbeitervergütung aus, etwa in Form einer Performancevergütung. So haben die Befragungsergebnisse für die Mitarbeiter also selten direkte finanzielle Folgen, ob positiver oder negativer Art. Nur in jedem dritten Unternehmen (37 Prozent), das Kundenbefragungen durchführt, wirken sich die Ergebnisse in irgendeiner Weise auf die Vergütung aus (vgl. Abb. 27).

Von einer konsequenten Überprüfung des Zusammenhangs zwischen den Ergebnissen aus den Kundenbefragungen und den wirtschaftlichen Kennzahlen sehen die Unternehmen nach Auskunft der meisten Vertriebsentscheider (49 Prozent) ab. Lediglich ein Viertel von ihnen (27 Prozent) sagte, dass die weichen und harten Daten verknüpft werden, um einen solchen Zusammenhang zu prüfen. Ein weiteres Viertel (24 Prozent) erklärte, dass dies zumindest teilweise in ihrer Firma getan wird (vgl. Abb. 28).

Die Finanzentscheider geben tendenziell häufiger als die Vertriebsentscheider an, dass in ihrem Unternehmen eine Verknüpfung der Daten aus Kundenbefragungen mit finanziellen Kennziffern erfolgt. Gebundene Kunden können als die besten Werbeträger angesehen

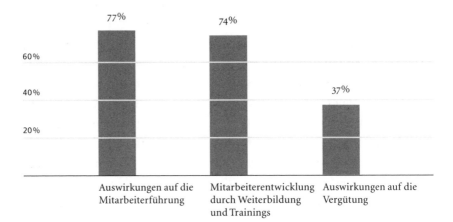

Fragestellung:
»Ich lese Ihnen nun einige Möglichkeiten vor, wie Ergebnisse aus Kundenbefragungen Auswirkungen auf Mitarbeiter/Mitarbeiterinnen haben können. Sagen Sie mir bitte für jede Möglichkeit, ob dies aus Ihrer persönlichen Erfahrung in Ihrem Unternehmen erfolgt oder nicht. Wie steht es mit …?«
(Die Reihenfolge der Vorgaben wechselte von Interview zu Interview.)

Abbildung 27: Folgen der Ergebnisse von Kundenbefragungen

werden; sie leisten einen Beitrag zur Gewinnung neuer Kunden. Buckingham und Coffman merken hierzu an: »Begeisterte Kunden stellen […] eine riesige Vertriebsmannschaft dar, deren Dienste völlig kostenfrei sind. Von ihnen hängt mitunter dauerhaftes Wachstum ab. Sie sind weit wichtiger als Marketing, Werbung oder Preis.«[57] Dass dem Aspekt Weiterempfehlung insgesamt eine große Bedeutung zukommt, unterstreicht die Studie »Where's Debbie?«, für die 10 000 Verbraucher in Großbritannien befragt wurden. Dieser Untersuchung zufolge berücksichtigen drei Viertel der Verbraucher bei Kaufentscheidungen die Empfehlungen von Freunden und Bekannten.[58] Positive Mund-zu-Mund-Propaganda ist vor allem in Gesellschaften, die durch permanente Reizüberflutung gekennzeichnet sind, bedeutsam.[59] Botschaften aus dem direkten Umfeld finden in der Regel mehr Aufmerksamkeit, und sie gelten, verglichen mit werblichen Maßnahmen, als glaubwürdiger.[60] Dies ist einfach zu überprüfen: Fragen Sie sich doch einmal, wie oft Sie

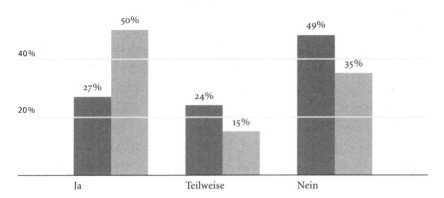

Basis: Vertriebs- und Finanzentscheider, die angaben, dass ihr Unternehmen Kundenbefragungen durchführt.
■ Vertriebsentscheider (n = 33) ■ Finanzentscheider (n = 26)

Fragestellung:
»Erfolgt in Ihrem Unternehmen eine systematische Verknüpfung der Ergebnisse aus den Kundenbefragungen mit finanziellen Kennzahlen Ihres Unternehmens?«

Hinweis: Statistisch signifikante Unterschiede zwischen den Unternehmensbereichen werden durch eine Kennzeichnung angezeigt ($p < 0{,}05$). Buchstaben in den Balken zeigen diese Unterschiede gegenüber dem Wert des entsprechenden Balkens an.

Abbildung 28: Verknüpfung der Befragungsergebnisse mit finanziellen Kennzahlen des Unternehmens

sich selbst auf eine Empfehlung hin einen Film im Kino angeschaut, ein Buch gekauft oder einen Urlaub gebucht haben.

Kundenwerbung durch gebundene und zufriedene Mitarbeiter

Eine wichtige Quelle positiver Mund-zu-Mund-Propaganda stellen die Mitarbeiter eines Unternehmens dar, insbesondere dann, wenn sie – wie weiter oben aufgezeigt – eine hohe Bindung an ein Unternehmen aufweisen. In diesem Kontext stellt sich daher ganz allgemein die Frage, wie Vertriebsentscheider die Bereitschaft der eigenen Mitarbeiter einschätzen, die Produkte oder Dienstleistungen ihres Unternehmens weiterzuempfehlen. Die Vertriebsentscheider sollten angeben, in welchem Maße die Beschäftigten ihres Unternehmens der Aussage »Ich würde die Produkte und Dienstleistungen meiner Firma meinen Freunden und Familienangehörigen empfehlen« zustimmen würden. 42 Prozent der Befragten entschieden sich für die Stufe »fünf« auf der Fünf-Punkte-Skala. Das bedeutet: 58 Prozent aller Arbeitnehmer stehen aus Sicht der Vertriebsentscheider nicht hundertprozentig hinter den Produkten und Dienstleistungen ihres Arbeitgebers. Dies ist ein ernüchterndes Urteil, zumal diese Beurteilung derjenigen der Arbeitnehmer entspricht, wie eine Studie ergab: Nur vier von zehn Beschäftigten (41 Prozent) gaben 2005 an, dass sie zur uneingeschränkten Weiterempfehlung bereit sind (vgl. Abb. 29). Der Anteil erweist sich im Zeitverlauf als stabil (2004: 39 Prozent – 2003: 39 Prozent – 2001: 43 Prozent).[61] Eine Diskrepanz ergibt sich lediglich bei der eingeschränkten Weiterempfehlungsbereitschaft, also bei der Bewertung mit der Stufe »vier« auf der Fünf-Punkte-Skala. Diese wird von den Vertriebsentscheidern deut-

»Ich würde die Produkte und Dienstleistungen meiner Firma meinen Freunden und Familienangehörigen empfehlen.«

Vertriebsentscheider (n = 64)*   Arbeitnehmer (n = 1668)**

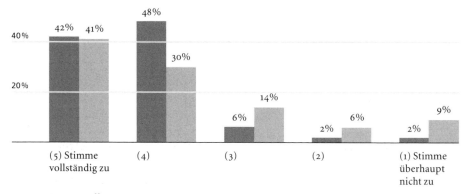

Fragestellung:
* »Bitte bewerten Sie auf einer Fünf-Punkte-Skala, wobei ›fünf‹ ›stimme vollständig zu‹ und ›eins‹ ›stimme überhaupt nicht zu‹ bedeutet, wie die meisten Mitarbeiter/Mitarbeiterinnen Ihres Unternehmens die folgende Aussage bewerten würden:…«
** »Bitte bewerten Sie auf einer Fünf-Punkte-Skala, wobei ›fünf‹ ›stimme vollständig zu‹ und ›eins‹ ›stimme überhaupt nicht zu‹ bedeutet, Ihre Zustimmung zu folgender Aussage:…«
** *Quelle: Gallup-Engagement-Index Deutschland 2005*

Abbildung 29: Einschätzung der Weiterempfehlungsbereitschaft durch Vertriebsentscheider im Vergleich mit den Angaben von Arbeitnehmern

lich positiver wahrgenommen als von den Arbeitnehmern (48 versus 30 Prozent) (vgl. Abb. 29).

Zwei Erklärungen bieten sich für das Verhalten der Mitarbeiter an: Entweder sind sie äußerst kritisch gegenüber der Leistung des eigenen Unternehmens, vielleicht zu kritisch, oder – was als wahrscheinlicher anzusehen ist – sie sehen Mängel und Schwachstellen im eigenen Angebot. Wer würde schon eine Empfehlung für etwas aussprechen, von dem er selbst nicht überzeugt ist, und sich dadurch der Gefahr aussetzen, es sich mit den Menschen in seinem Umfeld zu verscherzen? Aus diesem Grund gilt es Mitarbeiter stärker einzubinden und ihren Meinungen größeres Interesse entgegenzubringen. Aktuell erklären sieben von zehn Arbeitnehmern, dass ihre Ansichten kein (34 Prozent) oder nur bedingt (38 Prozent) Gewicht haben.[62] Wenn sie im Arbeitsalltag mit ihren Vorschlägen kein Gehör finden, macht sich mit der Zeit Resignation breit. Input und Feedback bleiben aus und damit die Voraussetzung dafür, dass Schwachstellen bei Produkten beziehungsweise Dienstleistungen beseitigt werden können und es zu Innovationen kommt.

Wie bereits ausgeführt, wird in der Regel von einem Zusammenhang zwischen Kundenzufriedenheit und -bindung ausgegangen. Zufriedenheit allein bietet jedoch keine ausreichende Grundlage für Kundenbindung. Metje und Mentzel kommen nach der Untersuchung von vier Branchengruppen (Handel, Finanzdienstleister, Reise und Logistik) über den Zeitraum von 1998 bis 2002 zu dem Ergebnis, dass zwar die Globalzufriedenheit über alle Branchengruppen anstieg, aber gleichzeitig die Kundenbindung – definiert als Wiederwahl eines Anbieters – in allen Branchengruppen mit Ausnahme der Logistikbranche abgenommen hat.[63] Unabhängig davon, wie hoch die Kundenzufriedenheit ist, hat sie keinen wirklichen Wert. So zeigt sich, dass zufriedene Kunden in gleichem Maße wie weniger zufriedene gewillt sind, eine Geschäftsbeziehung zu beenden.[64] Kundenbindung bedeutet also mehr als nur Zufriedenheit.

Viele Faktoren haben Einfluss auf die Kundenbindung; trotzdem ist ein Faktor entscheidend für beinahe jedes Unternehmen: das Humankapital. Die Kunden stehen in einem engen und, je nach Produkt oder

Dienstleistung, direkten Kontakt mit den Mitarbeitern. Häufig werden Problemlösungen und Dienstleistungen, vor allem in wissens- und interaktionsintensiven Fällen, von Kunden und Mitarbeitern gemeinsam entwickelt (»collaborative innovation«).[65]

Mitarbeiter als wichtiger Entscheidungsfaktor für die Kundengewinnung und -bindung

Kundenbindung kann nur entstehen, wenn sich eine emotionale Bindung zum Anbieter entwickelt. Sie setzt erstklassige Produkte beziehungsweise Dienstleistungen voraus und wird durch Interaktion zwischen Anbietervertreter und Nachfrager ermöglicht.[66] Mitarbeitern mit Kundenkontakt kommt damit eine zentrale Bedeutung zu; sie sind es, die ein Unternehmen dem Kunden gegenüber repräsentieren und so einen Beitrag zur Differenzierung im Markt leisten können.[67] Wie wichtig Differenzierung ist, belegen Untersuchungen zur Verbraucherwahrnehmung. Wenn Konsumenten an unterschiedliche Marken denken, von denen sie ein Produkt oder eine Dienstleistung bekommen können, zeigt sich, dass ein nicht unerheblicher Teil von ihnen alle Marken als identisch wahrnimmt.[68] Zwar lässt sich Differenzierung auch durch Produkt- oder Serviceattribute und Produkt- oder Servicequalität erreichen, doch ist sie dann nicht von Dauer. Bei dieser Differenzierung ist es nur eine Frage der Zeit, bis ein Wettbewerber das Angebot imitiert. Mitarbeiter hingegen lassen sich nicht »kopieren«.[69]

Nieder stellt zu Recht die Frage: »Warum [...] nicht die tägliche Schnittstelle zwischen Kunden und Unternehmen professionalisieren?«[70] Denn: »In einer zunehmend digitalen Welt wächst der Wunsch nach individualisierten Kontakten.«[71] Hier liegt eine wesentliche Voraussetzung dafür, einen Anbieter in den Augen des Nachfragers unersetzbar werden zu lassen.[72] Die Zukunft gehört der Partnerschaft mit den Kunden. Den Mitarbeitern kommt dabei die Rolle eines Beraters und Problemlösers zu, der ihre Bedürfnisse, Erwartungen und Wünsche managen kann. Kundenmanagement beginnt daher bereits bei der Einstellung. Kundenorientierung als Einstellungsmerkmal sollte dementsprechend eine größere Bedeutung beigemessen werden, als dies bisher der

Fall ist. Dass ein auffälliger Zusammenhang zwischen der Kundenorientierung der Mitarbeiter und der Performance von Unternehmen besteht, haben unsere Studienergebnisse gezeigt.

Beurteilung, Messung und Bewertung des Human Capital

Beurteilung des Human Capital

Weiterhin wurde im Rahmen der Untersuchung ermittelt, welche Instrumente der Personalbeurteilung und -entwicklung in den Unternehmen eingesetzt werden und welcher Stellenwert den einzelnen Tools beigemessen wird.

Nahezu alle Personalentscheider gaben an, dass bei ihnen Zielvereinbarungen und Beurteilungsgespräche (94 Prozent) Usus sind, regelmäßig Mitarbeitergespräche geführt werden (90 Prozent) und ein Training on the Job (90 Prozent) erfolgt. Recht häufig werden zudem Führungskräftetrainings (79 Prozent) und Coachings (62 Prozent) durchgeführt. Mit deutlichem Abstand folgen die Tools 180-Grad-Feedback (38 Prozent) sowie 360-Grad-Feedback (24 Prozent) (vgl. Tab. 16).

Unabhängig davon, ob die entsprechenden Instrumente zur Personalbeurteilung und -entwicklung tatsächlich zur Anwendung kommen oder nicht, haben wir nach ihrem Stellenwert gefragt: Eine besonders hohe Relevanz wird regelmäßigen Mitarbeitergesprächen attestiert (59 Prozent), gefolgt von Zielvereinbarungen und Beurteilungsgesprächen (48 Prozent) und Training on the Job (36 Prozent) sowie Führungskräftetrainings (31 Prozent). Von untergeordneter Bedeutung sind nach Ansicht der Personalentscheider Coaching (17 Prozent), 360-Grad-Feedback (17 Prozent) und 180-Grad-Feedback (15 Prozent) (vgl. Tab. 16).

Beim Vergleich der generellen Bewertung der Instrumente zur Personalbeurteilung und -entwicklung und jener von Nutzern lassen sich nur zwei Unterschiede ausmachen. Nutzer messen den Tools 360-Grad-Feedback und Coachings tendenziell eine höhere Relevanz zu (vgl. Tab. 16).

	Nutzung*	Generelle-Bewertung** (Top-Box)[1]	Nutzung und Berwertung*** (Top-Box)[1]
Zielvereinbarungen und Beurteilungsgespräche	94 %	48 %	51 %
Regelmäßige Mitarbeitergespräche	90 %	59 %	62 %
Training on the Job	90 %	36 %	39 %
Führungskräftetrainings	79 %	31 %	35 %
Coaching	62 %	17 %	27 %
180-Grad-Feedback	38 %	15 %	17 %
360-Grad-Feedback	24 %	17 %	32 %

Basis: Personalentscheider (Nutzung n_{min} = 106; Bewertung n_{min} = 100).

(1) Ausgewiesen: Stufe fünf auf einer Fünf-Punkte-Skala, wobei »fünf« »äußerst wichtig« bedeutet.

Fragestellung:

* »Sagen Sie mir jetzt bitte, welche der nachfolgenden Instrumente der Personalbeurteilung und -entwicklung in Ihrem Unternehmen eingesetzt werden. Wie steht es mit...?«
(Die Reihenfolge der Vorgaben wechselte von Interview zu Interview.)

** »Ich lese Ihnen jetzt einige Instrumente der Personalbeurteilung und -entwicklung vor, die in einem Unternehmen eingesetzt werden können. Sagen Sie mir bitte für jedes Instrument, welchen Stellenwert dieses aus Ihrer Sicht hat. Bitte verwenden Sie eine Fünf-Punkte-Skala, wobei ›fünf‹ ›äußerst wichtig‹ und ›eins‹ ›überhaupt nicht wichtig‹ bedeutet. Wie steht es mit...?«
(Die Vorgaben wurden von Interview zu Interview nach dem Zufallsprinzip gemischt.)

Hinweis: Ausgewiesen ist die Bewertung aller Befragten, unabhängig davon, ob bei ihnen im Unternehmen das entsprechende Instrument der Personalbeurteilung und -entwicklung zum Einsatz kommt oder nicht.

*** Ausgewiesen ist ausschließlich die Bewertung von Befragten, die angaben, dass in ihrem Unternehmen das entsprechende Instrument der Personalbeurteilung und -entwicklung zum Einsatz kommt.

Tabelle 16: Instrumente der Personalbeurteilung und -entwicklung (Ranking basierend auf der Nutzung)

Messung und Bewertung des Human Capital

Sodann galt es zu ermitteln, inwieweit eine Leistungsbemessung des Faktors Mensch erfolgt. Die Mehrheit der Personalentscheider (59 Prozent) erklärt, dass bei ihnen im Unternehmen keine einheitlichen Bewertungs- oder Messsysteme vorhanden sind, die Auskunft darüber geben können, wie groß der Beitrag einzelner Arbeitsgruppen oder Mitarbeiter zum Unternehmenserfolg ist. Personalentscheider, die angaben, dass bei ihnen derartige Controllingsysteme installiert sind, vertreten größtenteils die Auffassung, dass diese die Leistung der Arbeitsgruppen oder Mitarbeiter gut wiedergeben (58 Prozent) oder dies zumindest in Ansätzen tun (24 Prozent) (vgl. Abb. 30).

Ebenfalls weniger verbreitet sind formelle Prozesse zur Messung der Produktivität von Mitarbeitern. Eine erstaunlich große Mehrheit

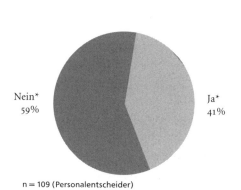
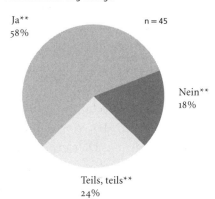

Fragestellung:
* »Verfügt Ihr Unternehmen über einheitliche Bewertungs- oder Messsysteme, die Ihnen anzeigen, wie groß der Beitrag von einzelnen Arbeitsgruppen oder Mitarbeitern zum Unternehmenserfolg ist?«
** »Glauben Sie, dass diese Bewertung oder Messung die Leistung der Arbeitsgruppen oder Mitarbeiter gut wiedergibt?«

Abbildung 30: Evaluierung des Beitrags von Arbeitsgruppen oder Mitarbeitern zum Unternehmenserfolg

der Personalentscheider (63 Prozent) verneinte die Frage, ob es derartige individuelle Leistungsbewertungen in ihrem Unternehmen gibt (vgl. Abb. 31).

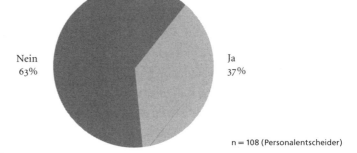

Fragestellung:
»Gibt es in Ihrem Unternehmen einen formellen Prozess zur Messung der Produktivität der Mitarbeiter/Mitarbeiterinnen?«

Abbildung 31: Existenz eines formellen Prozesses zur Messung von Produktivität

Dieser Befund stellt ein eher enttäuschendes Ergebnis dar. Die entscheidende Wertschöpfungs- und Innovationsleistung eines Unternehmens ist, wie in Kapitel 1 dargestellt, die *Produktivität*. Eine Steigerung der Produktivität bedeutet, dass bei gleichem Aufwand mehr Ertrag erwirtschaftet wird. Unternehmen, die die Produktivität ihrer Mitarbeiter und deren Leistung nicht messen, können Produktivitätsverbesserungen und Wertschöpfungsbeiträge nicht ausweisen und damit in letzter Konsequenz den Wertschöpfungsbeitrag des Faktors Human Capital nicht belegen. Dies erklärt das Handeln vieler Unternehmen, die im Falle notwendiger Kostenreduzierungen nur kurzfristig wirksame Maßnahmen wie den Personalabbau oder das Outsourcing von Mitarbeitern an kostengünstige Produktionsstandorte beschließen – weil sie den Zusammenhang von Human Capital und Wertschöpfung nicht belegen können.

Vergütung (der Bereitstellung) des Human Capital

Deutlich größerer Beliebtheit erfreuen sich indessen Belohnungssysteme, die die Qualität der Arbeit in den Mittelpunkt stellen. Drei Viertel der Personalentscheider (74 Prozent) gaben an, dass ihr Unternehmen die Güte der geleisteten Arbeit in Form einer Belohnung honoriert. Die Mehrheit von ihnen (78 Prozent) ist davon überzeugt, dass die neben der regulären Vergütung geleisteten Zahlungen dazu beitragen, Mitarbeiter zu besserer Arbeit zu motivieren (vgl. Abb. 32).

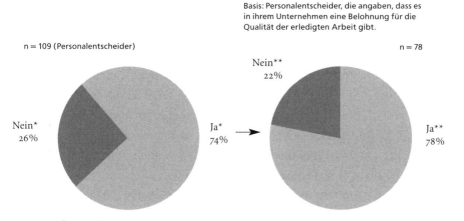

Fragestellung:
* »Gibt es in Ihrem Unternehmen neben der regulären Vergütung oder dem Grundgehalt eine Belohnung für die Qualität der erledigten Arbeit?«
** »Glauben Sie, dass dies die Mitarbeiter/Mitarbeiterinnen motiviert, immer besser zu arbeiten?«

Abbildung 32: Sonderzahlungen für Qualitätsarbeit als Motivationsfaktor

Erwähnenswert ist in diesem Kontext, dass eine Untersuchung des Personaldienstleisters Randstad unter Arbeitnehmern ergab, dass eine leistungsbezogene Vergütung bei vielen Arbeitnehmern keine unmittelbare Auswirkungen auf ihre Verhaltensweise hätte. Vier von zehn Befragten erklärten, sie würden ihr Verhalten nicht ändern, wenn ein Teil ihrer Vergütung direkt von ihren Leistungen im Beruf abhänge.[73]

Die Wertschätzung des Human Capital im Unternehmen

Human-Capital-Management – eine zentrale Managementaufgabe?

Wie stellen Unternehmen sicher, dass sie das Potenzial ihres Human Capital nutzen? Wer ist im Unternehmen dafür zuständig, dass die erforderlichen Instrumente, Ansätze und Methoden eingesetzt werden, die Erfolge systematisch kontrolliert und richtige Schlussfolgerungen gezogen werden? Wer sorgt für ein Klima, eine Kultur, die Human Capital zu Spitzenleistungen befähigt? In der Regel werden diese erfolgskritischen Aufgaben der Personalabteilung zugeordnet. Dies führt oftmals dazu, dass Human-Capital-Management als reine Aufgabe von Personalexperten, von den zugehörigen Fachabteilungen gleichen Namens, etikettiert und komplett in den Fachbereich delegiert wird. Betrachtet man jedoch die Wertschätzung dieser Experten im Unternehmen, die das wichtigste Kapital des Unternehmens managen sollen, von dem die Zukunft des Unternehmens abhängt, dann stellt man in manchen Unternehmen einen großen Widerspruch fest.

Um zu ermitteln, wie es um die Bedeutung des Personalbereiches in den Unternehmen hierzulande bestellt ist, wurden in unserer Befragung die Entscheider der drei Unternehmensbereiche Personal, Vertrieb und Finanzen gebeten, die verschiedenen in ihrem Unternehmen vorhandenen Ressorts im Hinblick auf ihren Stellenwert im Unternehmen mittels einer Skala von eins (überhaupt nicht wichtig) bis fünf (äußerst wichtig) zu bewerten.

Die größte Bedeutung wird dabei – erwartungsgemäß – dem Vertrieb attestiert (Top-Box: 71 Prozent). Diese Meinung lässt sich ressortübergreifend bei allen Entscheidern ausmachen.

Als zweitwichtigster Unternehmensbereich gilt das Ressort Forschung und Entwicklung (61 Prozent). Auch bei dieser Einschätzung sind sich die Entscheider quer durch die drei Unternehmensbereiche Personal, Vertrieb und Finanzen einig.

An diesem Ergebnis wird deutlich, dass vor allem jenen Unternehmensbereichen eine hohe Relevanz zugeschrieben wird, deren Aufgabe sich traditionell auf die Zukunftssicherung des Unternehmens bezieht: einerseits auf den Absatz von Produkten und Dienstleistungen zur Sicherung zukünftiger Einnahmen und Cashflows und andererseits auf Innovationen zum Erhalt der Wettbewerbsfähigkeit.

Auf Platz drei rangiert der Bereich Finanzen, Controlling und Accounting (45 Prozent) vor dem Ressort Personal sowie Marketing und Werbung (34 beziehungsweise 33 Prozent). Es folgen die Unternehmensbereiche Logistik (25 Prozent), Öffentlichkeitsarbeit (23 Prozent) sowie Verwaltung/Administration (16 Prozent) (vgl. Tab. 17).

Anders als die Vertreter des Absatz- und Finanzteams, die jeweils ihrem eigenen Bereich eine hohe Bedeutung im Unternehmen beimessen – Vertriebsentscheider betrachten ihren Bereich als den wichtigsten, Finanzentscheider den ihrigen tendenziell als zweitwichtigsten –, bescheinigen Personalentscheider ihrem eigenen Bereich keine derartig bedeutsame Stellung im Unternehmen, sondern nur Platz vier (vgl. Tab. 17). Damit dürfte im Selbstverständnis der Personaler zum Ausdruck kommen, was ihrer tagtäglichen Erfahrung im Unternehmen entspricht: Der Betreuung der wichtigsten Unternehmensressource, des Faktors Mensch, wird nur beiläufig Aufmerksamkeit geschenkt. Die Tatsache, dass Personalarbeit ebenso zukunftssichernd für ein Unternehmen ist wie Verkauf und Innovation, bleibt unerkannt, womit wir wieder beim Thema wären: Es fehlt an Erfolgsnachweisen, wie sie beispielsweise der Vertrieb mit Marktanteilen, Verkaufszahlen und Gewinn problemlos erbringt. Ohne die Rendite der Aktivitäten aufzeigen zu können, wird die Positionierung des Personalbereichs als Schlüsselressort in Unternehmen nicht gelingen. Folglich sollte eine Professionalisierung bei der Messung des Return on Investment des Human Capital vorangetrieben werden.

Human Capital und wirtschaftliche Rahmenbedingungen

Die wirtschaftliche Stimmung unter Entscheidern ist zum Zeitpunkt der Umfrage von Pessimismus geprägt. Knapp ein Fünftel der Befragten (19 Prozent) beurteilt die allgemeine wirtschaftliche Lage in Deutschland als schlecht. 61 Prozent halten sie für mittelmäßig. Diesen

	Alle Entscheider	Personal-entscheider A	Vertriebs-entscheider B	Finanz-entscheider C
Vertrieb	74 % (n = 212)	78 % (n = 96)	67 % (n = 70)	74 % (n = 46)
Forschung und Entwicklung	61 % (n = 133)	77 % (B,C) (n=57)	46 % (A) (n = 46)	53 % (A) (n = 30)
Finanzen, Controlling und Accounting	45 % (n = 233)	51 % (B) (n = 109)	28 % (A, C) (n=74)	56 % (B) (n = 50)
Personal	34 % (n = 228)	35 % (n = 108)	35 % (n = 74)	30 % (n = 46)
Marketing/Werbung	33 % (n = 190)	35 % (n = 85)	27 % (n = 67)	40 % (n = 38)
Logistik	25 % (n = 135)	21 % (n = 61)	26 % (n = 47)	33 % (n = 27)
Öffentlichkeitsarbeit	23 % (n = 188)	27 % (n = 82)	16 % (n = 64)	26 % (n = 42)
Verwaltung/Administration	14 % (n = 223)	16 % (n = 103)	9 % (n = 70)	16 % (n = 50)

Basis: Personen, die angaben, dass ihr Unternehmen über den entsprechenden Unternehmensbereich verfügt.

Ausgewiesen: Stufe fünf auf einer Fünf-Punkte-Skala, wobei »fünf« »äußerst wichtig« bedeutet.

Hinweis: Statistisch signifikante Unterschiede zwischen den Unternehmensbereichen werden durch eine Kennzeichnung angezeigt (p < 0,05). Buchstaben hinter dem Prozentwert zeigen diese Unterschiede gegenüber dem Wert der entsprechenden Spalte an.

Fragestellung:
»Bitte sagen Sie mir jetzt, welche Bedeutung jeder der nachfolgenden Bereiche in Ihrem Unternehmen aus Ihrer persönlichen Sicht hat. Bitte verwenden Sie eine Fünf-Punkte-Skala, wobei ›fünf‹ ›äußerst wichtig‹ und ›eins‹ ›überhaupt nicht wichtig‹ bedeutet. Mit den Werten dazwischen können Sie Ihre Meinung abstufen. Wie steht es mit... ?«
(Die Reihenfolge der Vorgaben wechselte von Interview zu Interview.)

Tabelle 17: Stellenwert der verschiedenen Unternehmensbereiche (Ranking basierend auf der Top-Box-Bewertung)

80 Prozent stehen lediglich 18 Prozent gegenüber, die die ökonomische Situation als gut ansehen. So gut wie keiner erachtet sie als hervorragend (1 Prozent).

Deutlich positiver als die allgemeine Lagebeurteilung fällt das Urteil über die Unternehmenssituation aus. Nur ein kleiner Teil der Entscheider (4 Prozent) bezeichnet sie als schlecht und nur ein Viertel (25 Prozent) als mittelmäßig. Die Mehrheit spricht von einer guten (51 Prozent) oder hervorragenden Situation (21 Prozent) (vgl. Abb. 33).

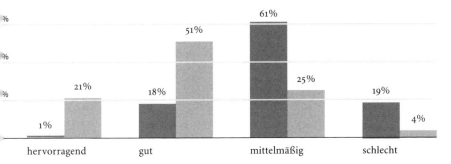

Fragestellung:
* »Wie würden Sie heute die Wirtschaftslage in diesem Land einschätzen?«
** »Wie würden Sie die derzeitige finanzielle Situation Ihres Unternehmens beurteilen?«

Abbildung 33: Allgemeine wirtschaftliche Lage und Lage der Unternehmen

Erwartungsgemäß beurteilen Entscheider aus Unternehmen mit einer unterdurchschnittlichen Unternehmensperformance die Lage ihres Unternehmens pessimistischer als solche mit einer überdurchschnittlichen Unternehmensperformance (Bewertung mit »hervorragend: 6 zu 45 Prozent), was zeigt, dass sie sich ihrer Situation durchaus bewusst sind.

Die wirtschaftlichen Zukunftserwartungen der Entscheider fallen weitestgehend positiv aus: Nur vier von zehn Befragten (38 Prozent) sind der Auffassung, das sich die Wirtschaftslage hierzulande nicht wesentlich ändern (21 Prozent) oder sogar noch schlechter wird (17 Prozent). Die Mehrheit der Entscheider (62 Prozent) blickt mit Optimismus in die ökonomische Zukunft Deutschlands. Noch optimistischer fällt die Bewertung der Aussichten für das eigene Unternehmen aus. Sieben von zehn Entscheidern (70 Prozent) gehen davon aus, dass sich die Gesamtsituation ihres Unternehmens in den kommenden zwölf Monaten verbessern wird. Ein knappes Viertel (23 Prozent) erwartet keine wesentliche Veränderung und nur sieben Prozent rechnen mit einer Verschlechterung der derzeitigen Lage (vgl. Abb. 34).

Die Ergebnisse

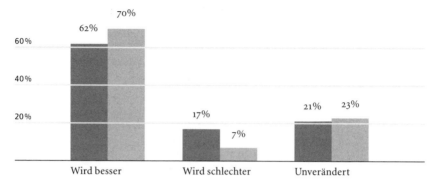

Fragestellung:
* »Denken Sie, dass die Wirtschaftslage im Land im Großen und Ganzen besser oder schlechter wird?«
** »Denken Sie, dass sich die gegenwärtige finanzielle Gesamtsituation Ihres Unternehmens verbessern oder verschlechtern wird?

Abbildung 34: Allgemeine wirtschaftliche Entwicklung und Entwicklung der Unternehmen

Wenn Entscheider aus Unternehmen mit überdurchschnittlicher und unterdurchschnittlicher Performance miteinander verglichen werden, zeigt sich, dass diejenigen mit der schlechteren Performance häufiger von einer Verbesserung der Unternehmenslage ausgehen als diejenigen mit einem besonders guten Ergebnis (Angabe »wird besser«: 79 zu 61 Prozent).

Beinahe täglich erreichen uns Meldungen von Entlassungen. Seit Januar 2005 liegt die Arbeitslosenzahl über oder an der Marke von fünf Millionen (Januar: 5,04 Millionen – Februar: 5,22 Millionen – März: 5,18 Millionen – April: 4,97 Millionen – Mai: 4,81 Millionen – Juni: 4,70 Millionen – Juli: 4,77 Millionen).[74] Geht man vom Juliwert aus, so waren im Jahr 2005 im Vergleich zum Jahr 2001 knapp eine Million Menschen mehr arbeitslos (2001: 3,86 Millionen).[75]

Deutlich häufiger als noch vor einigen Jahren wird Arbeitslosigkeit zunehmend auch selbst erlebt: So nimmt der Kreis derer zu, die sich mit dem Thema Entlassung persönlich konfrontiert sehen. Während im Jahr 2001 39 Prozent der Arbeitnehmer angaben, dass es in ihrer Firma im vergangenen Jahr Diskussionen über die Möglichkeit von Entlassungen gab, berichten hiervon heute 51 Prozent.[76] Diese persönliche Konfrontation ist etwas völlig anderes als die monatliche Bekanntgabe der Arbeitslosenzahlen. Derzeit schließt nur noch die Hälfte der Arbeitnehmer (52 Prozent) gänzlich aus, innerhalb der kommenden zwölf Monate die Arbeitsstelle zu verlieren, 2001 waren es noch sechs von zehn Arbeitnehmern (60 Prozent).[77]

Erfreulich hingegen ist, dass drei von zehn Entscheidern (30 Prozent) es für sehr wahrscheinlich halten, dass ihr Unternehmen in den nächsten zwölf Monaten Arbeitsplätze im Inland schaffen wird, und ebenso viele sehen dies als ziemlich wahrscheinlich an. Das Schaffen von Arbeitsplätzen im Ausland wird hingegen als weniger wahrscheinlich angesehen (sehr wahrscheinlich: 20 Prozent – ziemlich wahrscheinlich: 20 Prozent) (vgl. Abb. 35).

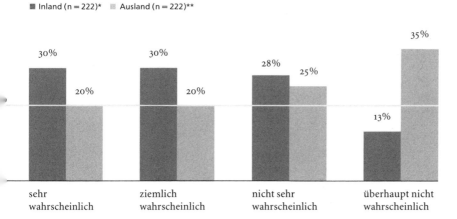

Fragestellung:
* »Wie hoch ist im Hinblick auf die nächsten zwölf Monate die Wahrscheinlichkeit, dass Ihr Unternehmen Arbeitsplätze in Deutschland schaffen wird? Ist dies sehr wahrscheinlich, ziemlich wahrscheinlich, nicht sehr wahrscheinlich oder überhaupt nicht wahrscheinlich?«
** »Wie hoch ist im Hinblick auf die nächsten zwölf Monate die Wahrscheinlichkeit, dass Ihr Unternehmen Arbeitsplätze im Ausland schaffen wird? Ist dies sehr wahrscheinlich, ziemlich wahrscheinlich, nicht sehr wahrscheinlich oder überhaupt nicht wahrscheinlich?«

Abbildung 35: Entstehung von Arbeitsplätzen – im In- oder Ausland?

Die Ergebnisse

Die Wahrnehmung des Human Capital als Werttreiber für den Unternehmenserfolg

Entscheider, die in unserer Studie ganz allgemein nach der Bedeutung des Human Capital für den Unternehmenserfolg gefragt wurden, betrachteten den Faktor Mensch als bedeutende Einflussgröße für den Unternehmenserfolg. So erklärten sechs von zehn Befragten (60 Prozent), dass sie das Human Capital für den Erfolg ihres Unternehmens als *äußerst wichtig* ansehen; ein weiteres Drittel (32 Prozent) stuft dies als *wichtig* ein (vgl. Tab. 18). Diese Ergebnisse lassen sich in allen drei Unternehmensbereichen, Personal, Vertrieb und Finanzen, gleichermaßen ausmachen (vgl. Tab. 18).

	Alle Entscheider (n = 232)	Personalentscheider (n = 107) A	Vertriebsentscheider (n = 75) B	Finanzentscheider (n = 50) C
(5) Äußerst wichtig	60 %	65 %	56 %	52 %
(4)	32 %	28 %	31 %	42 %
(3)	8 %	7 %	12 %	4 %
(2)	0 %	0 %	1 %	0 %
(1) Überhaupt nicht wichtig	0 %	0 %	0 %	2 %
Top-2-Box	92 %	93 %	87 %	94 %
Bottom-2-Box	0 %	0 %	1 %	2 %

Hinweis: Statistisch signifikante Unterschiede zwischen den Unternehmensbereichen werden durch eine Kennzeichnung angezeigt ($p < 0{,}05$). Buchstaben hinter dem Prozentwert zeigen diese Unterschiede gegenüber dem Wert der entsprechenden Spalte an.

Fragestellung:
»Wie beurteilen Sie ganz allgemein die derzeitige Bedeutung des so genannten Human Capital für den Erfolg Ihres Unternehmens? Bitte verwenden Sie eine Fünf-Punkte-Skala, wobei ›fünf‹ ›äußerst wichtig‹ und ›eins‹ ›überhaupt nicht wichtig‹ bedeutet. Mit den Werten dazwischen können Sie Ihre Meinung abstufen.«

Tabelle 18: Beurteilung des Human Capital für den Unternehmenserfolg

Im Anschluss an die allgemeine Beurteilung des Human Capital für den Unternehmenserfolg wurden den Entscheidern verschiedene Aspekte, auf die der Faktor Mensch Auswirkungen haben könnte, zur Bewertung auf einer Skala von eins (überhaupt keine positive Auswirkung) bis fünf (äußerst positive Auswirkung) vorgelegt.

Die Auswertung auf Top-Box-Ebene zeigt, dass die Befragten äußerst positive Auswirkungen hauptsächlich bei der Kundenbindung beziehungsweise Kundenbeziehung sehen (57 Prozent), eine Ansicht, die vornehmlich von den Vertriebsentscheidern vertreten wird. Den Vertrieblern, die ja per definitionem auf Kunden ausgerichtet sind, scheint am deutlichsten bewusst zu sein, dass Kunden im Kontakt mit Mitarbeitern stehen und Letzteren daher beim Aufbau und der Pflege von Geschäftsbeziehungen eine zentrale Bedeutung zukommt.

Weitere, aber schon wesentlich schwächere Effekte des Human Capital für den Unternehmenserfolg wurden bei der Wettbewerbsfähigkeit (39 Prozent) sowie bei Produkten und Innovationen (39 Prozent) gesehen – vermutlich in Form von kürzeren Entwicklungszeiten und schnellerer Marktreife.

Mit wiederum schwächerer Ausprägung folgen die Gewährleistung von Kontinuität und Planungssicherheit (26 Prozent), der Erhalt beziehungsweise die Steigerung des Unternehmenswertes (26 Prozent), der Beitrag zum Wachstum (24 Prozent), die Prozess- und Ablaufoptimierung (22 Prozent) sowie die Kostensenkung (22 Prozent), wobei all diese Aspekte nahezu identisch bewertet werden (vgl. Tab. 19).

Die Sicht von Top-Performance-Unternehmen

Wenn die Befragungsergebnisse der Entscheider aus Unternehmen mit überdurchschnittlicher und unterdurchschnittlicher Performance verglichen werden, fällt folgendes Ergebnis besonders auf: Die Befragten aus leistungsstärkeren Unternehmen sehen deutlich häufiger äußerst positive Auswirkungen des Human Capital für den Unternehmenswert als Befragte aus leistungsschwächeren Unternehmen (Top-Box: 35 zu 18 Prozent). In der Beurteilung aller anderen Aspekte unterscheiden sich die beiden Gruppen nicht.

	Alle Entscheider	Personal-entscheider A	Vertriebs-entscheider B	Finanz-entscheider C
Kundenbindung bzw. -beziehung	57 % (n = 230)	49 % (B) (n = 108)	66 % (A) (n = 74)	63 % (n = 48)
Wettbewerbsfähigkeit	39 % (n = 231)	42 % (n = 108)	41 % (n = 74)	33 % (n = 49)
Produkte und Innovationen	39 % (n = 228)	42 % (n = 105)	42 % (n = 74)	27 % (n = 49)
Kontinuität und Planungssicherheit	26 % (n = 231)	25 % (n = 108)	34 % (n = 74)	18 % (n = 49)
Unternehmenswert	26 % (n = 231)	33 % (n = 108)	20 % (n = 74)	18 % (n = 49)
Wachstum	24 % (n = 230)	28 % (n = 108)	21 % (n = 73)	18 % (n = 49)
Prozesse und Abläufe	22 % (n = 229)	26 % (n = 107)	18 % (n = 73)	20 % (n = 49)
Kosten	22 % (n = 230)	24 % (n = 108)	16 % (n = 74)	25 % (n = 48)

Ausgewiesen: Stufe fünf einer Fünf-Punkte-Skala, wobei »fünf« »äußerst positive Auswirkungen« bedeutet.

Hinweis: Statistisch signifikante Unterschiede zwischen den Unternehmensbereichen werden durch eine Kennzeichnung angezeigt (p < 0,05). Buchstaben hinter dem Prozentwert zeigen diese Unterschiede gegenüber dem Wert der entsprechenden Spalte an.

Fragestellung:
»Sagen Sie mir nun bitte für jeden der nachfolgenden Aspekte, ob sich das Human Capital Ihrer Meinung nach darauf auswirkt. Bitte verwenden Sie eine Fünf-Punkte-Skala, wobei ›fünf‹ ›äußerst positive Auswirkungen‹ und ›eins‹ ›überhaupt keine positiven Auswirkungen‹ bedeutet. Mit den Werten dazwischen können Sie Ihre Meinung abstufen. Wie steht es mit ...?«
(Die Reihenfolge der Vorgaben wechselte von Interview zu Interview.)

Tabelle 19: Bedeutung des Human Capital für inzelne Komponenten des Unternehmenserfolgs (Ranking basierend auf der Top-Box-Bewertung)

Die Sicht der Human-Capital-Manager auf den Zusammenhang von Human Capital und Unternehmenswert

Bei Betrachtung der Top-2-Box, also der Stufen fünf und vier der Fünf-Punkte-Skala als kombiniertem Wert, zeigt sich, dass die positiven Auswirkungen des Human Capital auf den Unternehmenswert und das Wachstum von den Personalentscheidern als größer angesehen werden als von den Vertriebs- und Finanzentscheidern. Darüber hinaus stufen

	Alle Entscheider	Personal-entscheider A	Vertriebs-entscheider B	Finanz-entscheider C
Wettbewerbsfähigkeit	92 % (n = 231)	94 % (n = 108)	92 % (n = 74)	90 % (n = 49)
Kundenbindung bzw. -beziehung	90 % (n = 230)	89 % (n = 108)	92 % (n = 74)	90 % (n = 48)
Produkte und Innovationen	77 % (n = 228)	75 % (n = 105)	78 % (n = 74)	78 % (n = 49)
Kontinuität und Planungssicherheit	71 % (n = 231)	73 % (n = 108)	72 % (n = 74)	67 % (n = 49)
Wachstum	70 % (n = 230)	78 % (B,C)(n=108)	63 % (A) (n = 73)	63 % (A)(n=49)
Unternehmenswert	66 % (n = 231)	75 % (B,C)(n=108)	58 % (A) (n = 74)	59 % (A)(n=49)
Prozesse und Abläufe	65 % (n = 229)	73 % (C) (n = 107)	60 % (n = 73)	55 % (A)(n=49)
Kosten	59 % (n = 230)	69 % (n = 108)	47 % (n = 74)	56 % (n = 48)

Ausgewiesen: Stufe fünf und vier auf einer Fünf-Punkte-Skala, wobei »fünf« »äußerst positive Auswirkungen« bedeutet.

Hinweis: Statistisch signifikante Unterschiede zwischen den Unternehmensbereichen werden durch eine Kennzeichnung angezeigt (p < 0,05). Buchstaben hinter dem Prozentwert zeigen diese Unterschiede gegenüber dem Wert der entsprechenden Spalte an.

Fragestellung:
»Sagen Sie mir nun bitte für jeden der nachfolgenden Aspekte, ob sich das Human Capital Ihrer Meinung nach darauf auswirkt. Bitte verwenden Sie eine Fünf-Punkte-Skala, wobei ›fünf‹ ›äußerst positive Auswirkungen‹ und ›eins‹ ›überhaupt keine positiven Auswirkungen‹ bedeutet. Mit den Werten dazwischen können Sie Ihre Meinung abstufen. Wie steht es mit ...?«
(Die Reihenfolge der Vorgaben wechselte von Interview zu Interview.)

Tabelle 20: Bedeutung des Human Capital für einzelne Komponenten des Unternehmenserfolgs (Ranking basierend auf der Top-2-Box Bewertung)

sie die Folgen für Abläufe und Prozesse positiver ein als die Finanzentscheider und den Kostenaspekt positiver als die Vertriebsentscheider (vgl. Tab. 20).

Während in der öffentlichen Diskussion das Human Capital als wichtiger Wettbewerbsfaktor der Unternehmen und des Wirtschaftsstandorts verstärkte Aufmerksamkeit erfährt, sind die Entscheider in den Unternehmen hierzulande noch nicht mehrheitlich von seiner entscheidenden Rolle überzeugt. Für die Zukunft rechnen lediglich vier

	Alle Entscheider (n = 229)	Personal-entscheider (n = 106) A	Vertriebs-entscheider (n = 74) B	Finanz-entscheider (n = 49) C
Bedeutungszunahme	44 %	44 %	46 %	41 %
Bedeutungsabnahme	4 %	3 %	4 %	4 %
Keine Veränderung	52 %	53 %	50 %	55 %

Hinweis: Statistisch signifikante Unterschiede zwischen den Unternehmensbereichen werden durch eine Kennzeichnung angezeigt (p < 0,05). Buchstaben hinter dem Prozentwert zeigen diese Unterschiede gegenüber dem Wert der entsprechenden Spalte an.

Fragestellung:
»Wenn Sie über die zukünftige Bedeutung des Human Capital für den Erfolg Ihres Unternehmens nachdenken, würden Sie sagen, dass diese (zunehmen wird), (abnehmen wird) oder sich nicht wesentlich verändern wird?«
(Die Reihenfolge der Vorgaben variierte von Interview zu Interview.)

Tabelle 21: Zukünftige Bedeutung des Human Capital für den Unternehmenserfolg

	Alle Entscheider (n = 222)	Personal-entscheider (n = 100) A	Vertriebs-entscheider (n = 73) B	Finanz-entscheider (n = 49) C
Ja	55 %	56 %	47 %	65 %
Teilweise	15 %	11 % (B)	23 % (A)	12 %
Nein	30 %	33 %	30 %	22 %

Hinweis: Statistisch signifikante Unterschiede zwischen den Unternehmensbereichen werden durch eine Kennzeichnung angezeigt (p < 0,05). Buchstaben hinter dem Prozentwert zeigen diese Unterschiede gegenüber dem Wert der entsprechenden Spalte an.

Fragestellung:
»Haben sich aus Ihrer Sicht in Ihrem Unternehmen in den letzten Jahren Veränderungen im Umgang mit dem Human Capital ergeben?«

Tabelle 22: Veränderung im Umgang mit dem Human Capital im Vergleich zu früher

von zehn Entscheidern (44 Prozent) damit, dass das Human Capital für den Unternehmenserfolg an Bedeutung gewinnt; eine sinkende Rele-

	Alle Entscheider (n = 153) A	Personalentscheider (n = 65) B	Vertriebsentscheider (n = 51) C	Finanzentscheider (n = 37)
(5) Äußerst positiv	18 %	20 %	10 %	24 %
(4)	47 %	45 %	49 %	49 %
(3)	19 %	19 %	22 %	16 %
(2)	14 %	14 %	20 %	8 %
(1) Überhaupt nicht positiv	2 %	3 %	0 %	3 %
Top-2-Box	65 %	65 %	59 %	73 %
Bottom-2-Box	16 %	17 %	20 %	11 %

Basis: Befragte, die von einem veränderten beziehungsweise teilweise veränderten Umgang mit dem Human Capital in ihrem Unternehmen in den letzten Jahren berichteten.

Hinweis: Statistisch signifikante Unterschiede zwischen den Unternehmensbereichen werden durch eine Kennzeichnung angezeigt (p < 0,05). Buchstaben hinter dem Prozentwert zeigen diese Unterschiede gegenüber dem Wert der entsprechenden Spalte an.

Fragestellung:
»Wie bewerten Sie diese Veränderungen insgesamt? Bitte verwenden Sie eine Fünf-Punkte-Skala, wobei ›fünf‹ ›äußerst positiv‹ und ›eins‹ ›überhaupt nicht positiv‹ bedeutet. Mit den Werten dazwischen können Sie Ihre Meinung abstufen.«

Tabelle 23: Bewertung der wahrgenommenen Veränderungen im Umgang mit dem Human Capital

vanz erwartet so gut wie niemand (4 Prozent). Jeder zweite Befragte (52 Prozent) ist der Auffassung, dass es beim Status quo bleibt (vgl. Tab. 21).

Jedem zweiten Entscheider (55 Prozent) zufolge hat sich in dessen Unternehmen in den letzten Jahren der Umgang mit dem Human Capital verändert; jeder siebente (15 Prozent) nimmt einen derartigen Wandel zumindest teilweise wahr (vgl. Tab. 22).

Zwei Drittel der Befragten, die von einem Wandel oder einer teilweisen Veränderung im Umgang mit dem Human Capital in den letzten Jahren berichten, bewerten diese Veränderung positiv (Top-2-Box), ein knappes Fünftel (18 Prozent) bezeichnet sie sogar als *äußerst positiv* (Top-Box). Diese Wahrnehmung ist ressortübergreifend (vgl. Tab. 23).

Wie wirkt sich die wahrgenommene Veränderung im Umgang mit dem Human Capital im eigenen Unternehmen auf die Bewertung seiner zukünftigen Bedeutung aus? Um diese Frage zu beantworten, wurden die Aussagen derjenigen, die von einer Bedeutungszunahme ausgehen, mit den Aussagen jener Befragten verglichen, die keine Bedeutungsänderung im Umgang mit dem Human Capital erwarten. Das Ergebnis: Von denen, die von einer Bedeutungszunahme ausgehen, bezeichnen 30 Prozent die Veränderungen im eigenen Unternehmen im Umgang mit dem Human Capital als äußerst positiv, bei denen, die keine Veränderung erwarten, sind es nur sechs Prozent (Top-Box). Kurzum: Wer positiven Wandel oder die Ansätze eines solchen im Umgang mit dem Human Capital spürt, misst dem Faktor Mensch für die Zukunft größere Bedeutung hinsichtlich des Unternehmenserfolgs bei – vermutlich weil sich bereits positive Effekte im Unternehmen bemerkbar machen und die grundlegende Aufmerksamkeit für den Werttreiber Human Capital höher ausfällt.

1   Vgl. Berthel, J.: *Personalmanagement. Grundzüge für Konzeptionen betrieblicher Personalarbeit*, Stuttgart 1979
2   Für jedes Interview wurden die Vorgaben per Zufall so zusammengestellt, dass sich jeweils eine andere Reihenfolge ergab. Hintergrund hierfür war die Vermeidung von Reihenfolgeeffekten.
3   Von Interview zu Interview wurden die Fragenblöcke ausgetauscht, so dass in einem Interview zuerst die Anforderungen an Führungskräfte abgefragt wurden, im nächsten zuerst die Anforderungen an Mitarbeiter ohne Führungsverantwortung.
4   Die beiden Vorgaben »informelle Interviews« und »strukturierte Interviews und Tests« wechselten in der Anordnung, um mögliche Effekte auf das Antwortverhalten der Befragten durch die Erst- beziehungsweise Zweitnennung der Vorgabe ausschließen zu können.
5   Im Rahmen der Fragestellung wechselten die beiden Antwortoptionen »der jeweilige Fachbereich (Linienfunktion)« und »die Personalfachleute« die Reihenfolge, um mögliche Effekte auf das Antwortverhalten der Befragten durch die Erst- beziehungsweise Zweitnennung ausschließen zu können. Die Antwortoption »beide gemeinsam« wurde hingegen immer als dritte und letzte Antwortoption genannt.

6   Vgl. Welp, C.: »Klare Perspektive«, in: *Wirtschaftswoche*, 32, 2005, S. 28
7   Vgl. Coffman, C./Gonzalez-Molina, G.: *Managen nach dem Gallup-Prinzip. Entfesseln Sie das Potenzial Ihrer Mitarbeiter*, Frankfurt a. M. und New York 2003, S. 159 ff.
8   Vgl. Landesarbeitsamt NRW: *IAB-Betriebspanel NRW 2002, Teil 2: Ältere im Betrieb*, 2. Aufl., Düsseldorf 2003, S. 4
9   Vgl. »Kein altes Eisen. Generation ›50 plus‹: fördern statt ausmustern«, in: *Apotheken Umschau*, 8, 2005, S. 56–61, hier S. 57
10 Vgl. http://www.dradio.de/dlf/sendungen/marktplatz/352134/ vom 28.4.2005
11 Die Daten wurden im Rahmen des Gallup-Engagement-Indexes Deutschland 2005 erhoben. Bei diesem handelt es sich um eine seit dem Jahr 2001 im Jahresrhythmus durchgeführte Studie, die den Bindungsgrad von Arbeitnehmern an ihre tägliche Arbeit ermittelt. Für die aktuelle Untersuchung (2005) wurden 1863 Arbeitnehmer ab 18 Jahre in der Bundesrepublik Deutschland befragt. Die Auswahl der Befragten erfolgte nach dem Zufallsprinzip (Randomize-Last-Digits-Technik sowie Geburtstagsauswahl). Durchgeführt wurde die Befragung mittels computergestützter Telefoninterviews (CATI) zwischen dem 11. April und dem 21. Mai 2005. Geringe Abweichungen der Soll-Struktur wurden durch Gewichtung der Merkmale »Alter« und »Geschlecht« (Basis: Statistisches Bundesamt) ausgeglichen. Die Ergebnisse sind repräsentativ für die Arbeitnehmerschaft in der Bundesrepublik Deutschland.
12 Abwechselnd von Interview zu Interview wurde einmal der 50-jährige Kandidat zuerst genannt, einmal zuerst der 35-jährige, um mögliche Effekte auf das Antwortverhalten der Befragten durch die Erstnennung beziehungsweise Zweitnennung ausschließen zu können.
13 Vgl. Landesarbeitsamt NRW: *IAB-Betriebspanel NRW 2002, Teil 2: Ältere im Betrieb*, 2. Aufl., Düsseldorf 2003, S. 17
14 Dabei machte es im Hinblick auf die Einstellung von älteren Arbeitnehmern keinen Unterschied, ob die Befragten ältere Mitarbeiter als wichtig oder unwichtig für den Unternehmenserfolg eingestuft hatten.
15 Die Daten wurden im Rahmen des Gallup-Engagement-Indexes Deutschland 2005 erhoben. Vgl. Anmerkung 11.
16 Vgl. Bundesagentur für Arbeit: *Der Arbeits- und Ausbildungsstellenmarkt in Deutschland. Monatsbericht Juli 2005*, Tabellenanhang: Arbeitslose und Arbeitslosenquoten, 2005, S. 66
17 Die Daten wurden im Rahmen des Gallup-Engagement-Indexes Deutschland 2005 erhoben. Vgl. Anmerkung 11.
18 Vgl. »Kein altes Eisen. Generation ›50 plus‹: fördern statt ausmustern«, in: *Apotheken Umschau*, 8, 2005, S. 56–61, hier S. 59f.
19 Die Daten wurden im Rahmen des Gallup-Engagement-Indexes Deutschland 2005 erhoben. Vgl. Anmerkung 11.
20 Die Daten wurden im Rahmen des Gallup-Engagement-Indexes Deutschland 2005 erhoben. Vgl. Anmerkung 11.
21 Vgl. »Kein altes Eisen. Generation ›50 plus‹: fördern statt ausmustern«, in: *Apotheken Umschau*, 8, 2005, S. 56–61, hier S. 60

Die Ergebnisse

22 Vgl. »Senioren gesucht« (http://www.spiegel.de/wirtschaft/0,1518,304268,00.html) vom 2.7.2005

23 Vgl. Künzel, P.: »Viel Arbeit. Der alte, große Apparat ist ins Stocken geraden. Doch im Kleinen werden viel versprechende Job vermittelt. Ein paar Beispiele von vielen«, in: *brand eins*, 7/2005, S. 113

24 Vgl. u.a. Kaiser, S./Müller-Seitz, G./Ringlstetter, M.: »Der Einfluss der Kundenzufriedenheit auf die Mitarbeiterzufriedenheit bei wissensintensiven Dienstleistungen« (Herbstworkshop der Kommission Personalwesen, 16./17.9.2005; Berlin)

25 Vgl. Coffman, C./Gonzalez-Molina, G.: *Managen nach dem Gallup-Prinzip. Entfesseln Sie das Potenzial Ihrer Mitarbeiter,* Frankfurt a.M. und New York 2003, S. 25

26 Vgl. Rasche, U.: »Morgens Managerin, abends Mutter. Immer mehr Unternehmen bieten Frauen Teilzeitarbeitsplätze an, um Geld zu sparen und die Vereinbarkeit von Karriere und Beruf zu ermöglichen«, in: *FAZ,* 26.5.2004, S. 3

27 Erwerbstätige ab 18 Jahre (ohne Selbstständige, mithelfende Familienangehörige).

28 Der Bindungsgrad wird anhand von zwölf Aussagen zum Arbeitsplatz beziehungsweise -umfeld, den so genannten $Q^{12®}$, bestimmt, die im Zusammenhang mit einer Reihe von Ergebniskennzahlen (Kundenbindung, Rentabilität, Produktivität, Mitarbeiterfluktuation, Arbeitssicherheit) stehen (vgl. Coffman, C./Gonzalez-Molina, G.: *Managen nach dem Gallup-Prinzip. Entfesseln Sie das Potenzial Ihrer Mitarbeiter,* Frankfurt a.M. und New York 2003, S. 121). Basierend auf dem Grad der Zustimmung zu den Aussagen auf einer Skala von eins (stimme überhaupt nicht zu) bis fünf (stimme vollständig zu) werden die für die Befragung zufällig ausgewählten Arbeitnehmer ab 18 Jahre den Kategorien »ohne emotionale Bindung«, »geringe emotionale Bindung« und »hohe emotionale Bindung« zugeordnet. Mitarbeiter, die eine hohe emotionale Bindung aufweisen, wollen Spitzenleistung erbringen und geben alles für den Erfolg. Sie stellen eine Kraft dar, die die Geschäftsentwicklung positiv beeinflusst. Mitarbeiter, die eine geringe emotionale Bindung aufweisen, haben ein eher ambivalentes Verhältnis zu ihrem Job. Sie erledigen nur das Notwendige, leisten Dienst nach Vorschrift. Mitarbeiter ohne emotionale Bindung haben entweder resigniert und die innere Kündigung vollzogen oder hassen das, was sie tagtäglich tun, sind also physisch präsent, psychisch jedoch nicht. Sie zeigen Verhaltensweisen, die den Interessen des Unternehmens zuwiderlaufen. Das bedeutet in der Folge Kundenabwanderungen, eine höhere Anzahl an Fehltagen und eine niedrigere Produktivität. Sie sind unglücklich mit ihrer Arbeitssituation und lassen dies auch die Kollegen wissen, so dass die Gefahr eines Ansteckungseffekts besteht. Die Profile der drei Gruppen sind nachzulesen bei: Coffman, C./Gonzalez-Molina, G.: *Managen nach dem Gallup-Prinzip. Entfesseln Sie das Potenzial Ihrer Mitarbeiter,* Frankfurt a.M. und New York 2003, S. 122ff.; der Wortlaut und die Entstehungsgeschichte der zwölf Aussagen sind nachzulesen bei: Buckingham, M./Coffman, C.: *Erfolgreiche Führung gegen alle Regeln. Wie Sie wertvolle Mitarbeiter gewinnen, halten und fördern,* Frankfurt a.M. und New York 2002.

29 Der Begriff »regelmäßig« wurde dabei bewusst nicht definiert, seine Interpretation lag bei den Auskunftgebenden.

30 Die Befragten hatten bei dieser Frage die Möglichkeit, mehrere Antworten zu geben (bis zu drei Angaben), wobei der Interviewer die Anweisung hatte, nicht explizit

nachzufragen, ob die Auskunftgebenden noch etwas hinzufügen wollten, wenn sie eine »Antwortpause« einlegten und noch keine drei Vorgaben genannt hatten. Erfolgte nach der ersten oder zweiten Angabe keine weitere, wurde mit der nächsten Frage fortgefahren. Infolge der Mehrfachnennungen addieren sich die Prozentwerte bei dieser Frage auf mehr als 100.

31   Vgl. »Manager müssen mehr motivieren«, in: *FAZ*, 17.9.2005, S. 63

32   Vgl. Nink, M./Wood, G.: »Emotionale Bindung – Der Schlüssel zu hoher Mitarbeitermotivation«, in: forum! GmbH marketing + communications/DGQ Deutsche Gesellschaft für Qualität e. V. (Hrsg.): *EXBA 2004 Benchmarkstudie zur Excellence in der deutschen Wirtschaft*, Mainz 2004, S. 30

33   Die Befragten hatten bei dieser Frage die Möglichkeit, mehrere Antworten zu geben (bis zu drei Angaben), wobei der Interviewer die Anweisung hatte, nicht explizit nachzufragen, ob die Auskunftgebenden noch etwas hinzufügen wollten, wenn sie nach einer oder zwei Angaben eine »Antwortpause« einlegten. In diesem Fall wurde mit der nächsten Frage fortgefahren. Infolge der Mehrfachnennungen addieren sich die Prozentwerte bei dieser Frage auf mehr als 100.

34   Die Rendite von Human-Capital-Maßnahmen zu messen stellt dabei kein unlösbares Problem dar. Gallup zeigt beispielsweise seinen Kunden in der Regel den Zusammenhang zwischen den weichen und harten Faktoren auf, indem die Ergebnisse der Mitarbeiterbefragung auf Arbeitsgruppenebene (gemessen mittels $Q^{12®}$) mit Unternehmenskennzahlen auf dieser Ebene verknüpft werden.

35   Vgl. Kroeber-Riel, W./Weinberger, P.: *Konsumentenverhalten*, 7., verb. und erg. Aufl., München 1999, S. 498 ff.

36   Zu detaillierten Ausführungen zur Gruppenbildung vgl. Anmerkung 28.

37   Hochgerechnet ergibt sich hieraus ein Mehr an Fehltagen von knapp 11,4 Millionen, wodurch Kosten in Höhe von rund 1,68 Milliarden Euro durch Arbeitsausfall entstehen (nur Lohn- und Gehaltskosten). Grundlage der Berechnung: 31,66 Millionen Erwerbstätige ab 18 Jahre (ohne Selbstständige, mithelfende Familienangehörige), davon weisen 4,12 Millionen eine hohe emotionale Bindung an ihre Arbeit auf (13 Prozent) und 5,70 Millionen gehören der Gruppe ohne emotionale Bindung an (18 Prozent); Anzahl der Fehltage basierend auf der Selbstauskunft der Befragten; monatliches Durchschnittseinkommen in Deutschland (brutto) auf durchschnittlich 20 Arbeitstage pro Monat bezogen (147,30 Euro pro Tag).

38   Vgl. »Ideenmanagement. Siemens vor VW und Post«, in: *Wirtschaftswoche*, 15, 2005, S. 14

39   Vgl. Zedtwitz-Arnim, G.-V. Graf: *Tu Gutes und rede darüber. Public Relations für die Wirtschaft*, Berlin 1961, S. 41

40   Mit Blick auf die Unternehmensperformance zeigt sich, dass Unternehmen mit einer unterdurchschnittlichen Unternehmensperformance deutlich seltener Ausbildungsplätze anbieten sowie Werbung in den Medien machen als Unternehmen mit einer überdurchschnittlichen Unternehmensperformance (29 zu 9 Prozent sowie 59 zu 39 Prozent). Der Unterschied beruht sicher auf den finanziellen Spielräumen der erfolgreichen Unternehmen, allerdings konnte in der Studie nicht ermittelt werden, ob Unternehmen erst mit eintretenden schlechten Unternehmensergebnissen ihre Aus-

bildungs- und Marketingaktivitäten reduzierten oder ob dies bereits in wirtschaftlich erfolgreichen Jahren der Fall war.

41   Von Interview zu Interview wurde die Reihenfolge der Bewerber gewechselt, so dass in einem Interview zuerst der interne Kandidat Erwähnung fand, im nächsten zuerst der externe, um mögliche Effekte auf das Antwortverhalten der Befragten durch die Erstnennung beziehungsweise Zweitnennung ausschließen zu können.

42   Bei der Ermittlung der Gründe für die Nichtinanspruchnahme von Weiterbildungstagen wurde eine »halboffene Frage« gestellt. Bei diesem Fragentyp handelt es sich um eine »geschlossene Frage«, bei der die Möglichkeit besteht, Antworten, die nicht bereits als Antwortvorgaben im Fragebogen aufgeführt sind, unter der Rubrik »Sonstiges« aufzunehmen. Den Befragten wurde dabei nur der Fragetext vorgelesen. Antwortoptionen wurden ihnen nicht vorgegeben. Diese sind nur dem Interviewer bekannt.

43   Es sei deshalb an dieser Stelle auf Studien verwiesen, die den Zusammenhang zwischen Investitionen in Weiterbildung und dem wirtschaftlichen Erfolg von Unternehmen untersuchten und positive Korrelationen ermittelten, zum Beispiel auf: Bassi, L./McMurrer, D.: »How's Your Return on People?«, in: *Harvard Business Review*, März 2004

44   Vgl. Bruhn, M./Homburg, C.: *Gabler Marketing Lexikon*, Wiesbaden 2001, S. 360

45   Pepels, W.: *Lexikon der Marktforschung*, München 1997, S. 169

46   Vgl. Homburg, C.: »Auf der Suche nach Kostenreserven in der Kundenstruktur. Produktivitätssteigerung in Marketing und Vertrieb oft vernachlässigt«, in: *Blick durch die Wirtschaft*, 30.8.1994, S. 7

47   Vgl. Pepels, W.: *Lexikon des Marketings*, München 1996, S. 499

48   Coffman, C./Gonzalez-Molina, G.: *Managen nach dem Gallup-Prinzip. Entfesseln Sie das Potenzial Ihrer Mitarbeiter*, Frankfurt a. M. und New York 2003, S. 143

49   Veranschaulichen lässt sich dies beispielsweise anhand des *Kundenmonitors Deutschland*, einer branchenübergreifenden Benchmarking-Studie zur Kundenorientierung im Business-to-Consumer-Markt. Exemplarisch wurden einige Branchen ausgewählt, für die seit Mitte der neunziger Jahre Daten auf Jahresbasis vorliegen, um die Entwicklung im Zeitverlauf verfolgen zu können. Die ausgewählten Branchen: Banken und Sparkassen, Bau- und Heimwerkermärkte, Drogeriemärkte/-geschäfte, Lebensmittelmärkte/-geschäfte, Reiseveranstalter, Paket- und Expressdienste. Vgl. http://www.servicebarometer.de/kundenmonitor2005/bsp_zuf.php vom 14.10.2005; http:// www.servicebarometer.de/kundenmonitor2004/bsp_zuf.php vom 14.10.2005; http://www.servicebarometer.de/kundenmonitor2001/ (Branchenvergleiche, Download der Tabellen vom 14.10.2005)

50   Die im Rahmen des Engagement-Indexes Deutschland (2004) vorgelegte Aussage wurde dabei nicht mit den Worten »Ich strenge mich immer an, ...« eingeleitet, sondern mit »Meine Kollegen strengen sich immer an, ...«. Diese Formulierung sollte einer Ergebnisverzerrung entgegenwirken. Dementsprechend wurde nicht nach dem Arbeitnehmer selbst gefragt, da niemand von sich aus zugeben würde, dass er nicht alles daransetzt, Kunden zufrieden zu stellen, was eine schlechte Arbeitsleistung seinerseits implizieren würde. Mit »Meine Kollegen« wird diese Problematik umgangen und ein Abbild des direkten Umfeldes gegeben.

51   Eine tabellarische Übersicht für den numerischen Wert des Korrelationskoeffizienten r und der entsprechenden verbalen Bezeichnung der Korrelationsbeziehung findet sich in: Koschnik, W. J.: *Standard-Lexikon für Markt- und Konsumforschung*, München u.a. 1995, S. 543
52   Vgl. Horstmann, R.: »Der enge Zusammenhang zwischen Kundenzufriedenheit und Kundenbindung. Unterschiedliche Einflüsse. Wie groß ist die Bereitschaft, einen Vertrag zu verlängern oder ein Unternehmen weiterzuempfehlen?«, in: *Blick durch die Wirtschaft*, 15.6.1998, S. 6
53   Die Befragten hatten bei dieser Frage die Möglichkeit, mehrere Antworten zu geben (bis zu drei Angaben), wobei der Interviewer die Anweisung hatte, nicht explizit nachzufragen, ob die Auskunftgebenden noch etwas hinzufügen möchten, wenn sie nach ein oder zwei Angaben eine »Antwortpause« einlegten. Erfolgte seitens der Befragten nach der ersten oder zweiten Antwort keine weitere Angabe, wurde mit der nächsten Frage fortgefahren. Infolge der Mehrfachnennungen addieren sich die Prozentwerte bei dieser Frage auf mehr als 100.
54   Beispielsweise Aufwands- und Kostengründe, da eine Ergebnisaufschlüsselung bis auf die kleinstmögliche Ebene entsprechende Befragtenzahlen voraussetzt.
55   Vgl. McEwen, W. J.: »Building a Brand Marriage That Lasts. Key findings from a decade of interviews with consumers«, in: *Gallup Management Journal*, 11.8.2005
56   Die Befragten hatten bei dieser Frage die Möglichkeit, mehrere Antworten zu geben (bis zu drei Angaben), wobei der Interviewer die Anweisung hatte, nicht explizit nachzufragen, ob die Auskunftgebenden noch etwas hinzufügen wollten, wenn sie eine »Antwortpause« einlegten. Erfolgte seitens der Befragten nach der ersten oder zweiten Antwort keine weitere Angabe, wurde mit der nächsten Frage fortgefahren. Infolge der Mehrfachnennungen addieren sich die Prozentwerte bei dieser Frage auf mehr als 100.
57   Buckingham, M./Coffman, C.: *Erfolgreiche Führung gegen alle Regeln. Wie Sie wertvolle Mitarbeiter gewinnen, halten und fördern*, Frankfurt a.M. und New York 2002, S. 128
58   Vgl. Pressemeldung der Mediaedge:cia vom 13.5.2004: Mund-zu-Mund-Propaganda: Große Wirkung beim Verbraucher.
59   Vgl. Gladwell, M.: *Tipping Point. Wie kleine Dinge Großes bewirken können*, Berlin 2002, S. 119f.
60   Vgl. Kroeber-Riel, W./Weinberger, P.: *Konsumentenverhalten*, 7., verb. und erg. Aufl., München 1999, S. 498ff.
61   Bei den Daten handelt es sich um bisher unveröffentlichte Daten aus dem Gallup-Engagement-Index Deutschland 2001 bis 2005.
62   Bei den Daten handelt es sich um bisher unveröffentlichte Daten aus dem Gallup-Engagement-Index Deutschland 2005.
63   Vgl. Metje, M./Mentzel, I.: »Kunden in der Beziehungskrise. Studie: Kundenzufriedenheitsmanagement bei wachsender Entkopplung von Zufriedenheit und Bindung«, in: *QZ*, 6, 2003, S. 594
64   Vgl. Wood, G./Fleming, J./Nink, M. (2004), S. 361f.
65   Vgl. auch Seufert, A./Krogh, G. von/Bach, A.: »Towards knowledge networking«, in: *Knowledge Management*, 3(3), 1999, S. 180–190

66 Vgl. Coffman, C./Gonzalez-Molina, G.: *Managen nach dem Gallup-Prinzip. Entfesseln Sie das Potenzial Ihrer Mitarbeiter,* Frankfurt a. M. und New York 2003, S. 146

67 Vgl. Coffman, C./Gonzalez-Molina, G.: *Managen nach dem Gallup-Prinzip. Entfesseln Sie das Potenzial Ihrer Mitarbeiter,* Frankfurt a. M. und New York 2003, S. 152

68 Vgl. Wood, G./Nink, M.: »Der Konsument im Brennpunkt – Wie die Besten ihre Kunden binden (Gallup $CE^{11®}$-Studie 2004)«, in: forum! GmbH marketing + communications/DGQ Deutsche Gesellschaft für Qualität e. V. (Hrsg.): *EXBA 2004 Benchmarkstudie zur Excellence in der deutschen Wirtschaft,* Mainz 2004, S. 45

69 Sie können damit zu einem Alleinstellungsmerkmal werden. Damit sind sie das fünfte P im Marketing: für »People«. Bei den vier anderen P handelt es sich um Produkt, Distribution, Werbung und Preis. Vgl. Coffman, C./Gonzalez-Molina, G.: *Managen nach dem Gallup-Prinzip. Entfesseln Sie das Potenzial Ihrer Mitarbeiter,* Frankfurt a. M. und New York 2003, S. 152 f.

70 Vgl. Nieder, M.: »Die Macht der ›Blaukittel‹«, in: *SZ,* 27.5.2002, S. 22

71 Vgl. Nieder, M.: »Die Macht der ›Blaukittel‹«, in: *SZ,* 27.5.2002, S. 22

72 Vgl. Coffman, C./Gonzalez-Molina, G.: *Managen nach dem Gallup-Prinzip. Entfesseln Sie das Potenzial Ihrer Mitarbeiter,* Frankfurt a. M. und New York 2003, S. 167

73 Vgl. »Variable Vergütung bei Arbeitnehmern unbeliebt«, in: *FAZ,* 10.9.2005, S. 59

74 Vgl. Bundesagentur für Arbeit: Der Arbeits- und Ausbildungsstellenmarkt in Deutschland. Monatsbericht Juli 2005, Tabellenanhang: Arbeitslose und Arbeitslosenquoten, 2005

75 Vgl. Bundesanstalt für Arbeit, Presseinformation Nr. 54, 7.8.2002: Die Entwicklung des Arbeitsmarktes im Juli 2002

76 Bei den Daten handelt es sich um bisher unveröffentlichtes Material aus dem Gallup-Engagement-Index Deutschland 2001 bis 2005.

77 Vgl. Bundesagentur für Arbeit: Der Arbeits- und Ausbildungsstellenmarkt in Deutschland. Monatsbericht Juli 2005, Tabellenanhang: Arbeitslose und Arbeitslosenquoten, 2005

IV Lösungsansätze

Probleme der aktuellen Human-Capital-Strategien

Es geht in dieser Studie nicht um eine »Pseudoquantifizierung« des Human Capital. Vielmehr lehnen wir die Bemühungen einiger Wirtschaftswissenschaftler in Deutschland ab, die Arbeitnehmerinnen und Arbeitnehmer auf Formeln und Kennziffern reduzieren zu wollen, da diese Ansätze viel zu kurz greifen. Keine Formel und keine Kennziffer wird dem Individuum gerecht. Jeder Versuch, den Menschen im Unternehmen absolut quantifizierbar und durch mathematische Konstrukte steuerbar zu machen, wird zu verheerenden Ergebnissen führen. Arbeitnehmerinnen und Arbeitnehmer müssen ganzheitlich eingestellt, entwickelt, geführt und motiviert werden – eben wie sie sind: individuell.

Dies setzt voraus, dass sämtliche Human-Capital-Strategien einem ganzheitlichen Ansatz folgen, den wir in diesem Kapitel darlegen wollen. Diese Erkenntnis ist umso wichtiger, als aufgrund des demografischen Wandels nicht das Unternehmen, sondern die Arbeitnehmerinnen und Arbeitnehmer über den Erfolg oder Misserfolg im globalisierten Markt bestimmen werden.

Wer die Menschen auf Kennziffern reduzieren will, wird am emotionalen Widerstand der Beschäftigten scheitern – dies kann nicht Ziel der Unternehmenspolitik sein.

Es soll freilich nicht der Eindruck erweckt werden, dass Human Capital überhaupt nicht zu bewerten ist. Wie die von uns in Kapitel III dargelegten Ergebnisse der aktuellen Gallup-The-Value-Group-Studie zeigen, die durch die zitierten Gallup-Studien untermauert werden, ist die Optimierung von Human Capital eine absolute Notwendigkeit, um den messbaren, steuerbaren und nachhaltigen Erfolg von Unternehmen zu sichern. Wir wissen aus Langzeitstudien, die weltweit in allen wesentlichen Wirtschaftsländern durchgeführt worden sind, dass Unternehmen, die ganzheitliche Human-Capital-Strategien verfolgen, eine höhere Produktivität und Rentabilität sowie bessere Kundenbindungs- und Börsenwerte vorweisen.

Vor allem der Zusammenhang zwischen dem optimierten Human Capital und der Kundenbindung wird in diesen Unternehmen erkannt und konsequent berücksichtigt – nichts stärkt das nachhaltige Wachstum von Unternehmen so sehr wie hoch gebundene Kunden. Darüber hinaus verbuchen Unternehmen, die ganzheitliche Human-Capital-Strategien anwenden, eine geringere ungewollte Fluktuation sowie weniger Fehltage von Mitarbeitern, und sie profitieren von einem besseren Image nach innen und nach außen.

Das heißt, die positiven wirtschaftlichen Aspekte eines ganzheitlichen Ansatzes im Umgang mit dem Human Capital sind nicht zu übersehen; sie sind übrigens messbar und nachhaltig steuerbar. Aber im Gegensatz zu den derzeit in Deutschland gängigen Methoden zeigen die Gallup-The-Value-Group-Studien, dass das »Humane« beim Thema Human Capital im Vordergrund stehen muss.

Die dargestellten Ergebnisse der Gallup-The-Value-Group-Studie machen deutlich, dass das Human Capital in deutschen Unternehmen sehr unterschiedlich behandelt wird. Eine übereinstimmende Verzahnung im Umgang mit dem im Unternehmen befindlichen Human Capital ist zwischen den wichtigen Bereichen Personal (HR), Finanzen und Vertrieb nicht zu erkennen.

In der Tat hat die Studie ergeben, dass die Entscheidungsträger eher zu Lippenbekenntnissen neigen, als die Potenziale, die Arbeitnehmerinnen und Arbeitnehmer für den nachhaltigen Erfolg des Unternehmens haben, konsequent zu nutzen. Dabei werden die einzelnen Bereiche – ob Vertrieb, Finanzen oder Personal (HR) – das Kunststück der Verzahnung und die daraus sich ergebende einheitliche Human-Capital-Strategie allein nicht bewerkstelligen können.

Vielmehr muss der Impuls zur nachhaltigen Optimierung von Human Capital entweder »von oben« – also vom Vorstand oder von der Geschäftsleitung – oder »von außen« – also von Investoren, Ratinggesellschaften oder Banken – kommen. Die Unternehmensführungen und die Akteure, die diese finanziell unterstützen, müssen ein gesteigertes Interesse daran haben, dass ganzheitliche und langfristig erfolgreiche Human-Capital-Strategien etabliert werden.

Diese Studie zeichnet allerdings ein anderes Bild: In den repräsentativ untersuchten deutschen Unternehmen gibt es keine den zukünftigen Herausforderungen entsprechenden Strategien. Im Hinblick auf den Umgang mit Human Capital in Deutschland sind zwei Lager zu erkennen: die, die durch »Pseudoquantifizierung« den Faktor Mensch außer Acht lassen, und die, die in zielloser Orientierungslosigkeit alles Mögliche, aber nichts wirklich Effektives tun, um das Human Capital zu fördern, zu entwickeln und zu binden, so dass ihnen entscheidende Wettbewerbsvorteile entgehen.

Betrachtet man den Personalbereich vor allem von größeren Firmen, stößt man durchaus auf eine Vielzahl von Aktivitäten. Neben den notwendigen rein administrativen Aufgaben der Personalabteilung finden sich Tausende von Personalentwicklungsinstrumenten und -ansätzen. Das reicht von Kompetenzmodellen und Assessment-Centern, Persönlichkeitstests und Potenzialanalysen bis hin zu Motivationstrainings und anderen Schulungsmaßnahmen. Unternehmen führen seit Jahren diese und ähnliche Programme durch, um die so genannte Human Resource zu entwickeln und zu fördern.

Allerdings ist in den meisten Unternehmen noch nicht klar, mit welchem Erfolg diese Programme und Maßnahmen aus den Personalabteilungen wirklich eingesetzt werden. Wie diese Studie zeigt, ist zu befürchten, dass trotz der vielen Maßnahmen im Grunde eine Steigerung des Engagements, der Motivation und der Hingabe von Mitarbeitern für ihre Tätigkeit nicht erreicht wird.

Das Human Capital wird in deutschen Unternehmen zum Teil regelrecht vernichtet. Die Gallup-Studien der vergangenen fünf Jahre haben ergeben, dass eine erschreckend geringe Anzahl von Angestellten ihrer täglichen Arbeit mit hohem Engagement nachgeht. Im Jahre 2005 sind, wie bereits beschrieben, nur 13 Prozent aller Arbeitnehmerinnen und Arbeitnehmer emotional uneingeschränkt an das gebunden, was sie täglich tun.

Die Ergebnisse der Gallup-Studien sind seit Jahren konstant. Jahr für Jahr werden ca. 2000 Bundesbürger repräsentativ befragt, und zwar jedes Jahr verschiedene Menschen. Trotzdem bleiben die Ergebnisse stabil auf relativ niedrigem Niveau. Das zeigt zum einen, dass die Repräsentativität von Gallup gewährleistet wird, und zum anderen, dass die Studien sehr valide sind. Das ist insofern wichtig, als nicht schwankende Stimmungslagen wie etwa beim »Ifo-Geschäftsklimaindex« ermittelt werden sollen. Vielmehr wollen wir wissen, wie die innere Verfassung der Arbeitnehmerschaft in Deutschland aussieht. Wir wollen wissen, wie die Beschäftigten in Deutschland ihre tägliche Arbeit sehen.

Würde man nur nach den äußerlichen Bedingungen fragen, so würden wir eine Schwankung erleben, die keine Aussagen über die wirkliche Einstellung von Beschäftigten zu ihrer Arbeit zulässt.

Warum sind also deutsche Arbeitnehmerinnen und Arbeitnehmer in Bezug auf ihre Arbeit psychisch so wenig gebunden und welche Auswirkungen hat das auf den Erfolg von Unternehmen beziehungsweise auf die gesamtwirtschaftliche Situation in Deutschland? Wie wir aus Langzeitstudien und aus praktischen Untersuchungen in Unternehmen wissen, sinkt mit der emotionalen Bindung an die tägliche Arbeit auch die Produktivität der Beschäftigten. Wie bereits erwähnt, haben solche Mitarbeiter schlechtere Kundenbindungswerte, fehlen häufiger und haben negative Werte bei allen untersuchten Unternehmenskennzahlen – von Arbeitsunfällen und Inventurdifferenzen bis hin zur Innovations- und Leistungsbereitschaft. Für die deutsche Wirtschaft bedeutet dies nach dem derzeitigen Stand unserer Studienergebnisse ein Leistungspotenzial von ca. 250 Milliarden Euro pro Jahr. Zwar wird es keinem Unternehmen gelingen, 100 Prozent seiner Mitarbeiterinnen und Mitarbeiter emotional uneingeschränkt an sich zu binden. Doch im internationalen Vergleich ist das Niveau zu niedrig, um Bedingungen für einen nachhaltigen Erfolg in der globalisierten Weltwirtschaft zu schaffen.

Wir wissen, dass durchaus Human-Capital-Maßnahmen in größerer Zahl erfolgen. Es wird sogar viel zu viel gemacht – und auch viel Falsches. Zumindest scheinen die Aktivitäten im Bereich der Human Resources, so vielfältig sie auch sein mögen, nicht dazu geführt zu haben, dass sich die Beschäftigten in Deutschland stark mit ihrer Arbeit identifizieren. Im Gegenteil, die Maßnahmen demotivieren offenbar manchmal, statt zu motivieren. Dies wird in den Ergebnissen der nationalen Studien in Deutschland eindrucksvoll belegt.

Symptomatisch sind verzweifelte Sätze wie »Wir machen doch schon so viel«. Auf die Gegenfrage: »Und welchen nachweislichen Beitrag leisten diese Programme zum wirtschaftlichen Erfolg Ihres Unternehmens?«, bekommt man meistens nur ein Schulterzucken als Antwort.

Es ist nachgewiesen, dass der direkte Vorgesetzte die größte Wirkung auf das Arbeitsklima vor Ort hat. Jeder Vorgesetzte pflegt seinen eigenen Stil und schafft in seiner Arbeitsgruppe eine bestimmte Arbeitsatmosphäre. Genauso wie die Leistungsergebnisse im Unternehmen von Arbeitsgruppe zu Arbeitsgruppe variieren, so unterscheiden sich auch die Fähigkeiten von Führungskräften, ihre Mitarbeiter zu mehr Leistungs- und Kundenorientierung zu motivieren.

Die viel beschworene einheitliche Unternehmenskultur gibt es insofern nicht. Je weiter man sich von der Ebene der direkten Führung entfernt, desto geringer ist der Einfluss auf den Mitarbeiter. Der charismatische und beliebte CEO oder Geschäftsführer in einem Unternehmen beziehungsweise der populäre Ministerpräsident oder Minister in einer Bundesregierung haben nur bedingt eine Wirkung auf die Motivation von Mitarbeitern. Im Gegenteil: Wer sich auf die Redekünste und visionären Botschaften eines begabten Topmanagers verlässt, muss erfahren, dass dessen Wirkung schnell verpuffen kann. Wie viele Topführungskräfte sind an unternehmensinternen Widerständen gescheitert? Wie oft hat man schon gehört, dass der »frische Wind« eines neuen Topmanagers bald vorüberziehen wird, wenn man sich nur gut bedeckt hält und Geduld hat?

Immer wieder erleben Unternehmen, die mit groß angelegten Strategien, Visionen, Reformen und Change-Management versuchen, nachhaltige Veränderungen der Unternehmenskultur zu erzielen, dass sie nicht die gewünschten Ergebnisse erreichen. Denn zu häufig wird ignoriert, dass es nicht unbedingt auf eine einzige einheitliche Anstrengung ankommt; Unternehmen müssen sich vielmehr – wenn sie nachhaltige und konsistente Veränderungen erzielen wollen – auf die Stär-

Lösungsansätze

ken und Schwächen aller Führungskräfte und letztendlich aller Mitarbeiter konzentrieren. Eine Wunderwaffe gibt es nicht: Weder das Unternehmensleitbild noch Kompetenzmodelle und Führungsleitsätze werden es richten. Nur die konsequente Erkenntnis, dass es auf den Einzelnen ankommt, wird zu dem gewünschten Erfolg führen.

Klassische Ansätze beim Umgang mit dem Human Capital in Unternehmen setzen häufig auf das berühmte »Gießkannenprinzip«. Das bedeutet, dass entscheidende Personalfragen und Initiativen von oben vorgegeben werden. So verbringt das Topmanagement sehr viel Zeit mit der Formulierung von Unternehmensphilosophien, Unternehmensleitbildern und Kompetenzmodellen. Die Glaube daran, dass man durch zentrale Maßnahmen wirkliche Veränderungen erzielen kann, ist in deutschen Unternehmen stark ausgeprägt. Dabei behaupten wir nicht, dass die Formulierung von Unternehmensphilosophien und Leitbildern keine Berechtigung hat. Nur begehen Unternehmen oftmals den Fehler, dass sie sich auf diese zentralen Lösungen – samt den damit verbundenen Trainings und Kommunikationsworkshops – verlassen und hoffen, dass sie auf diese Weise ihre Ziele erreichen können.

An dieser Stelle sei erwähnt, dass die meisten Unternehmensleitbilder hierzulande sehr diffus und wenig verständlich sind. Auf jeden Fall sind sie im täglichen Handeln kaum umzusetzen. Man denke beispielsweise an solche Leitsätze wie »Walk the Talk« (ein echter Leitsatz aus einem Dax-30-Unternehmen) oder »We Can Do!« Diese Leitsätze sind wenig hilfreich, wenn es um die Steigerung einer Leistungs- und Kundenorientierung geht. Zudem ist die Umsetzung der Leitsätze nur schwer messbar.

Wenn man überhaupt Leitsätze und Philosophien einsetzt – und sie haben schon eine Berechtigung, denn Mitarbeiter wollen schließlich einen Sinn in ihrer Arbeit erkennen und sich mit den Zielen ihres Unternehmens identifizieren –, dann müssen sie sehr klar formuliert werden und letztlich zwei Anforderungen genügen:
– Der Sinn und Zweck des Unternehmens sollte klar dargestellt werden. Warum ist das Unternehmen auf dem Markt, welche Nutzen hat das Unternehmen für die Kunden?

– Es sollte eine klare Botschaft an die Mitarbeiter vermittelt werden. Jeder im Unternehmen sollte wissen, was von ihm erwartet wird. Je klarer die Sprache, desto besser.

Gallup hat im Laufe der Jahre drei grundsätzliche Aussagen entwickelt, die jederzeit als Bestandteil eines Unternehmensleitbildes, in welcher abgewandelten Form auch immer, benutzt werden können. Und zwar geht es dabei um die Erwartungen an Mitarbeiter. Erfolgreiche Führungskräfte erwarten, dass:
– ihre Mitarbeiter die Arbeit mit Exzellenz und Höchstleistung erfüllen. Die Exzellenz bezieht sich dabei auf die Qualität, die Höchstleistung auf die Effizienz;
– ihre Mitarbeiter einen produktiven Beitrag zum Unternehmenserfolg *und* zur Unternehmenskultur leisten (Mitarbeiter sollen erfolgreich agieren, aber nicht auf dem Rücken ihrer Mitstreiter oder – noch schlimmer – auf dem Rücken ihrer Kunden);
– ihre Mitarbeiter letztendlich den Kunden – ob externen oder internen – einen Wert bringen.

Erfolgsstrategien für ein »High-Performance«-Unternehmen

Die ganzheitliche Human-Capital-Strategie fußt im Wesentlichen auf zwei Faktoren. Zum einen brauchen Unternehmen sowie deren Investoren oder Shareholder eine Möglichkeit, sich schnell und unkompliziert valide Erkenntnisse über den Grad der Leistungs- und Kundenorientierung ihrer Mitarbeiter zu verschaffen, verbunden mit der Option, sie durch geeignete Maßnahmen zu steigern. Zum anderen müssen Unternehmen langfristige Veränderungsprozesse einleiten, um eine Nachhaltigkeit in der Steigerung der Leistungs- und Kundenorientierung zu generieren.

Den ersten Ansatz nennen wir die »Quick-Win-Strategie. Sie basiert auf empirischen Messungen, Veränderungsprozessen und erneuten Messungen. Diese Strategie ermöglicht eine erste Übersicht über den Umgang mit dem Human Capital im Unternehmen sowie über die Leistungs- und Kundenorientierung der Mitarbeiter. Den zweiten Ansatz nennen wir die »Dig-Deep«-Strategie; sie beschäftigt sich mit den langfristigen Veränderungsprozessen. Maßnahmen wie Personalauswahl, Personalentwicklung, Führungskräfteentwicklung oder leistungsbezogene Vergütung, die eine messbare und auch planbare Nachhaltigkeit im Veränderungsprozess verankern, gehören zur »Dig-Deep«-Strategie.

Die »Quick-Win«-Strategie

Innovation und innovatives Denken sollten nicht auf Produkte und Prozesse im Unternehmen beschränkt werden, sondern sich darüber hinaus auf die so genannten weichen Faktoren – auf das Human Capital im Unternehmen – richten. Sowohl der deutsche Mittelstand als auch Großunternehmen stehen durch die Globalisierung und die Erweiterung der EU unter enormem Wettbewerbsdruck. Dieser Druck wird noch weiter zunehmen. Um wettbewerbsfähig zu werden beziehungsweise zu bleiben, wird der Umgang mit dem eigenen Human Capital im Unternehmen (Mitarbeiter) und außerhalb des Unternehmens (Kunden) zum entscheidenden Erfolgsfaktor.

Die Gallup-Forschung hat in den letzten Jahren Konzepte entwickelt, die es den Unternehmen ermöglichen, die Bedeutung ihrer weichen Faktoren zu messen und Maßnahmen zu ergreifen, um eine systematische Steigerung der Effizienz und der Produktivität im Unternehmen herbeizuführen. Dabei wird ein besonderes Augenmerk auf die emotionale Bindung der Mitarbeiter einerseits und der Kunden andererseits gerichtet. Diese beiden Faktoren sind – neben einem funktionierenden Geschäftsmodell – erfolgstreibend, wenn man sie misst und systematisch steuert. Gallup nennt die nachfolgend beschriebene Vorgehensweise, die als Grundlage für die »Quick-Win«-Strategie dienen sollte, »HumanSigma«.

Seit fünf Jahren misst Gallup, wie bereits geschildert, in Deutschland den Grad der emotionalen Bindung deutscher Arbeiternehmerinnen und Arbeitnehmer an ihre tägliche Arbeit und ihren Arbeitgeber.

Die Messung erfolgt auf der Grundlage einer empirischen Langzeitstudie, die über 30 Jahre weltweit durchgeführt wurde. Dabei sind zwei Millionen Mitarbeiter sowie 80 000 Führungskräfte, organisiert in 366 000 Arbeitsgruppen in sechs Industrien und 36 Ländern, interviewt worden, um jene weichen Faktoren zu ermitteln, die mit Unternehmenskennzahlen, den harten Faktoren, direkt korrelierbar sind. In der Langzeitstudie und in den seitdem in Unternehmen durchgeführten Studien ist der Zusammenhang zwischen der emotionalen Bindung einerseits und Produktivität, Profitabilität, Kundenbindungswerten, Fehltagen, ungewollter Mitarbeiterfluktuation sowie Arbeitssicherheit und Inventurdifferenzen andererseits nachweislich festgestellt worden. Mittlerweile werden bis zu 60 verschiedene Kennzahlen einbezogen.

Aus der Langzeitstudie haben sich mehrere grundsätzliche Erkenntnisse ergeben. Erstens: Leistungs- und Erfolgsorientierung rühren eher aus einer emotionalen Bindung von Mitarbeitern als aus ihrer Zufriedenheit. Dies zeigt sich bei den Korrelationen der Befragungsergebnisse mit den Geschäftsergebnissen. Zweitens: Direkte Vorgesetzte haben den größten Einfluss auf die emotionale Bindung von Mitarbeitern. Das betrifft das gesamte Verhalten des unmittelbaren Vorgesetzten, also Mitarbeiterauswahl, Anerkennung/Lob, Entwicklung, Vertrauen, Verständnis sowie Perspektive. Mit dem unmittelbaren Vorgesetzten lässt sich ein hoher Prozentsatz der Datenvarianz erklären, und zwar deutlich stärker als etwas mit der Demografie. Drittens: Die emotionale Bindung von Mitarbeitern stellt die Grundlage für die erfolgreiche Bindung von Kunden dar, die wiederum die Grundlage für organisches Wachstum bildet. Wenn Mitarbeiter keine emotionale Bindung zu ihrer Arbeit haben, können sie keine emotionale Bindung zu ihren Kunden erzeugen.

Die meisten Mitarbeiter- und Kundenbefragungen messen lediglich die »Zufriedenheit« der Befragten, was allein jedoch nicht reicht. Unternehmen können zufriedene Mitarbeiter haben, die nicht besonders engagiert sind und kaum eine emotionale Bindung zum Arbeitsplatz oder zum Arbeitgeber haben. Sämtliche Gallup-Untersuchungen belegen, dass es keine hohen Korrelationen zwischen Zufriedenheit und tatsächlichen Unternehmensergebnissen gibt. Zufriedenheit wird durch eine kurzfristige Bedürfniserfüllung bewirkt (Dienstauto, Gehaltserhöhung, neues Arbeitsbüro etc.), die allerdings psychologisch gesehen ebenso kurz nur anhält. Die emotionale Bindung dagegen geht über die Zufriedenheit hinaus. Hier werden die psychischen Bedürfnisse von Mitarbeitern dauerhaft befriedigt. Die vier Stufen der nachhaltigen Bedürfniserfüllung sind Grundbedürfnisse (»Ich weiß, was von mir erwartet wird«), Managementunterstützung (»Ich bekomme Lob und Anerkennung für gute Arbeit«), Teamwork (»Meine Kollegen leisten Arbeit von hoher Qualität«) und Perspektive (»Ich habe bei der Arbeit Neues gelernt und mich weiterentwickelt«).

Auch bei der Kundenbindung ist Zufriedenheit kein Indiz dafür, ob sich Kunden Unternehmen gegenüber loyal verhalten. Hochzufriedene Kunden wechseln nach Gallup-Studien genauso häufig den Anbieter wie andere. Unternehmen hingegen, die eine hohe emotionale Mitarbeiter- und Kundenbindung vorweisen können, sind insgesamt dreimal besser in der wirtschaftlichen Leistung als solche, deren Mitarbeiter beziehungsweise Kunden eine geringe emotionale Bindung haben.

Wie bereits ausgeführt, ist das Ergebnis des Gallup-Engagement-Indexes 2005 ernüchternd. Die Gründe für die mangelnde Motivation sind vielschichtig. In den Langzeitstudien, aber auch in der Praxis wurde festgestellt: Je länger Mitarbeiter im Unternehmen sind, desto unmotivierter werden sie. Dies hängt mehr mit den in den Unternehmen etablierten Personalstrategien als mit dem Alter der Angestellten zusammen. Es ist nur ein Vorurteil, dass jüngere Mitarbeiter engagierter als ältere wären. Im Gegenteil sind ältere Mitarbeiter, die einen Job ausüben, der ihren persönlichen Fähigkeiten entspricht, und die zudem ein gutes Management erleben, über die Jahre nachweislich motivierter und erfolgreicher als jüngere, die am Anfang ihrer Karriere stehen. Denn letztendlich sind fehlende Kenntnisse seitens der direkten Führungskräfte sowie des Managements über die wirklich wichtigen Aspekte eines jeden Arbeitsplatzumfeldes einer der Hauptgründe für geringe Motivation. Gute Mitarbeiter verlassen nicht die Unternehmen, zu denen sie gern gekommen sind, sie verlassen ihre direkten Vorgesetzten.

In der Literatur findet sich der Hinweis, dass Kundenzufriedenheit ein relativ unzuverlässiger Indikator für zukünftiges Kundenverhalten ist. Die Gallup-Daten bestätigen diese Einschätzung; empirische Ergebnisse aus umfangreichen Fallstudien legen nahe, dass »extrem zufriedene« Kunden (das heißt Kunden, die im Hinblick auf die Allgemeinzufriedenheit mit den Produkten und Dienstleistungen des Unternehmens die bestmögliche Beurteilung abgeben) in zwei Gruppen aufgeteilt werden können. Dies sind erstens »emotional zufriedene« Kunden, die mit den vom Unternehmen angebotenen Produkten und Dienstleistungen extrem zufrieden sind und die außerdem eine starke emotionale Bindung an das Unternehmen aufweisen, und zweitens »rational zufriedene« Kunden, die ebenfalls extrem zufrieden sind, jedoch keine emotionale Bindung an das Unternehmen aufweisen. Untersucht man die aktuellen Indikatoren des Kundenverhaltens innerhalb dieser beiden Kundengruppen –, wie Abwanderung, Häufigkeit des Einkaufs, Gesamteinkommen und Ausgaben – tritt ein klares und bemerkenswertes Muster zutage. Und zwar bedeuten »emotional zufriedene« Kunden im Hinblick auf den finanziellen Gewinn für das Unternehmen einen optimalen Wert. Das aktuelle Verhalten der »rational zufriedenen« Kunden unterscheidet sich dagegen nicht vom Verhalten der unzufriedenen Kunden.

Die Fallstudie einer überregionalen US-amerikanischen Privatkundenbank belegt diesen Sachverhalt ebenfalls. »Emotional zufriedene« Kunden (gemessen mit einem Elf-Punkte-System zur Beurteilung des Kundenengagements) beendeten ihre Beziehung mit der Bank (durch definitive Kontoschließung) in einem Verhältnis, das 37 Prozent unter dem der »rational zufriedenen« Kunden lag. Unzufriedene Kunden unterschieden sich dagegen in ihrem Verhalten kaum von dieser zweiten Gruppe.

Ähnliche, in der Grafik weiter unten dargestellte Resultate ergaben sich bei einem internationalen Kreditkartenunternehmen (vgl. Abb. 2). Emotional zufriedene Kreditkartenbesitzer gaben im Monat durchschnittlich 251 Euro pro Monat aus und setzten ihre Karte während eines Zeitraums von sechs Monaten im Durchschnitt 3,1 Mal ein. Im Gegensatz dazu gaben rational zufriedene Kreditkartenkunden ledig-

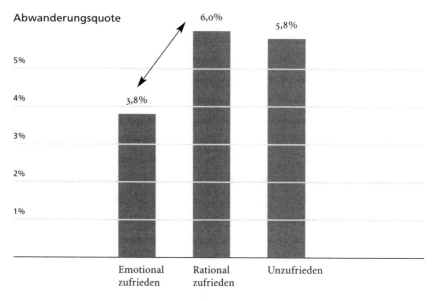

Abbildung 1: Rationale Kundenbindung – kein Indikator für Kundenbindung

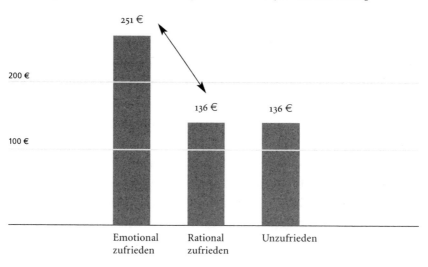

Abbildung 2: Emotionale Zufriedenheit – positiv für Kundenbindung und Ergebnis

lich ungefähr die Hälfte – 136 Euro pro Monat – aus und setzten ihre Kreditkarte während desselben Zeitraums seltener ein, nämlich im Durchschnitt 2,5 Mal pro Monat. Und auch hier waren die unzufriedenen Kunden in ihrem Kaufverhalten kaum von dieser zweiten Gruppe zu unterscheiden; die unzufriedenen Kunden gaben durchschnittlich ebenfalls 136 Euro pro Monat aus und setzten ihre Karten während des Untersuchungszeitraums durchschnittlich 2,2 Mal pro Monat ein. Noch deutlicher zeigt sich der Unterschied darin, dass emotional zufriedene Kunden ihre Ausgaben innerhalb eines Zeitraums von zwölf Monaten um 67 Prozent erhöhten, im Vergleich zu einer Erhöhung von lediglich acht Prozent bei den rational zufriedenen Kunden.

Dieses allgemeine Ergebnismuster ergibt sich mehr oder weniger deutlich bei sämtlichen der von Gallup durchgeführten Studien. Die Kernaussage ist einfach: Die Zufriedenstellung der Kunden ist zwar eine notwendige Voraussetzung, aber längst nicht ausreichend für eine Optimierung der finanziellen Leistung. Zum Aufbau der starken Kundenbindung, aus der sich eine optimierte Finanzleistung ergibt, ist eine umfassendere Sicht der Kundenbedürfnisse erforderlich.

Auf Erkenntnissen der Psychologen Ben Schneider und David Bowen aufbauend, hat Gallup ein Verfahren entwickelt, um die tiefenpsychologischen Vorgänge, die sich hinter den als »emotionale Kundenbindung« bezeichneten Kundenbedürfnissen verbergen, zu verstehen. Emotionale Kundenbindung wird erfasst, indem die herkömmlichen Parameter wie Kundenloyalität (die Gesamtzufriedenheit, die Wahrscheinlichkeit, erneut beim Unternehmen einzukaufen, sowie die Wahrscheinlichkeit, das Unternehmen weiterzuempfehlen) mit einer Reihe von Elementen zur Beurteilung der Psychologie der Kundenbindung kombiniert werden.

Schneider und Bowen vertreten die Ansicht, dass ein detaillierter Blick auf die Kundenerfahrung jenseits der funktionalen Bedürfnisse erforderlich sei, wobei sie davon ausgehen, dass extreme Zustimmung beziehungsweise Ablehnung der Kunden als Hinweis dafür dient, ob ein Unternehmen die grundlegenden emotionalen Bedürfnisse erfüllt oder nicht. Für Schneider und Bowen gehören zu den grundlegenden emotionalen Bedürfnissen Sicherheit (Fühle ich mich sicher?), Fairness (Werde ich fair behandelt?) sowie ein verbessertes Selbstwertgefühl (Werde ich mich gut fühlen?). Ihr Ansatz basiert auf zwei Annahmen: Erstens: Kunden sind in erster Linie Menschen und erst in zweiter Linie Verbraucher. Zweitens: Menschen sind bestrebt, im Leben zunächst verschiedene fundamentale und dringende Bedürfnisse und erst anschließend ihre Wünsche als Verbraucher zu erfüllen. Diese auf den emotionalen Bedürfnissen basierende Perspektive liefert eine sinnvolle Grundlage, um die Kundenperspektive an der Kunden-Mitarbeiter-Schnittstelle zu evaluieren.

Bei der emotionalen Bindung von Kunden an ein Unternehmen lassen sich vier Schlüsselbereiche unterscheiden, von denen jeder zur Erfüllung der emotionalen Bedürfnisse der Kunden eine bestimmte Anordnung von Aktivitäten erfordert. Der erste und grundlegende Bereich der emotionalen Bindung ist das *Vertrauen*. Ist dieses Unternehmen vertrauenswürdig? Werden Versprechen und Zusagen erfüllt, und zwar Tag für Tag? Bringt das Unternehmen den Grundeinsatz, der erforderlich ist, um mit mir Geschäfte zu machen? Vertrauen ist die Basis, auf der die höheren Ebenen der emotionalen Bindung aufbauen; Vertrauen allein ist jedoch nicht ausreichend für den Aufbau einer langfristigen und kontinuierlichen emotionalen Kundenbeziehung.

Auf das Vertrauen folgt die *Integrität*, der Bereich des Fairplay und der gerechten Behandlung. Behandelt mich das Unternehmen so, wie ich verdiene, behandelt zu werden? Kann ich, falls irgendetwas schief läuft, mich darauf verlassen, dass das Unternehmen die Angelegenheit schnell wieder in Ordnung bringt? Ein weiteres emotionales Bedürfnis ist das der *Begeisterung*, wozu ein positives Bild vom Unternehmen sowie die Identifikation mit diesem erforderlich sind. Begeisterung geht weit über Selbstrepräsentation, Prestige oder plakative Qualitäten hinaus und beruht auf den tieferen Ebenen der gemeinsamen Werte des Kunden und des Unternehmens. Ich bin nicht stolz, ein Kunde des Unternehmens zu sein, weil dies für andere eine bestimmte Botschaft beinhaltet, sondern weil es für *mich* einen bestimmten Sinn ergibt. Bei der Verbindung zwischen Kunden und einem Unternehmen geht es darum, das Selbstbild der Kunden zu definieren und zu schärfen.

Beim letzten Bereich der emotionalen Bindung handelt es sich um die *Leidenschaft*. Ein leidenschaftlicher Kunde beschreibt seine Beziehung zum Unternehmen als unersetzlich und perfekt. Wirklich leidenschaftliche Kunden sind zwar relativ selten, bedeuten aber den Inbegriff der Kundenbindung. Tatsächlich bleiben sie ihr ganzes Leben bei einem Unternehmen und sind buchstäblich in Gold aufzuwiegen. Beispielsweise geben die leidenschaftlichen Kunden einer Luxus-Einzelhandelskette im Durchschnitt 44 Prozent mehr aus als nicht leidenschaftliche Kunden. Beim beschriebenen internationalen Kreditkartenunternehmen verwenden leidenschaftliche Kunden ihre Karten 45 Prozent öfter und geben jeden Monat 78 Prozent mehr aus – und sorgen auf diese Weise für einen signifikant höheren Umsatz als nicht leidenschaftliche Kunden. Und sogar im Business-to-Business-Bereich wickeln leidenschaftliche Kunden bei einem internationalen Speditionsunternehmen 39 Prozent ihres Gesamtaufkommens ab, im Vergleich zu 22 Prozent der nicht leidenschaftlichen Kunden, und realisieren auf diese Weise 80 Prozent des Gesamtumsatzes.

Zusätzlich zu den finanziellen Vorteilen, die solche Kundenbeziehungen einem Unternehmen verschaffen, wird durch die starke emotionale Bindung der Kunden eine positive Flexibilität im Hinblick auf die Wahrnehmung und die Interpretation der Erfahrungen mit dem Unternehmen eingebracht. Beispielsweise legen hochgradig gebundene Kunden Servicefehlern gegenüber ein sehr viel nachsichtigeres Verhalten an den Tag als weniger gebundene Kunden. So ist es nicht ungewöhnlich, dass hochgradig gebundene Kunden bei Fehlern einen eigenen Beitrag eingestehen (»Was habe ich bloß falsch gemacht, dass es dazu kommen konnte?«). Aus diesen und anderen Beobachtungen lässt sich schließen, dass der Aufbau einer starken emotionalen Bindung mit Kunden eine Art von »sich selbst erfüllender Prophezeiung« in Gang setzt, durch die die Kunden sämtliche Vorgänge positiver beurteilen, was die bereits starke Verbindung zusätzlich stärkt.

Die Analyse insgesamt ergab: Geschäfte mit hohen Werten beim Mitarbeiter- wie auch beim Kundenengagement weisen in der Regel wesentlich bessere Finanzergebnisse auf als Geschäfte, bei denen die beiden überprüften Aspekte niedrige Werte erzielt hatten. Darüber hinaus übertreffen diejenigen Geschäfte, bei denen sich beide Werte in der oberen Hälfte befinden, Geschäfte, die lediglich für einen der beiden Parameter hohe Werte aufweisen.

Die Forschung führte zu dem Ergebnis, dass diese beiden Parameter – Kunden- und Mitarbeiterengagement – sich gegenseitig potenzieren und damit die Möglichkeit für eine beschleunigte Optimierung sowie für ein beschleunigtes Wachstum der finanziellen Gesamtleistung schaffen. Gallups Metaanalyse der finanziellen Leistung von 1979 Standorten der zehn Unternehmen, die an dieser Studie teilnahmen, förderte zu Tage, dass Standorte mit überdurchschnittlichen Werten im Mitarbeiter- und Kundenengagement (Gallup spricht von optimierten HumanSigma-Standorten) im Durchschnitt 3,4 Mal höhere Finanzergebnisse (Gesamtumsatz, Gesamterlös, Ertragsziel und Verlaufsgewinn im Hinblick auf Umsatz und Erlös) erzielten als Standorte, bei denen beide Parameter in der unteren Hälfte liegen, und gut doppelt so hohe Finanzergebnisse wie Standorte, bei denen lediglich einer der Parameter einen hohen Wert aufweist. Bei einer Luxus-Einzelhandelskette erzielten die optimierten HumanSigma™-Geschäfte beispielsweise pro Quadratfuß der vorhandenen Ladenfläche einen um durchschnittlich 21 Euro höheren Gewinn vor Zinsaufwand und Steuern als alle anderen Geschäfte zusammen – was eine Differenz von über 32 Millionen Euro an zusätzlichem Jahresgewinn für die gesamte Kette ergibt. Die sich aus unserer Analyse ergebenden Koeffizienten für die einzelnen HumanSigma-Quadranten sind in Abbildung 3 dargestellt und spiegeln den durchschnittlichen Nettogewinn pro mit dem jeweiligen Quadranten verbundenen Standort wider. Diese Koeffizienten wurden mit einem Basiswert von 1 für den nicht optimierten Quadranten standardisiert (um der Einzigartigkeit der innerhalb eines Unternehmens ermittelten Daten Rechnung zu tragen). Ein Standort, der sich vom Quadranten I

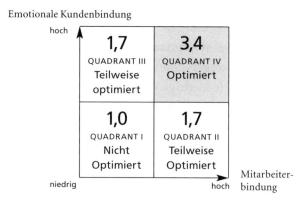

Abbildung 3: Koeffizienten für die HumanSigma-Quadranten

zum Quadranten IV entwickelt, wird ein 3,4-fach höheres Ergebnis erzielen als ein Unternehmen, das im untersten Quadranten verbleibt. Anschließend wurden die Werte für das Mitarbeiter- und das Kundenengagement auf der lokalen Ebene nach einer einfachen Methode miteinander kombiniert, um auf diese Weise einen einzelnen HumanSigma^{TM}-Wert für den entsprechenden Standort zu realisieren, mit dem die Gesamteffizienz der Kunden-Mitarbeiter-Schnittstelle beschrieben werden kann. So ergaben sich die HumanSigma^{TM}- oder HS-Werte von

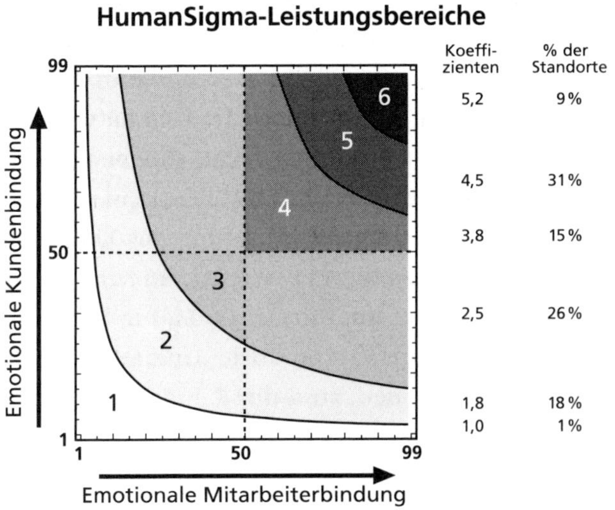

HumanSigma-Leistungsbereiche

	Koeffizienten	% der Standorte
6	5,2	9%
5	4,5	31%
4	3,8	15%
3	2,5	26%
2	1,8	18%
1	1,0	1%

Abbildung 4: HumanSigma-Leistungsbereiche

1 bis 6, mit deren Hilfe sich die untersuchten Standorte in sechs verschiedene Leistungsbereiche einteilen lassen. Diese Leistungsbereiche und die ihnen zugeordneten metaanalytischen Koeffizienten, die auf der Rentabilität und dem Umsatzwachstum basieren, sind in Abbildung 4 dargestellt. HS1- und HS2-Standorte weisen beim Mitarbeiter- als auch beim Kundenengagement wesentlich unterdurchschnittliche Werte auf, so dass umfassende Maßnahmen zur Verbesserung der Situation dringend erforderlich sind. Bei den meisten Unternehmen sind nur wenige Standorte in diesem unteren Bereich angesiedelt. Diese Standorte benötigen dann allerdings unmittelbare und intensive Unterstützung, da sie ihre finanziellen Verpflichtungen und Ziele nicht erfül-

len. Im Bereich HS3 befindet sich gut ein Viertel der Standorte. Für sie gilt: Einer der Parameter hat einen hohen Wert, der andere dagegen einen niedrigen. Standorte, an denen zwar die Mitarbeiter engagiert, die Kunden aber nicht gebunden sind, richten ihr Augenmerk zu stark nach innen. Bei Standorten, an denen die Kunden gebunden, die Mitarbeiter aber nicht engagiert sind, ist es nur eine Frage der Zeit, bis sie kollabieren, da die Bindung der Kunden mit der Zeit ausgehöhlt wird.

Die verbleibenden HS-Ebenen bezeichnen wir als »optimiert«, wobei es sich bei HS4 um die »neuen optimierten« Standorte handelt, die ein Gleichgewicht zwischen den beiden Hauptbereichen (Kunden-Mitarbeiter-Schnittstelle) hergestellt haben und nun dabei sind, diese zu stärken, wobei allerdings noch ein weites Feld für weitere Optimierungen zur Verfügung steht. HS5 und HS6 beschreiben eine Bestform; hier werden hohe Leistungen erbracht. So überrascht es nicht, dass sie mit Blick auf die finanzielle Gesamtleistung des Unternehmens einen überproportional hohen Beitrag erzielen. HS5 und HS6 weisen in der Regel Finanzergebnisse vor, die gut 4,5 Mal so hoch sind wie die Ergebnisse der HS1- und HS2-Standorte. Und falls Vorbilder für »Best Practices« gesucht werden, sind diese in den HS5- und HS6-Standorten zu finden.

Dienstleistungs- und Vertriebsunternehmen sollten sich bemühen, zu HS6-Unternehmen zu werden. Das bedeutet, dass Leistungsabweichungen vor Ort allmählich reduziert werden müssen, um die Gesamtleistung anzuheben. Dies ist zwar schwierig, aber eine solche Optimierung ist tatsächlich möglich. Und jede Bewegung von Standorten in übergeordnete HS-Bereiche hat eine verbesserte finanzielle Leistung zur Folge.

Zusammengefasst: Wie Gallup in seiner langjährigen Forschung festgestellt hat, liegt der Schlüssel zur emotionalen Bindung von Mitarbeitern vor allem im unmittelbaren Arbeitsumfeld. Das Verhältnis im Team – unter den Mitarbeitern und zum direkten Vorgesetzten – hat eine weitaus größere Bedeutung als beispielsweise die Leitbilder einer Unternehmensvision oder die zentralen Maßnahmen von Personalabteilungen. Es sind also die lokalen Gegebenheiten, die die emotionale Bindung von Mitarbeitern maßgeblich bestimmen. Je weiter man sich von der lokalen Führungsebene der Arbeitsgruppe entfernt, desto geringer ist der Einfluss auf den einzelnen Mitarbeiter. In den meisten Unternehmen in Deutschland herrscht jedoch nach wie vor der Glaube an zentrale Maßnahmen, zentrale Botschaften und zentrale Personalstrategien. »Local Empowerment« – die Befähigung und Berechtigung lokaler Vorgesetzter, nach lokalen Bedürfnissen handeln zu dürfen und dafür auch die Verantwortung zu tragen – ist längst noch nicht in allen Unternehmen eingekehrt. Erfolgreiche Unternehmen handeln nach dem Prinzip: »All business is local!«

Gleichzeitig muss die Verantwortung für die Kundenbindung stärker bei denjenigen liegen, die am meisten mit den Kunden zu tun haben. Die Gallup-Forschung hat gezeigt, dass Kundenbindung dort entsteht oder auch zerstört wird, wo die Kontakte zwischen Mitarbeitern eines Unternehmens und Kunden am häufigsten auftreten. Auch hier ist »Empowerment« für Mitarbeiter – ob in einem Supermarkt, einer Bank, einer Versicherung, einem Autohandel, einem Hotel oder im Business-to-Business-Bereich – von essenzieller Bedeutung für den Erfolg. Mitarbeiter müssen durch ihre Unternehmen befähigt werden, ihre Talente so einzusetzen, dass es ihnen gelingt, die Kunden langfristig zu binden. Dies setzt natürlich einiges voraus. Zum einen muss das Unternehmen seine Personalauswahl talentbasiert treffen, das heißt, Mitarbeiter so auswählen, dass sie ihren persönlichen Stärken entsprechend verwendet werden. Das bedeutet, dass verkrustete Hierarchien aufgebrochen und Mitarbeiter in die Lage versetzt werden – ohne Störfeuer von der »Unternehmensbürokratie« –, das zu tun, was vor Ort für den Erfolg wichtig ist. Mitarbeiter brauchen die Herausforderung einer Performance-orientierten Unternehmenskultur und sollten danach bemessen und leistungsorientiert bezahlt werden.

Moderne Unternehmensführung benötigt ein innovatives Personalmanagement, das sich durch folgende Kriterien bewerten lässt:
1. Sorgt das Personalmanagement für talentierte Mitarbeiter und Nachwuchskräfte, um einen nachhaltigen Unternehmenserfolg zu gewährleisten? Werden diese Mitarbeiter befähigt, Performance zu geben, und werden sie dafür auch belohnt?

Lösungsansätze

2. Stimmen die Ziele und die Aufgaben des Personalmanagements mit den Zielen der Unternehmensstrategie überein? (Es ist erstaunlich, wie weit diese in Unternehmen auseinander gehen können.)
3. Leisten die Maßnahmen des Personalmanagements einen nachweisbaren Beitrag zum Unternehmenserfolg? Sind diese messbar?
4. Werden die Ziele der Mitarbeiter- und Kundenbindung bei der Personalauswahl, der Personalentwicklung und dem Personalmanagement hinreichend berücksichtigt? Wird systematisch gemessen und kontrolliert?

Das renommierte New Yorker Wirtschaftsinstitut Conference Board nennt die Optimierung des Human Capital die größte Herausforderung für Unternehmen in den nächsten 20 Jahren. Wir (Gallup und The Value Group) sehen hierin den größten Optimierungsbereich in jedem Unternehmen – hier liegt das größte Erfolgspotenzial. Nach der in diesem Buch dargestellten Gallup-The-Value-Group-Studie sowie den aktuellen Daten des Engagement-Indexes arbeitet Deutschland weit unter seinem Potenzial.

Die »Dig-Deep«-Strategie

Mit der beschriebenen »Quick-Win«-Strategie sind Unternehmen und Investoren sehr schnell in der Lage, Stärken und Defizite im Bereich des Human Capital zu erkennen und kurzfristig Maßnahmen zu ergreifen, um eine nachhaltige Steigerung der Leistungs- und Kundenorientierung zu ermöglichen. Langfristig sind allerdings grundsätzliche Maßnahmen nötig, um die Nachhaltigkeit in der Leistungs- und Kundenorientierung zu sichern. So sind »Quick Wins« in der Steigerung der Leistungs- und Kundenorientierung durchaus erreichbar, aber sie wirken eben nur kurz- bis mittelfristig, wenn man nicht an der Grundstruktur im Umgang mit Mitarbeitern und Kunden etwas verändert. Dies bedeutet freilich eine langfristige Neuorientierung der gesamten Personalarbeit in Unternehmen. Von der Auswahl der Mitarbeiter und Führungskräfte bis hin zu ihrer Entwicklung und Förderung muss alles auf den Prüfstand.

Die Probleme beginnen bereits bei der Personalauswahl. Nach wie vor entscheiden zu viele Unternehmen »aus dem Bauch heraus«, wen sie einstellen. Dies führt zu sehr vielen Fehlentscheidungen bei der Personalauswahl, die letztendlich erhebliche Kosten verursachen. Aber auch die Auswirkungen einer Fehlbesetzung auf den Mitarbeiter selbst und seine Kollegen im Unternehmen sind nicht zu unterschätzen.

Die Human-Capital-Forschung von Gallup beruht auf der Untersuchung von Produktivitätsunterschieden zwischen Mitarbeitern beziehungsweise Arbeitsgruppen in einem Unternehmen. Das produktive Leistungsverhalten von Mitarbeitern wird zum einen, wie beschrieben, von der Führungskraft beeinflusst, zum anderen spielen jedoch auch die persönlichen Eigenschaften eines Mitarbeiters eine große Rolle für die Produktivität, aber auch für das Erleben der eigenen Tätigkeit. Gerade an der Kundenbindung lässt sich der Einfluss von Persönlichkeitsmerkmalen, Eigenschaften und Talenten auf den wirtschaftlichen Erfolg eines Unternehmens sehr gut aufzeigen. Für den erfolgreichen und langfristigen Aufbau von Kundenbindung sind zwei Faktoren wichtig: hoch emotional gebundene Mitarbeiter und für den Kundenkontakt geeignete Mitarbeiter.

Ob es gelingt, die Mitarbeiterproduktivität durch emotionale Bindung zu steigern beziehungsweise die Führungsqualität zu verbessern, hängt langfristig insbesondere davon ab, dass die richtigen Mitarbeiter in den richtigen Positionen sind, sie in einer sinnvollen Weise entwickelt und die Führungskräfte optimal ausgesucht und gefördert werden.

Gallup hat unter anderem in den Langzeitstudien über 30 Jahre festgestellt, dass auch die persönlichen Eigenschaften maßgeblich für den Erfolg eines Mitarbeiters sind. Und nicht nur der Erfolg und die Produktivität werden davon beeinflusst; auch die innere Einstellung, die Zufriedenheit und das Erleben dieser Arbeitsaufgabe sind ein Resultat der Passgenauigkeit von Talenten einerseits und den Anforderungen einer Aufgabe andererseits.

Die Ergebnisse der Human-Capital-Forschung wurden in den letzten Jahren zunehmend auch von den Neurowissenschaften bestätigt. Menschen entwickeln relativ früh in ihrem Leben bestimmte Persönlich-

keitsstrukturen, die zu ausgeprägten und weniger ausgeprägten Talenten führen. Am Ende der Pubertät ist eine solche Persönlichkeitsstruktur mit bestimmten Talenten relativ festgelegt. Natürlich entwickeln sich Menschen durch Erfahrungen und Lernen weiter. Im Laufe der Jahre entstehen aus Talenten, angereichert mit Wissen und Erfahrungen, so genannte Stärken. Stärken befähigen eine Person, bestimmte Aufgaben und Herausforderungen besser, schneller, effizienter und stressfreier zu bewältigen als andere Personen. Zu betonen ist hierbei der positive Ansatz der Konzentration auf Stärken, hervorgegangen aus der positiven Psychologie. Jeder Mensch verfügt über Stärken und Talente – aber eben über unterschiedliche. Die Individualität jedes Menschen wird bei diesem Ansatz berücksichtigt und wertgeschätzt. Folgende Aussagen können als Leitsätze der stärkenbasierten Personalarbeit dienen:
– Wenn man den eigenen Stärken entsprechend in einer Position eingesetzt wird, ist die Chance, in dieser Position erfolgreich zu sein, wesentlich größer.
– Wer die Chance hat, den eigenen Stärken entsprechend eingesetzt zu werden, ist bei der Erfüllung der Arbeitsaufgabe auch glücklicher, emotional gebundener, produktiver, stressfreier und entspannter.
– Wer die Chance hat, den eigenen Stärken entsprechend weiterentwickelt oder geschult zu werden, erzielt einen wesentlich größeren Lern- und Trainingserfolg.
– Setzt die Weiterentwicklung oder Schulung hingegen bei den Schwächen an, ist der Lern- und Trainingserfolg wesentlich geringer und die Frustration höher.
– Jeder Mensch verfügt über bestimmte Stärken und Schwächen.

Für Unternehmen bedeutet dies, dass es für alle Positionen und Aufgaben sehr gut geeignete und weniger geeignete Mitarbeiter gibt. Das klingt nicht neu – natürlich überprüfen Unternehmen die Eignung von potenziellen Mitarbeitern für die jeweilige Arbeitsaufgabe. Allerdings wird bislang der Fokus in der Wirtschaft zu stark auf die Überprüfung von Wissen, Erfahrung und Fähigkeiten der Kandidaten gelegt, während die Passgenauigkeit von Stärken und Talenten eines Kandidaten für eine Position eher vernachlässigt wird. Die Ergebnisse unserer Gallup-The-Value-Group-Studie zeigen jedoch, dass gerade die Personalentscheider offenbar die Wichtigkeit dieser Faktoren erkannt haben und daraus zentrale Anforderungen an (neue) Mitarbeiter ableiten (vgl. Kapitel III).

Für eine valide Bewertung der Talente und der Eignung eines Mitarbeiters ist es notwendig, die Begrifflichkeiten sauber abzugrenzen und sich über gewisse Unterschiede klar zu werden. Die Eignung einer Person für eine bestimmte Position ergibt sich aus den Fähigkeiten, dem Wissen und den Talenten.

Unter *Fähigkeiten* versteht man das Beherrschen bestimmter Abläufe, Methoden und Techniken. Eine Fähigkeit liegt zum Beispiel vor, wenn jemand das Zehnfingersystem beim Schreibmaschineschreiben beherrscht, eine Maschine reparieren oder mit Power Point umgehen kann.

Wissen beschreibt das erlernte Wissen und das Wissen aus Erfahrung. Das erlernte Wissen kann beispielsweise aus einem Studium oder aus Seminaren stammen und Buchhaltungsregeln, Mathematikformeln oder die chemische Zusammensetzung von Farblacken betreffen. Wissen aus Erfahrung dagegen entsteht aus dem Erleben und aus der Ausübung bestimmter Tätigkeiten. In der Wahrnehmung gewisser informeller Regeln in Unternehmen und in der Umsetzung von Werten bei der Arbeit zeigt sich Wissen aus Praxiserfahrung.

Talente sind wiederkehrende Gedanken- und Verhaltensmuster, die effizient und produktiv eingesetzt werden können. Dazu gehören etwa strategisches Denken, Disziplin, Kreativität und Empathie. Es geht also um das, »was man schon immer gut konnte«, »was einem schon immer leicht von der Hand ging«.

Stärken ergeben sich als eine Kombination aus Fähigkeiten, Wissen und Talenten, sie sind mithin ein Produkt der persönlichen Eigenschaften eines Menschen und seines beruflichen wie auch privaten Werdegangs.

Sowohl Fähigkeiten als auch Wissen lassen sich erlernen und aneignen, natürlich auch in Abhängigkeit von vorhandenen Talenten. Talente und

Stärken hingegen unterscheiden sich von Fähigkeiten und Wissen dadurch, dass sie schwerer trainierbar und lernbar sind. Ein schwach ausgeprägtes Talent zu trainieren bedarf großer Energie und wird bei der betreffenden Person ein höheres Maß an Stress und Frustration auslösen, als wenn ein stark ausgeprägtes Talent geschult wird. Auch die Erfolgswahrscheinlichkeit von Trainings und Schulungen variiert sehr stark je nach vorhandenen Talenten. Natürlich kann eine Person ihre Kommunikationswirkung durch ein Training verbessern. Allerdings wird sie niemals so erfolgreich, überzeugend, effizient und somit auch stressfrei kommunizieren wie jemand, dem es »in die Wiege gelegt wurde«, vor anderen zu sprechen. Insofern gilt es zu bedenken, inwieweit ein talentbasierter Fokus die Personalauswahl und -entwicklung hinsichtlich folgender Faktoren optimieren würde:
– größere Übereinstimmung von Talenten und Aufgabenanforderungen und somit erhöhte Produktivität, Kundenbindung etc.
– höhere emotionale Mitarbeiterbindung und positiveres Erleben der Arbeitsaufgaben und -anforderungen
– Erhöhung der Führungsqualität im Unternehmen, denn auch die erfolgreiche Führung von Menschen hängt in starkem Maße von der Talenteignung ab
– zielgerichtete Nutzung der Trainings- und Schulungsbudgets.

Dabei soll hier nicht behauptet werden, dass bestimmte Personen bestimmte Dinge niemals erlernen können. Allerdings wäre allen Beteiligten damit geholfen, die Talent- und Stärkenperspektive stärker in Auswahl- und Entwicklungsentscheidungen einzubeziehen, um Fehlinvestitionen, Misserfolge und Frustration zu verringern. Anstelle einer schwächenorientierten Personalentwicklung sollte eher ein stärkenorientierter Fokus vorherrschen.

Freilich ist die Validität einer solchen Stärken- und Talentbewertung von äußerst hoher Relevanz. In keinem anderen Bereich wird ein solch großer Teil von Entscheidungen und Bewertungen dem Bauchgefühl von Entscheidungsträgern überlassen. Unabhängig von der Erfahrung der Entscheidungsträger und ihren Berufskenntnissen ist und bleibt es unmöglich, valide und objektive Aussagen über die Talente und Stärken von anderen zu treffen und somit die Passgenauigkeit einer Person und einer bestimmten Position zu bewerten. Dafür gibt es Gründe: Die Möglichkeit, bestimmte Talente einer anderen Person zu identifizieren, hängt stark von den Talenten der urteilenden Person ab. Geht es um die Frage, ob ein Kandidat strategisch denken kann oder nicht, spielt es eine wichtige Rolle, inwieweit der Beurteilende selbst über strategisches Talent verfügt. Insgesamt ist fraglich, inwieweit ein Mensch die notwendigen Talentanforderungen für bestimmte Aufgaben oder Positionen unabhängig von seiner Persönlichkeit und seinem Blickwinkel beurteilen kann. Studien haben ergeben, dass Talent- und so genannte Potenzialbeurteilungen meist mehr über den Beurteilenden als über den Beurteilten aussagen. Zudem zeigen Forschungsergebnisse, dass Menschen sehr stark dazu neigen, Menschen mit solchen Talenten zu bevorzugen und einzustellen, die den eigenen ähneln.

Natürlich gibt es Personalentscheider mit einem guten »Bauchgefühl«, einer guten Menschenkenntnis, die bei der Auswahl von Mitarbeitern meist richtig liegen. Aber angesichts der wirtschaftlichen Bedeutung dieser Thematik ist es für Unternehmen erfolgsentscheidend, objektive Instrumente zu installieren, die konstante Erfolgsraten bei Einstellungen gewährleisten und eine Erfolgskontrolle ermöglichen.

Was die Erfüllung dieser Kriterien – der Validität, der Objektivität, der Verknüpfung mit wirtschaftlichen Erfolgsfaktoren etc. – bei den herkömmlichen Assessment-Centern anbelangt, so fällt das Urteil negativ aus. Assessment-Center beruhen häufiger nur auf der Einschätzung der Kandidaten durch andere Menschen, was bei der Beurteilung von Fähigkeiten und Wissen funktioniert und auch erforderlich ist, bei der Beurteilung der Talente der Bewerber jedoch keine validen und objektiven Ergebnisse liefert. Des Weiteren wird in Assessment-Centern eine Sondersituation erzeugt, in der aktuell das gewünschte Verhalten gezeigt wird, was allerdings nur wenig über das langfristige Verhalten in bestimmten Situationen sagt. Der für Assessment-Center nötige Aufwand steht in keinem Verhältnis zu ihrer Aussagekraft.

Das Ziel jeder erfolgreichen Personalentwicklung sollte es sein, die Mitarbeiter darin zu fördern, mithilfe ihrer jeweiligen Stärken und Potenziale ihre Arbeitsaufgabe oder die zukünftigen Anforderungen

Lösungsansätze

besser und produktiver zu bewältigen. Daher ist es bei der Entwicklung von Mitarbeitern wichtig, ihre Stärken und Schwächen objektiv zu identifizieren, um anschließend ein Bewusstsein für die Potenziale zu wecken und ihnen Entwicklungsmöglichkeiten aufzuzeigen. Mit psychometrischen Tiefeninterviews (auch als webbasierte Online-Bewertungsinstrumente möglich) kann schnell und effizient ein Stärkenprofil ermittelt werden. Wichtig hierbei ist es, keine Stärkenprofile von verschiedenen Mitarbeitern zu vergleichen und entsprechend zu bewerten. Es kann sehr hilfreich für die Teamentwicklung und die Führungsbeziehung sein, die Stärkenprofile der anderen zu kennen. Allerdings sollte dies freiwillig geschehen; Rankings und Benchmarks sind dabei zu vermeiden. Relevanter für die Entwicklung von Mitarbeitern ist es, die Stärken innerhalb eines Profils in eine Relation zu bringen. Ein Beispiel: Wenn jemand sehr kommunikationsstark, aber weniger diszipliniert ist, kann er sich in Zukunft vermehrt auf Tätigkeiten mit jenem Fokus konzentrieren.

Auch die Planung von Mitarbeiterschulungen und -trainings – die gesamte betriebliche Weiterbildung – sollte auf diesen objektiven Stärkenbewertungen aufbauen, um den Return on Investment der Weiterbildungsbudgets zu optimieren. Zudem wird sich der positive Aspekt von Erfolgserlebnissen und der Motivation durch eine Stärkenorientierung auf den Unternehmenserfolg auswirken. Auch hier zeigen die Ergebnisse der aktuellen Gallup-The-Value-Group-Studie, dass wirtschaftlich erfolgreiche Unternehmen deutlich weniger beim Personal und bei Aus- und Weiterbildungen sparen als Vergleichsunternehmen.

Ein weiterer wichtiger Punkt für den Erfolg moderner Personalentwicklung betrifft die Hierarchie- und Karrierestrukturen eines Unternehmens. Wenn es für bestimmte Positionen bestimmte erfolgversprechende Talente gibt, dann sollten die klassischen und traditionellen Karrierewege in Frage gestellt werden. In vielen Unternehmen werden nach wie vor fachliche Erfolge mit Beförderungen in Führungspositionen belohnt; hier kommt also das klassische Peter-Prinzip zum Einsatz. Häufig ist eine Gehaltserhöhung, mehr Status oder Anerkennung mit dem Übertragen von Führungsverantwortung verbunden. Leider führt dies dazu, dass nicht die für Führungsaufgaben am besten geeigneten

Mitarbeiter befördert werden, sondern Mitarbeiter, die in anderen Bereichen, beispielsweise im Vertrieb, erfolgreich waren. Das führt schließlich zu einer Menge nur mittelmäßig erfolgreicher Führungskräfte, zu einer niedrigen emotionalen Mitarbeiterbindung und somit auch zu einer Reduzierung der Produktivität. Erfolgreiche Fachexperten und Verkäufer werden aus ihren bisherigen Positionen herausgeholt. Horizontale Beförderungen, an die Leistung gekoppelte flexible Gehaltsbestandteile und eben eine stärkere Ausrichtung auf den talentbasierten Ansatz bieten bessere Möglichkeiten, um erfolgreichen Mitarbeitern die adäquate Anerkennung zukommen zu lassen. Eine Unternehmenskultur, die die individuellen Talente und Stärken der Mitarbeiter fokussiert, bietet mehr Möglichkeiten, jeden Mitarbeiter für seinen produktiven Beitrag zum Unternehmenserfolg zu belohnen.

Jedes Unternehmen will für jede Position die am besten geeigneten Mitarbeiter finden. Wie bereits erwähnt, gelingt den meisten Unternehmen die Prüfung von Fähigkeiten und Wissen der Bewerber, die der Talente jedoch weniger.

Die Forschung hat ergeben, dass es für bestimmte Aufgaben und Positionen auch mehr oder weniger geeignete Talente gibt. Jemand, der im Vertrieb erfolgreich agieren möchte, sollte in irgendeiner Form gern und gut mit Menschen umgehen können, also ein Talent für Kommunikation, für Beziehungspflege, Empathie, Strategie oder Kontaktfreudigkeit haben. Dies erhöht die Chance auf Erfolg in der Position und die Freude an der Tätigkeit um ein Vielfaches.

Bei einem weltweit agierenden Unternehmen in der Medizintechnikbranche mit jährlichen Wachstumsraten von 20 Prozent wurden mithilfe von objektiven Erfolgskennzahlen die jeweils erfolgreichsten Mitarbeiter aus verschiedenen Positionen wie Bereichsleiter, Vertriebsleiter und Vertriebsmitarbeiter untersucht. Es ergaben sich bestimmte zu den Positionen passende Talentprofile, die sich erheblich von den gleichzeitig untersuchten Kontrastgruppen unterschieden. Anschließend wurden für die Vergabe entsprechender Positionen strukturierte Tiefeninterviews eingesetzt. So entstanden für die internen wie auch die externen Bewerber Talentprofile, die sie für die Position empfahlen, bedingt empfahlen oder nicht empfahlen. Aufgrund des starken Wachstums des Unternehmens wurden in den letzten Jahren alle Bewerber der Kategorie »empfohlen« sowie eine erhebliche Anzahl der bedingt empfohlenen Kandidaten eingestellt. Die Leistungsresultate der empfohlenen Mitarbeiter überstiegen die der bedingt empfohlenen um bis zu 60 Prozent bei verschiedenen relevanten Kennzahlen wie Umsatz, Qualität, Profit; aber auch die Rate der ungewollten Fluktuation und die Ergebnisse der Mitarbeiterbindung unterscheiden sich.

Festzuhalten ist: Es ist nach wie vor relevant, die Fähigkeiten und das Wissen von Bewerbern ernsthaft zu prüfen. Durch die zusätzliche valide und objektive Bewertung der Talente eines Kandidaten erreicht das Unternehmen wesentliche Verbesserungen bei der Messbarkeit, Steuerbarkeit und Verknüpfung zu den strategischen Unternehmenszielen, wobei eine nachweisbare Korrelation zu den wirtschaftlichen Ergebnissen des Unternehmens besteht. Dadurch wird die Personalarbeit – die Arbeit mit dem Human Capital – ein Stück weit kalkulier- und messbarer, erfolgreicher und effizienter.

CASE STUDY: Wie »Quick Win« und »Dig Deep« zusammen Erfolg erzielen, betrachtet am Beispiel der Wachovia Bank in den USA

1998 war Wachovia, eine der größten US-amerikanischen Banken, schwer angeschlagen. Aufgrund des bescheidenen Servicestandards waren die Kunden gezwungen, sich entweder allein zurechtzufinden oder ihre Bankgeschäfte einem anderen Unternehmen anzuvertrauen.

Heute hingegen lassen weder die Mitarbeiter noch die Technologie zur Betreuung der Kunden beim Service beziehungsweise bei der Beratung etwas zu wünschen übrig. Außerdem gehört Wachovia mittlerweile zu den leistungsstärksten nordamerikanischen Großbanken und bietet seinen Aktionären eine Drei-Jahres-Rendite in Höhe von 86 Prozent.

Was hat sich im Laufe von fünf Jahren verändert? Sehr vieles – angefangen von den Gesichtern im Vorstand bis zur Unternehmensstrategie von Wachovia. Insbesondere konzentrierte sich das Unternehmen auf seine vier Kerngeschäfte, formulierte eine Vision und entwickelte

Werte, die von allen Mitarbeitern geteilt werden, lancierte nach einer umfangreichen Fusion eine neue Marke, brachte die Technologie auf den neuesten Stand und legte fest, wie sich Erfolg für das Unternehmen definiert. Zum aktuellen Zeitpunkt verwaltet Wachovia ein Vermögen von 411 Milliarden Dollar und verfügt über 2500 Niederlassungen, 85 000 Mitarbeiter und einen Kundenstamm von 12 Millionen Haushalten und Unternehmen.

Einer der essenziellen Erfolgsfaktoren bestand freilich in der Entscheidung des Managements, sich auf die Maximierung der Servicequalität und der Kundenloyalität zu konzentrieren. Der CEO von Wachovia, Ken Thompson, drückt es folgendermaßen aus: »Wir stellten fest, dass wir, wenn wir Erfolg haben wollen, uns darauf konzentrieren müssen, unseren Kunden den bestmöglichen Service zu bieten. Das hatte für uns höchste Priorität.«

Und wie effektiv war diese Strategie? Bob Kelly, der CFO von Wachovia, sagt hierzu: »Ein signifikanter Teil des in den letzten Jahren von Wachovia erzielten Gewinnanstiegs hat seine direkte Ursache im überwältigenden Erfolg bei der Verbesserung des Kundenservice.«

Wie Thompson, Kelly und andere bestätigen könnten, hat der Erfolg von Wachovia beim Aufbau von Kundenloyalität für andere Unternehmen Modellcharakter. Und wie das Beispiel von Wachovia beweist, ist eine gesteigerte Kundenloyalität ein wesentliches Element zur Gewinnsteigerung.

Die heutige Wachovia ist das Ergebnis der 2001 erfolgten Fusion von First Union und Wachovia. Während der achtziger und neunziger Jahre expandierte First Union aufgrund einer Serie von Übernahmen, durch die das in North Carolina ansässige Unternehmen zur sechstgrößten Bank der Vereinigten Staaten wurde, in raschem Tempo und baute Filialen in zwölf Staaten der Ostküste auf.

1998 hatte First Union nach Übernahmen in Pennsylvania und Kalifornien mit einigen Problemen zu kämpfen; 1999 gab das Unternehmen angesichts zunehmender Schwierigkeiten Gewinnwarnungen heraus. 2000 lag der Gewinn je Aktie um 21 Prozent unter dem Wert von 1998, und der an die Aktionäre ausgeschüttete Ertrag war um 56 Prozent zurückgegangen. Im Juni wurde eine umfassende Unternehmensrestruktu-

Lösungsansätze

rierung eingeleitet, in deren Folge im April 2001 die Fusion mit Wachovia angekündigt wurde – einer in North Carolina ansässigen Bank, die ebenfalls mittels Übernahmen in den Nachbarstaaten gewachsen war.

Als Ende 1998 die ersten Schwierigkeiten aufgetreten waren, diagnostizierte das Management von First Union verschiedene grundlegende Probleme. Dabei wurde deutlich, dass die Bank im Zuge der Übernahmen den wesentlichen Faktor, nämlich einen bestmöglichen Kundenservice, aus den Augen verloren hatte.

Wie alle kompetenten Manager wissen, ist die Problemerkenntnis lediglich der erste Schritt auf dem Weg zur Problemlösung. Die eigentliche Aufgabe besteht darin, Maßnahmen zur signifikanten Verbesserung der Situation sowie zur Behebung des Problems durchzuführen.

Die große Herausforderung für das Management lag also darin, die Konzentration sämtlicher Mitarbeiter auf die Anhebung der Servicequalität sowie auf eine wesentliche Stärkung der Kundenloyalität zu lenken, während gleichzeitig der Umsatz und die Rentabilität gesteigert werden.

In den vergangenen Jahren wurde den meisten Großunternehmen bewusst, dass eine Verbesserung der Servicequalität und damit verbunden ein Anstieg der Kundenloyalität der Schlüssel für eine Optimierung der Betriebsergebnisse sind. Zahlreiche Unternehmen behandeln diese Schlüsselfaktoren allerdings nach wie vor als Marketingelemente oder Betriebsabläufe. Gallup zufolge ist dies eine der Hauptursachen dafür, dass so viele Anstrengungen zur Verbesserung von Service und Engagement fehlschlagen.

Wachovia hatte jedoch erkannt, dass das Unternehmen nur dann die Servicequalität bedeutend würde steigern können, wenn diese Aufgabe vom Managementteam als Priorität eingestuft würde. Im Verlauf von drei Jahren gewährleistete Wachovia dies durch die folgenden Maßnahmen:
– Konstante Messung und Überwachung der Kundenservicequalität
– Weiterverwendung der Zahlen im Hinblick auf die Servicequalität in derselben Weise, in der das Finanzmanagement die Finanzergebnisse nutzt: zur Etablierung von Zielen, zur Beurteilung und Belohnung von

Leistung sowie zur Einführung von Veränderungen, um die festgelegten Ziele zu erreichen
— Auf der Führungsebene Zuweisung eines Qualitätsbeauftragten für den Kundenservice, dessen einzige Aufgabe in der Beurteilung der Qualitätsmaßnahmen besteht
— Durchführung von monatlichen Meetings zur Servicequalität, auf denen den Führungskräften die Verantwortung für die Verbesserung der Servicequalität zugewiesen wird. Bei diesen Arbeitssitzungen, bei denen der CEO anwesend ist und die vom Qualitätsbeauftragten für den Kundenservice durchgeführt werden, berichten die Leiter der verschiedenen Geschäftsbereiche und Abteilungen über die Serviceergebnisse der Bank und besprechen diese.

Zur Verwendung der Zahlen aus der Servicebeurteilung durch das Management sagt Beth McCague, die Beauftragte für die Servicequalität bei Wachovia von 1998 bis 2003: »Jede Woche fieberten sämtliche Bankangestellten den neuesten Zahlen aus der Servicebeurteilung entgegen. Und genauso wie bei den Finanz- und Umsatzzahlen feiern vom Schalterangestellten bis zur obersten Führungsetage alle mit, wenn die neuesten Zahlen eine Verbesserung aufweisen, und wir kümmern uns um unmittelbare Veränderungen, falls sich keine Steigerung erkennen lässt.«

Messungen und Leistungsanreize führen dazu, dass die Leistung steigt. Das Engagement der obersten Führungsetage ist dabei für die Verbesserung der Servicequalität und der Kundenloyalität von größter Wichtigkeit, aber allein reicht es für die Verwirklichung dieser Ziele nicht aus. Wie Gallup festgestellt hat, sind von den zahlreichen Unternehmen, die Programme zur Optimierung von Service und Loyalität eingeführt haben, nur wenige bereit, Programme zu unterstützen, durch die die Teamleiter mit Nachdruck zur Leistungssteigerung aufgefordert werden. Dies ist bei Wachovia jedoch nicht der Fall.

Das Programm von Wachovia zur Servicebeurteilung – das Modellcharakter hat – baut auf sechs Grundprinzipien auf:
1. Zur Steuerung der Servicequalität müssen Unternehmen in der Lage sein, diese auf der Teamebene zu beurteilen.

Lösungsansätze

2. Zur Optimierung der Servicequalität müssen Unternehmen diejenigen Parameter beurteilen, die sich auf die Servicequalität und die Kundenloyalität auswirken.
3. Zur Leistungssteigerung müssen Unternehmen effiziente Programme zum Leistungsanreiz entwickeln, durch die Leistung auf signifikante Weise belohnt wird.
4. Zur Entwicklung einer effizienten Mitarbeiterkommunikation müssen Unternehmen unkomplizierte Beurteilungsverfahren und Programme zum Leistungsanreiz einsetzen, die inhaltlich stimmig und einfach zu verstehen sind.
5. Die das Programm betreffende Kommunikation und Schulungsmaßnahmen müssen von Kontinuität geprägt sein.
6. Maßnahmen zur Beurteilung, Intervention und Schulung müssen mit den einzelnen Mitarbeitern mit Kundenkontakt möglichst zeitnah zum entsprechenden Kundenkontakt durchgeführt werden.

Zahlreiche Unter nehmensprogramme weisen einige, aber eben nicht alle dieser Eigenschaften auf. Beispielsweise wird von manchen Unternehmen die Servicequalität durchaus beurteilt – allerdings auf der Ebene des Gesamtunternehmens, so dass nicht klar wird, welche Leistung die einzelnen Arbeitsteams erbringen. Andere Unternehmen messen die falschen Parameter. Einige zögern, wirklich bedeutungsvolle Leistungsanreize zum Einsatz zu bringen. Und in manchen Unternehmen reduziert sich die Unterstützung durch das Management auf ein reines Lippenbekenntnis.

Seit 1999 wurde das Wachovia-Programm zur Servicebeurteilung auf signifikante Weise verbessert. Eine der wertvollsten Optimierungsmaßnahmen stellt wohl das persönliche Servicefeedback dar. Im Rahmen dieses Verfahrens werden den Teamleitern die Informationen zur Verfügung gestellt, die sie für das kontinuierliche Coaching von Mitarbeitern mithilfe von aktuellem Kundenfeedback benötigen.

Für das persönliche Servicefeedback befragt Gallup Kunden, die in der vorausgegangenen Woche eine Bankfiliale besucht oder ein Callcenter angerufen haben. Innerhalb von zwei Wochen ist allen Beteiligten, vom Mitarbeiter, der mit dem Kunden gesprochen hat, bis zur obersten Führungsetage, bekannt, wie der Kunde diesen Kontakt beurteilt hat. Führungskräfte verwenden die wöchentlichen Berichte, um hohe Leistungen auszuzeichnen und in unterdurchschnittlichen Bereichen Korrekturmaßnahmen einzuleiten. Servicebeauftragte verwenden die Informationen, um die Teamleiter bei der Analyse von Vorgängen zu unterstützen, aus denen sich Probleme für die Servicequalität ergeben. Und die Teamleiter verwenden die Informationen zum Coaching der einzelnen Mitarbeiter im Hinblick auf Stärken und Schwächen.

»Das persönliche Servicefeedback ermöglicht es uns, die einzelnen Mitarbeiter zeitnah zum Kundenkontakt mit Coachingmaßnahmen zu begleiten«, erklärt die Leiterin des Privatkundenbereichs, Cece Sutton. »Diese Art von Coaching ist sehr effektiv bei der Verbesserung der Serviceleistung unserer Mitarbeiter. Aufgrund des persönlichen Servicefeedbacks konnten wir unsere Servicequalität wesentlich steigern.« Wie

Wachovia und der amerikanische Kundenzufriedenheits-Index

Die Kundenzufriedenheitswerte der Wachovia-Bank führten 2003 das Kundenzufriedenheits-Ranking der Universität von Michigan an. Auch wies der Wert von Wachovia für 2003 einen Anstieg gegenüber dem Jahr 2000 von 15,2% auf.

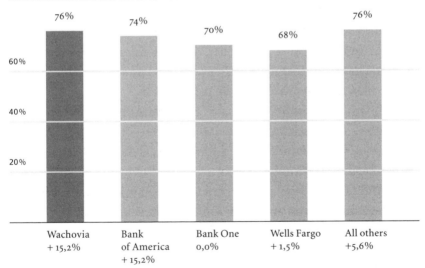

Abbildung 5: Wachovia und der amerikanische Kundenzufriedenheits-Index 2003 (Werte 2003 vs. Werte 200)

Lösungsansätze

die Erfahrung von Gallup zeigt, ist die Fähigkeit zur zeitnahen Intervention auf der persönlichen sowie auf der Teamebene der Schlüssel zu einer signifikanten Verbesserung der Servicequalität und der Kundenloyalität.

In 19 von 20 Quartalen verzeichnete Wachovia bei der Servicequalität eine Steigerung – dies ist in jedem Fall ein bemerkenswertes Ergebnis. Dass Wachovia im American Customer Satisfaction Index (ACSI) der University of Michigan während der letzten drei Jahre die 20 besten Banken übertrumpft hat, bestätigt eindrucksvoll den Erfolg des Unternehmens bei der Verbesserung der Servicequalität für seine Kunden.

Im selben Zeitraum ging die Kundenabwanderung bei Wachovia von einer Jahresrate von 20 Prozent im ersten Quartal 1999 auf elf Prozent im ersten Quartal 2004 zurück. Gleichzeitig stieg die Bindung der rentabelsten Kunden von 92 Prozent 1999 auf 98 Prozent 2003. Aus der Gallup-Untersuchung geht somit klar hervor, dass die Verbesserung der Servicequalität und der Kundenloyalität maßgeblich für eine Reduzierung der Kundenabwanderung ist.

Die starken Verbesserungen der Servicequalität bei Wachovia waren mit einem signifikanten Anstieg des Wachstums und der Rentabilität des Unternehmens verbunden. Bei den mit geringen Kosten verbundenen Einlagen konnte die Bank ein Wachstum verzeichnen, das beinahe doppelt so hoch ist wie der Wert der entsprechenden Wettbewerber. Gleichzeitig sind die an Privatkunden und Kleinunternehmen vergebenen Kredite um elf Prozent gestiegen.

Im Zeitraum von 2001 bis 2003 verzeichneten die von Wachovia an die Aktionäre ausgeschütteten Erträge ein Wachstum von 86 Prozent.

Der verstärkte Kundenservice war ebenfalls das Leitmotiv von Wachovia bei der erfolgreichen Fusion mit First Union, die zwischen April 2001 und Juli 2003 durchgeführt wurde. »Die Fusion ging aus verschiedenen Gründen reibungslos vonstatten«, erläutert David Carroll, der stellvertretende Leiter der Projektteams für die Fusionsintegration. »Zum einen hatte sich das Unternehmen die erfolgreiche Durchführung als oberste Priorität gesetzt. Und zweitens haben wir einen peinlich genau durchdachten Integrationsplan im Detail befolgt. Aber der vielleicht wichtigste Faktor besteht wohl darin, dass keine Entscheidung getroffen wurde, ohne nicht zuvor die möglichen Auswirkungen für die Kunden einer scharfen Analyse zu unterziehen.«

Die Gallup-Forschung hat festgestellt, dass Unternehmen während laufender Fusionen in der Regel einen entscheidenden und längerfristigen Rückgang der Servicequalität verzeichnen – was die von Wachovia erzielte Leistung umso bemerkenswerter macht. Die Kundenwerte von Wachovia verzeichneten lediglich zwischen der ersten Phase sowie gegen Ende der Fusion in den Märkten des Unternehmens in New York, Pennsylvania, New Jersey, Connecticut und Delaware einen Rückgang. In allen anderen Quartalen wurden Anstiege verzeichnet.

Steve Boehm, der die Callcenter der Bank leitet, erklärt dies folgendermaßen: »Weil wir ganz genau darauf geachtet haben, wie Entscheidungen tagtäglich und an den verschiedensten Kontaktpunkten – sowohl in unseren Bankfilialen als auch in den Callcentern – sich auf unsere Kunden auswirken, waren wir letztendlich erfolgreich.«

Angesichts eines solchen Erfolgs bei der Verbesserung der Servicequalität innerhalb des gesamten Niederlassungsverbands wären wohl zahlreiche Managementteams der Versuchung erlegen, die Sache mit dem Vermerk »Auftrag erledigt« ad acta zu legen und sich anderen Herausforderungen zuzuwenden. Nicht so Wachovia. »Wir müssen uns den enormen Aufschwung in der Servicequalität zunutze machen«, sagt Ben Jenkins, der Leiter der Zentralbank von Wachovia. »Wir müssen uns kontinuierlich fragen, was wir tun können, um die Kundenerfahrung mit Wachovia zu optimieren.« Dies hat dazu geführt, dass die Bankleitung sich noch stärker auf die Kunden konzentriert. Immer häufiger werden die Kundenloyalität und die emotionale Bindung der Kunden überprüft.

Eine im März 2004 durchgeführte Studie zeigt, dass Wachovia bei der Steigerung der Kundenloyalität und der emotionalen Bindung der Kunden während der vergangenen Jahre erfolgreich war:
– Der Anteil an loyalen Kunden wuchs von 47 Prozent Anfang 2002 auf 51 Prozent Anfang 2003 und auf 58 Prozent im März 2004. Befand sich Wachovia zunächst oberhalb des 70. Perzentils der Gallup-Daten-

bank für Großbanken mit Privatkundengeschäft, so hat sich das Unternehmen dann in den Bereich oberhalb des 90. Perzentils bewegt.
— Wachovia hat zudem Anfang 2003 und Anfang 2004 den mit dem Gallup-CE[11]®-Programm ermittelten Wert zur emotionalen Bindung der Kunden steigern können. Damit liegt Wachovia im 90. Perzentil der Gallup-Datenbank zur emotionalen Bindung der Kunden.

Die Unternehmensleitung von Wachovia wird allerdings nicht eher zufrieden sein, bis sie alle anderen in der Gallup-CE[11]®-Datenbank vorhandenen Banken überrundet hat. Der Unternehmensführung ist nämlich bewusst, dass die meisten der Konkurrenten von Wachovia sich ebenfalls auf ihre Kunden konzentrieren und dass das Unternehmen sich aus diesem Grund kontinuierlich verbessern muss. Außerdem ist man sich bei Wachovia im Klaren darüber, dass Gemeinschaftsbanken und -kreditinstitute bei der Kundenloyalität und der emotionalen Bindung der Kunden tatsächlich sehr viel höhere Werte erreichen, als aus der Gallup-Datenbank ersichtlich ist.

Vor allem trägt man bei Wachovia jedoch der Erkenntnis Rechnung, dass jeder einzelne loyale sowie jeder einzelne emotional gebundene Kunde ganz wesentlich zum allgemeinen Ergebnis des Unternehmens beiträgt. Daten aus einer 2003 bei Wachovia durchgeführten Untersuchung beweisen, dass loyale und emotional gebundene Kunden in viel höherem Maße als andere Kunden den folgenden Verhaltensmustern folgen:
— Beim nächsten Bedarf an Finanzdienstleistungen werden sie sich zuerst bei Wachovia informieren.
— Die Geschäftstätigkeit mit Wachovia wird intensiviert.
— Der Anteil von Wachovia an den verfügbaren Einlagen und benötigten Krediten wird vergrößert.
— Die bei Wachovia gehaltenen Einlagen werden erhöht.

Mit anderen Worten: Eine gesteigerte Kundenloyalität und eine gesteigerte emotionale Bindung der Kunden führen zu einem erheblichen Anstieg der Produktivität – und der Rentabilität.

Das Unternehmen stellt darüber hinaus die notwendige Rekrutierung von Talenten sowie die Auswahl von geeigneten Führungskräften sicher, die in der Lage sind, die Talente so zu positionieren und zu fördern, dass Leistungs- und Kundenorientierung stärker in den Mittelpunkt gerückt werden. Mit dieser ganzheitlichen Strategie gehört Wachovia mittlerweile zu den erfolgreichsten amerikanischen Banken und bleibt damit ganz klar auf einem organischen Wachstumskurs.»Uns ist bewusst, dass wir uns immer weiter bewegen müssen, weil wir sonst Gefahr laufen, unseren Wettbewerbsvorsprung bei der Servicequalität einzubüßen«, sagt Gwynne Whitley, die neue Kundenservicebeauftragte des Unternehmens.

Es ist also nicht erstaunlich, dass das Managementteam von Wachovia beschlossen hat, auf dem Aufschwung von 2004 aufzubauen und die Fokussierung der Kundenloyalität zu verstärken, und zwar stets mit einem Augenmerk auf Optimierungsmöglichkeiten der emotionalen Bindung der Kunden.

Wachovia hat guten Grund, sich in den kommenden Jahren auf noch bessere Kundenbeziehungen und Betriebsergebnisse zu freuen.

Handlungsempfehlungen für Unternehmen

Dieses Buch soll nicht nur die Studienergebnisse und theoretische Erkenntnisse vermitteln, sondern auch ganz klare Handlungsempfehlungen liefern. Aus der Langzeitstudie von Gallup und der im Sommer 2005 gemeinsam mit der Value Group durchgeführten Studie ist abzuleiten, dass Human-Capital-Management in Unternehmen ganzheitlich betrachtet werden muss. Dies ist einerseits mit der Einsicht verbunden, dass das Human Capital eine messbare und nachweislich steuerbare Größe darstellt, und andererseits mit einer Gewichtung des Themas, die der Bedeutung von Human Capital gerecht wird. Hier wäre es beispielsweise denkbar, einen Human-Capital-Officer – möglichst hoch angesiedelt in der Hierarchie und mit breiten Kompetenzen ausgestattet – zu ernennen, der sowohl den Bereich der Mitarbeiter- als auch den der Kundenbindung verantwortet. Diese Zusammenführung

der Verantwortung würde dem ganzheitlichen Ansatz des Human-Capital-Managements entsprechen.
Jedoch ist klar, dass Unternehmen nicht sofort ihre Organisationen komplett ändern können. Daher gilt es, den ganzheitlichen Ansatz innerhalb der vorfindlichen Strukturen in Unternehmen umzusetzen.
Es sind vor allem vier Bereiche, die maßgeblich für das Human-Capital-Management verantwortlich sind: die Geschäftsführung oder der Vorstand, Marketing/Vertrieb, Personalbereich und Finanzen.

Human-Capital-Management: eine Chefsache

Da die Optimierung des Human Capital den Unternehmenswert erhöhen kann und die so genannten »Intangible Assets« messbar und steuerbar sind, sollte jeder Geschäftsführer und Vorstandsvorsitzende das Thema Human-Capital-Management sehr weit oben auf der eigenen Prioritätenliste haben. Nach wie vor haben zu wenig Topmanager – gerade in den größeren Unternehmen – den Wert des Human-Capital-Managements erkannt und überlassen diese wichtige Aufgabe allein dem Personalbereich (Mitarbeiter) beziehungsweise Vertrieb (Kunden). Natürlich ist es nicht die alleinige Aufgabe eines Vorstandes oder eines Geschäftsführers, sich diesem Thema zu widmen. Man könnte, wie erwähnt, einen Human-Capital-Officer im Vorstand oder in der Geschäftsführung haben, der die Verantwortung für das Zusammenführen der wichtigsten Intangible Assets (Mitarbeiter/Kunden) sowie deren Messung (Wie loyal sind meine Mitarbeiter? Wie loyal sind meine Kunden?) und Steuerung (Wie verbessere ich meine Werte?) hat. Allerdings sollte das Human-Capital-Management in seiner Ganzheitlichkeit klar »von oben« kommuniziert und gestützt werden. Sehr gut geführte Unternehmen haben dies erkannt und bereits realisiert. Diese Unternehmen haben ihre Strategien auf die Bedürfnisse ihrer Kunden ausgerichtet und sichergestellt, dass Mitarbeiter entsprechend ihren Talenten eingesetzt werden, die Führungskräfte auch tatsächlich führen können und die Kunden nicht nur zufrieden, sondern emotional loyal sind. Faktoren wie Produktqualität, Wettbewerbsfähigkeit bei der Preisgestaltung, Positionierung im Markt sowie Standortstrategien bilden eine Grundvoraussetzung für den Erfolg von Unternehmen, sind aber letztendlich bedeutungslos, wenn die Human-Capital-Optimierung – mit Blick auf die Leistungs- und Kundenorientierung – vernachlässigt beziehungsweise falsch angegangen wird.

Eine moderne Unternehmensführung setzt auf die Mitarbeiter als Grundlage für die Kundenbindung und für das organische Wachstum des Unternehmens. Sie verlässt sich allerdings weder auf Unternehmensleitbilder, Visionen und »Mission Statements«, noch setzt sie allein auf den »charismatischen Repräsentanten« in Form eines Vorstandsvorsitzenden oder eines Geschäftsführers, sondern weiß, dass man neben dem »Top-Down«-Ansatz auch eine »Bottom-Up«-Strategie braucht, um nachhaltig erfolgreich zu sein. Insofern müssen Führungskräfte aus allen Hierarchieebenen in die Verantwortung für die Leistungs- und Kundenorientierung genommen werden. Gleichzeitig werden Instrumente zur Messung der »weichen Faktoren«, leistungsorientierte Vergütungen (unter Berücksichtigung der Mitarbeiter- und Kundenbindung) sowie eine talentorientierte Personalauswahl und Personalentwicklung implementiert.

Marketing und Vertrieb

Interessanterweise wird das Thema Emotionalität seit zwei oder drei Jahren besonders von Marketingexperten sehr ernst genommen. Die Forschungsergebnisse von Daniel Kahnemann, der 2002 einen Wirtschaftsnobelpreis für seine Arbeit in der »Emotional Economy« verliehen bekommen hat, scheinen nunmehr im deutschen Markt Einzug zu halten. Diejenigen, die hierzulande Emotionalität als Marketinginstrument zuerst aufgegriffen haben, sind die Werbeagenturen. Emotional gefärbte Werbung findet man nunmehr überall.

Wenn diese Werbung allerdings nicht mit dem Verhalten der Mitarbeiter im Einklang steht, wird das Markenversprechen geschwächt. Man stelle sich den Fernsehspot eines großen Telekommunikationsanbieters vor, bei dem ein reisender Geschäftsmann aus der Ferne seine kleine Tochter anruft und sie ganz lieb und süß »Ich vermisse dich, Papa!« ins Telefon flüstert. Dazu noch die entsprechende Musik und die passenden Bilder und schon ist die perfekte Szene vermittelt. Natürlich werden Emotionen geweckt. Nun geht der Kunde am nächsten Tag gleich in einen Laden, wo ihm dann sozusagen die »Anti-Emotionalität« begegnet. Unengagierte und lustlose Mitarbeiter im Laden machen letztendlich jede millionenschwere Werbekampagne – ob Print, Radio oder Fernsehen – vor Ort kaputt. Das Markenversprechen wird zunichte gemacht und der Kunde fühlt sich von der Werbung getäuscht. Dies ist in Deutschland leider Alltag.

Viele Unternehmen begeben sich, sozusagen als zweiter verzweifelter Versuch, Kunden zu binden, in einen unerbittlichen Preiskampf. Die »Geiz ist geil«-Kultur, genial, werbewirksam und sicherlich im Endeffekt für das Unternehmen, das diese Strategie eingesetzt hat, erfolgreich, birgt nichtsdestotrotz eine große Gefahr für die Wirtschaft. Denn was wir zur Zeit erleben, ist ein enormer Werteverfall. James K. Clifton, der Vorstandvorsitzende von Gallup, bezeichnete Strategien, die lediglich auf dem Preiswettbewerb beruhen, als »price-cutting razor blade ride to hell«. Ihm zufolge würden Unternehmen viel besser fahren, wenn sie die Service-, Leistungs- und Kundenorientierung messbar, steuerbar und nachweislich steigern würden. Dies zeigen alle Studien, die Gallup weltweit durchgeführt hat, so Clifton.

Ein Beispiel soll verdeutlichen, welche weiteren Fehler im Vertrieb sehr häufig gemacht werden. Hierbei geht es direkt um den Umgang mit Human Capital. In einer von Gallup betreuten B-2-B-Vertriebsgesellschaft erzielte eine Angestellte jedes Jahr Rekordergebnisse im Vertrieb für das Unternehmen. Und nicht nur das: Sie erzielte auch die besten Kundenwerte! Das heißt, bei ihr standen Kundenbeziehung und Performancewerte in enger Beziehung.

Nach den klassischen Ansätzen können Angestellte nur mehr Gehalt und andere Leistungen erhalten, wenn sie befördert werden. Betriebliche – und auch gesellschaftliche – Anerkennung wird einem nach einem »vertikalen« Muster zugeteilt. Je höher man die Karriereleiter erklimmt, desto besser. In vielen Unternehmen gilt also: Je höher jemand auf der Karriereleiter kommt, desto mehr Gehalt bezieht er. So weit, so klar. Aber auch bei anderen Leistungen des Unternehmens wird so verfahren, etwa bei der Vergabe von Dienstwagen. Der Abteilungsleiter erhält beispielsweise einen Audi A4, der Hauptabteilungsleiter einen A6 und der Vorstand einen A8 (mit anderen Automarken verhält es sich ebenso). Auch die Bürogröße ist nach diesem Prinzip geregelt: Je weiter man nach oben kommt, desto mehr Fläche steht einem zur Verfügung. Etwas kurioser wird es noch bei der Büromöbelausstattung: Der Abteilungsleiter bekommt einen Stoffsessel (mit oder ohne Armlehne), der Hauptabteilungsleiter einen Ledersessel (manchmal nicht echt) und der Vorstand einen Nappaledersessel. Diese Liste ließe sich fortsetzen.

Doch nun zurück zu der erfolgreichen Vertriebsfrau. Auch sie möchte die Früchte ihrer erfolgreichen Arbeit mit den Kunden ernten. Wenn sie mehr Gehalt, einen größeren Wagen und andere »Benefits« erhalten möchte, muss sie – weil das Unternehmen so strukturiert ist – befördert werden. Dabei passieren gravierende Fehler – mindestens zwei. Zum einen verlieren die Kunden einen exzellenten Vertriebspartner. Bestehende Kundenbeziehungen werden nach der Beförderung der Vertriebsfrau erheblich gestört, der Nachfolger kann die Qualität der Beziehung nicht aufrechterhalten. Möglicherweise gehen Kunden verloren. Zum anderen hat die Vertriebsfrau, die mittlerweile Vertriebsdirektorin einer Region geworden ist, nicht das notwendige Führungstalent und versagt in der Führung ihrer Vertriebskollegen. Sie leidet unter dem Stress und kommt mit der neuen Situation ebenso wenig klar wie ihre untergeordneten Vertriebskollegen und – noch viel schlimmer – ihre Kunden im Markt.

Glücklicherweise hat das betreffende Unternehmen die Situation erkannt und einen »horizontalen« Aufstieg innerhalb des Unternehmens ermöglicht. Das heißt, die Vertriebsdirektorin konnte in ihre alte Position zurückkehren (die Kunden waren froh darüber), man hat eine Performance-orientierte Vergütung samt entsprechenden Nebenleistungen implementiert; mittlerweile verdient sie mehr als ihr Chef, weil sie wieder Rekorde einfährt und davon gleichzeitig profitiert! So kann man Talent und Aufstiegschancen in einem Performance-orientierten Unternehmen zum Vorteil des Unternehmens einsetzen.

Die drei oben genannten Beispiele zeigen, wie wichtig Human-Capital-Management für den Bereich Marketing/Vertrieb sein kann.

Lösungsansätze

Personalbereich

Kaum ein anderer Bereich im Unternehmen ist so reformbedürftig wie das Personalwesen. Das bedeutet nicht, dass es nicht in einzelnen Unternehmen exzellente Personalbereiche gibt – die gibt es auf jeden Fall. Doch in den meisten deutschen Unternehmen herrscht eine wahre Inflation an Personalentwicklungsmaßnahmen, die eher Arbeitsbeschaffungsmaßnahmen ähneln, als dass sie wirklich hilfreich bei der Entwicklung und Förderung von Human Capital wären.

Während alle anderen Bereiche im Unternehmen, ob Logistik, Finanzen oder Buchhaltung, nach mehr oder weniger anerkannten Standards und Methoden arbeiten, stößt man im Personalbereich auf einen wahrlich kreativen Wettbewerb an Ideen, wie man Personal im Unternehmen auswählt, fördert, befördert und motiviert. Da es so viele Ideen wie Psychologen, Soziologen und Personalexperten gibt, finden sich in den verschiedenen Unternehmen kaum einheitliche Ansätze zum Human-Capital-Management.

Je größer ein Unternehmen, desto mehr Programme für die Personalentwicklung. Einige Dax-Unternehmen beschäftigen mehr Personaler, als größere mittelständische Unternehmen Angestellte haben. Und diese – mitunter Hunderte – entwickeln und entwickeln Maßnahmen, bis die Mitarbeiter im Unternehmen, die letztendlich nur eins tun müssten, und zwar Kunden ans Unternehmen binden, nicht mehr ein noch aus mit ihrer Arbeit wissen. Unterschiedliche Personalauswahl-, Personalentwicklungs- und Karriereentwicklungssysteme gehören zum Alltag in deutschen Unternehmen. Besonders kritisch sind dabei Kompetenzmodelle, auf deren Basis sehr subjektiv über neu einzustellende Mitarbeiter (Assessment-Center), Beförderungen (Potenzialanalysen) und Ähnliches entschieden wird. Das alles mit dem bekannten Ergebnis, dass heute nur noch 13 Prozent der arbeitenden Bevölkerung motiviert zur Arbeit geht und sich im Unternehmen richtig positioniert sieht.

Die Praxiserfahrung und die Ergebnisse der aktuellen Gallup-The-Value-Group-Studie aus dem Sommer 2005 zeigen, dass der Personalbereich zum einen seine Aktivitäten begrenzen und zum anderen mehr Nachweisbarkeit in seiner Erfolgsbilanz anstreben muss.

Um den Erfolg eines Personalbereiches zu messen, bieten sich zwei Fragen an:
– Ermöglichen alle Maßnahmen bei der Personalentwicklung einen nachweisbaren hohen Grad an Motivation des Personals, so dass sowohl das Arbeitsumfeld und das Arbeitsklima als auch die gesamte Unternehmenskultur verbessert werden?
– Liefern alle Maßnahmen, die durchgeführt werden, auch einen nachweislichen Beitrag zum Unternehmenserfolg?

Wenn beide Fragen mit »ja« beantwortet werden können, dann ist der Personalbereich auf dem besten Wege, ein echter strategischer Partner des Vorstandes beziehungsweise der Geschäftsführung wie auch der Shareholder zu werden.

Finanzbereich

Die Aufgabe einer Finanz- und Controlling-Abteilung eines Unternehmens ist allen klar – sie muss die Steigerung des Unternehmenswertes finanztechnisch begleiten und durch geeignete Maßnahmen fördern. Investoren wollen sicherstellen, dass sie einen möglichst hohen Return on Investment generieren. Finanzinstitute wollen sicherstellen, dass Kredite nicht versanden. Schlussendlich helfen Ratinggesellschaften den Investoren und Finanzinstituten durch Analysen, die richtigen Entscheidungen zu treffen. So weit, so klar.

Doch auf welchen Daten beruhen die Entscheidungen der Investoren, der Finanzinstitute und der Ratinggesellschaften? Und wie kann eine Finanz- und Controlling-Abteilung gewährleisten, dass das Unternehmen langfristiges organisches Wachstum generieren kann?

Klassischerweise beruhen alle Antworten auf den vorhandenen finanziellen Kennzahlen des Unternehmens. Ob Gewinn- und Verlustrechnungen, Cashflow, Kreditwürdigkeit oder Börsenwert, die meisten Bewertungen von Unternehmen gehen von den so genannten Tangible Assets aus. Allerdings spiegeln die aktuellen Finanzergebnisse von Unternehmen die Entscheidungen und Leistungen von Mitarbeitern wider, die etwa zwei Jahre zurückliegen (im Einzelhandel ist die Spanne etwas kürzer, vielleicht sechs bis acht Monate). Also sind Finanzkennzahlen letztendlich »lagging indicators« – sie sind rückwärts gewandt.

Einen »leading indicator« stellen dagegen der innere Zustand (wie gebunden, motiviert und leistungsorientiert sind die Mitarbeiter und die Führungskräfte?) sowie der äußere Zustand des Unternehmens in Bezug auf die Kunden (wie langfristig gebunden, loyal, kaufwillig und passioniert sind die Nutzer des Unternehmens?) dar. Wenn beide Faktoren positiv bewertet werden – und alle anderen Faktoren des Unternehmens stimmen –, kann man davon ausgehen, dass das Unternehmen auch zukünftig erfolgreich sein wird.

Im Grunde wird dieser Tatsache durch »Basel II« und die bestehenden Ratinginstrumente Rechnung getragen. Die Herausforderung allerdings besteht darin, dass es, wie bei den beschriebenen Personalinstrumenten, eine Vielzahl von Messinstrumenten für die Mitarbeiterzufriedenheit und Kundenzufriedenheit gibt, diese aber selten vergleichbar sind, so dass sie der Finanzwelt kaum einen Nutzen bieten können.

Noch problematischer ist, dass die meisten Instrumente zur Messung der Mitarbeiter- und Kundenzufriedenheit keine zuverlässige Korrelation zu Performance-Indikatoren nachweisen – schlimmstenfalls weisen diese Instrumente eine negative Korrelation auf. Dies bedeutet: Je zufriedener der Mitarbeiter oder der Kunde zu sein scheint, desto schlechter ist die tatsächliche Performance des Unternehmens. Der Grund hierfür liegt darin, dass bei Mitarbeitern und Kunden schlicht und einfach die falschen Faktoren gemessen werden. Die Finanz- und Controlling-Abteilung eines Unternehmens beziehungsweise die Shareholders, die Investoren, die Finanzinstitute und die Ratinggesellschaften stochern bei den entscheidenden »lead indicators« seit Jahren im Dunkeln. Sie wissen nicht wirklich etwas über den inneren oder äußeren Zustand eines Unternehmens und treffen deshalb häufig Fehlentscheidungen. Dies gilt ebenso für Anleger an der Börse wie auch für Entscheidungsträger in öffentlichen Behörden, die Fördermittel (eine Art von Investition) an Unternehmen vergeben, ohne zu wissen, wie es um den inneren Zustand des Unternehmens und seine Kundenbindung wirklich bestellt ist.

Für die Finanzwelt empfiehlt es sich, eine Art Goldstandard bei der Messung und Verbesserung der so genannten weichen Faktoren zu etablieren und letztendlich alle Unternehmen nach diesem Standard zu messen – so wie es bereits buchhalterisch bei den Tangible Assets gehandhabt wird.

V Die Human-Capital-Agenda

Die Human-Capital-Agenda ist ein Katalog von zehn Punkten, die bei der Erstellung einer ganzheitlichen Human-Capital-Strategie berücksichtigt werden müssen. Der Katalog dient als Gradmesser für die Geschäftsführung oder den Vorstand, für Marketing/Vertrieb, den Personalbereich und den Finanzbereich, um die Erfolgschancen einer implementierten Human-Capital-Strategie zu bewerten. Die zehn Leitsätze seien hier nun vorgestellt:

1. Rücken Sie das »Menschliche« im Unternehmen in den Mittelpunkt!

Unternehmen müssen ihre Talente erkennen können und diese sehr individuell motivieren und fördern. Alle Versuche, den Menschen auf eine Kennziffer oder Formel zu reduzieren, müssen durch einen individuellen Ansatz zur Förderung und Entwicklung von Arbeitnehmerinnen und Arbeitnehmern ersetzt werden. Die demografische Entwicklung in Deutschland wird diese Strategie fördern, denn in Zeiten eines Fachkräftemangels werden nicht die Unternehmen die Zukunft von Mitarbeitern bestimmen, sondern die Mitarbeiter die Zukunft von Unternehmen. Daher liegt das Erfolgsrezept darin, die Talente und die Stärken einen jeden Einzelnen zu erkennen und gezielt zu fördern.

2. Stellen Sie Human-Capital-Management als erkennbaren Bestandteil der Unternehmensstrategie klar heraus!

Unternehmen müssen deutlich machen, dass sie Human-Capital-Strategien haben und dass diese umgesetzt werden. Natürlich bleibt die »Hardware« unabdingbar für den Erfolg von Unternehmen: Produkte, Preise, die Positionierung im Markt sowie Wettbewerb und finanzielle

Stabilität bilden die Basis für erfolgreiches unternehmerisches Handeln. Allerdings werden, unter anderem wegen des demografischen Wandels, die Intangible Assets, also die weichen Faktoren, im Unternehmen zunehmend wichtiger. Wenn der innere Zustand des Unternehmens nicht stimmt beziehungsweise die Kunden nicht wirklich gebunden sind, dann nützen die besten Geschäftsmodelle nichts. Eine ausgeklügelte, ganzheitliche Human-Capital-Strategie stärkt das Geschäftsmodell – und sorgt für den nachhaltigen Erfolg eines Unternehmens. Jedes Unternehmen sollte anhand seiner Human-Capital-Strategie gemessen werden.

3. **Implementieren Sie eine nachhaltige Messung sowie eine klare Verbesserungsstrategie!**
a) Der berühmte amerikanische Satz »you cannot manage what you don't measure« stützt das, was wir mit »Messen – Verbessern – Messen« meinen. Ohne eine zuverlässige Messung der tatsächlichen emotionalen Bindung von Mitarbeitern und Kunden lässt sich weder die Relevanz der weichen Faktoren nachweisen noch kann man sinnvollerweise Strategien zur Veränderung der Unternehmenskultur, der Leistungs- und Kundenorientierung umsetzen. Unternehmen werden so lange im Dunkeln herumstochern, bis sie aussagefähige Messungen vornehmen. Investoren und die Finanzmärkte können ohne entsprechende Messungen nicht beurteilen, wie lukrativ beziehungsweise wie zukunftsträchtig ein Unternehmen ist.
b) Aber die Messung allein nützt wenig. Nachhaltigkeit in der Steigerung der Leistungs- und Kundenorientierung wird nur dann erreicht, wenn man konsequent in allen Bereichen der weichen Faktoren sowohl mit der »Quick-Win«- als auch der »Dig-Deep«-Strategie arbeitet. Es ist Sache aller Unternehmensverantwortlichen wie auch interessierter Parteien, die Umsetzung der Verbesserungsmaßnahmen kritisch zu prüfen.
c) Danach erfolgt das Ergebnis-Controlling. Wenn nur einmal – nämlich vor Einführung der Maßnahmen – gemessen wird, wird man nicht von Nachhaltigkeit sprechen können. Die Veränderung einer Unternehmenskultur zu mehr Leistungs- und Kundenorientierung ist ein langwieriger Prozess, dessen Fortschritte ständig gemessen werden

müssen. Wie bei der Kontrolle der harten Faktoren dürfen auch bei den weichen Faktoren die Messungen nicht aufhören. Der Mitarbeiter und der Kunde könnten schließlich schlagartig ihre Loyalität wechseln. Permanente Messungen schützen vor bösen Überraschungen.

4. Handeln Sie zweigleisig, zum Beispiel durch eine Top-Down/Bottom-Up-Strategie!

a) Unternehmen müssen selbst prüfen und prüfen lassen, ob eine Top-Down/Bottom-Up-Strategie zur Förderung der Leistungs- und Kundenorientierung implementiert ist.

b) Top-Down bedeutet, dass die Führung des Unternehmens die Bedeutung der weichen Faktoren vollständig verinnerlicht hat und Maßnahmen ergreift, um »Quick-Win«- und »Dig-Deep«-Strategien umzusetzen.

c) Bottom-Up bedeutet, dass jede Führungskraft – egal auf welcher Hierarchieebene – mit in die Verantwortung beim Human Capital Management einbezogen wird. Dies wird beispielsweise über ein Balanced-Scorecard-System gewährleistet, bei dem nicht nur die Leistungsergebnisse, sondern auch der Umgang mit den Mitarbeitern und den Kunden bewertet werden.

5. Vorstände und Betriebsräte, einigt euch! (Da ist etwas für jeden drin!)

a) Wahrscheinlich ist dieser Aspekt einer der schwierigsten, denn gefordert ist ein neuer Konsens zwischen der Unternehmensleitung und den Vertretern der Mitbestimmung. Wie wir in den Forschungen feststellen können, wollen Mitarbeiter durchaus mehr leisten, und sie sind bereit, dies nach ganz klaren Leistungskriterien zu tun. Insofern liegen Gewerkschaften und Betriebsräte manchmal falsch, wenn sie nur fordern und nicht bereit sind, etwas mehr zu geben – beispielsweise bei der Arbeitszeit. Die Forschung zeigt, dass Menschen am glücklichsten sind, wenn sie entsprechend ihrer Qualifikation produktiv arbeiten können. Interessanterweise leiden diejenigen, die hoch motiviert arbeiten und an ihre Arbeit hoch emotional gebunden sind, viel weniger unter Stress – wobei sie zugleich produktiver arbeiten, weniger Fehltage haben und dergleichen. Arbeitnehmer, die innerlich gekündigt haben, weniger produktiv sind und letztendlich kaum einen Beitrag zum Erfolg des Unternehmens leisten, geben an, dass sie mehr Stress empfinden – auch außerhalb des Unternehmens. Die Diskussionen um Themen wie »Work-Life Balance« sollten neu geführt werden, denn Freude im Leben bedeutet nicht nur die optimale Aufteilung der Zeit zwischen Arbeit und Freizeit; entscheidend ist auch, ob man seine Arbeit liebt oder nicht.

b) Gleichzeitig müssen Unternehmen erkennen, dass nur ein verbessertes Arbeitsklima mit ausgezeichneten Führungskräften eine Steigerung der Produktivität herbeiführen wird. Die Unternehmensleitung trägt – teilweise in Mitbestimmung – die Verantwortung, dass das richtige Personal ausgewählt, dass es entwickelt und gefördert wird. Darüber hinaus hat die Unternehmensleitung die Verantwortung dafür, dass sie die richtigen Führungskräfte auswählt und befördert. Sie darf dabei nicht nur die Fachkompetenz bewerten, sondern muss ebenso die Führungskompetenz berücksichtigen.

c) Von außen betrachtet sollte klar erkennbar sein, dass Unternehmensleitung und Betriebsrat eng zusammenarbeiten, um das Arbeitsklima zu verbessern und eine Steigerung der Produktivität zu ermöglichen.

6. Leben Sie eine Vertrauens-, Kommunikations- und Führungskultur vor!

a) Herrschen Transparenz, Vertrauen, offene Kommunikation und eine auf die Mitarbeiter und die Kunden gerichtete Führungskultur, so ist es wahrscheinlich, dass es sich um eine auf das Human Capital gerichtete Unternehmenskultur handelt.

b) Je mehr Offenheit, Transparenz, Kommunikation und Vertrauen im Unternehmen herrschen, desto größer die Identifikation der Mitarbeiter mit dem Unternehmen. Messen lässt sich diese Kultur mittels der Ausprägung der Hierarchien, der Zulässigkeit der Kommunikation von unten nach oben und des Umgangs mit Meinungen und Anregungen der Angestellten, beispielsweise bei Innovationsvorschlägen. Eine offene Vertrauens-, Kommunikations- und Führungskultur ist ein klares

Zeichen dafür, dass Mitarbeiter im Sinne des Human-Capital-Managements emotional an das Unternehmen gebunden sind.

7. Steigern Sie die Leistungs- und Kundenorientierung!
Es muss klar erkennbar sein, dass die Leistungs- und Kundenorientierung gemessen und gefördert werden. Diese beiden Komponenten sind in deutschen Unternehmen unbedingt fest zu verankern, um in der globalisierten Wirtschaft wettbewerbsfähig zu bleiben beziehungsweise zu werden. Noch viel wichtiger ist dieses Prinzip in der Binnenwirtschaft. Zwar ist Deutschland Exportweltmeister, allerdings gilt dies hauptsächlich für die Produkt- und Herstellungsindustrie, die im Inland keine neuen Arbeitsplätze schaffen wird, diese werden vielmehr zunehmend ins Ausland verlagert. Im inländischen Dienstleistungssektor wird sich die Leistungs- und Kundenorientierung am meisten auszahlen. Hier können Unternehmen in Deutschland am besten Erfolge erzielen und die meisten Arbeitsplätze schaffen.

8. Integrieren Sie Wertvorstellungen – Ethik – Integrität – Partnerschaft im Unternehmen!
a) Weit über den Rahmen der Corporate Governance hinaus müssen die Unternehmenswerte auch für die Mitarbeiter klar kommuniziert und vorgelebt werden. Wertvorstellungen, Ethik (hierin eingeschlossen ist auch der richtige Umgang mit »Diversity«), Integrität (faires und ehrliches Handeln untereinander sowie mit Kunden) und Partnerschaft (die kollegiale Zusammenarbeit miteinander) gehören zu den charakteristischen Faktoren eines Human-Capital-geführten Unternehmens.
b) Mitarbeiter im Unternehmen, ja eigentlich alle Menschen wollen einen Sinn in ihrer Arbeit erkennen. Sie wollen – und, für die Zweifler unter den Lesern, *können* – stolz auf ihre Arbeit und auf ihren Arbeitgeber sein. Dies setzt voraus, dass die Führungsebenen die proklamierten Werte, Integrität und Partnerschaft vorleben. Eine große Herausforderung! Allerdings eine lohnenswerte Aufgabe, denn die Mitarbeiter werden diese Anstrengung mit entsprechendem Verhalten letztendlich honorieren.

9. Verabschieden Sie sich vom »Anecdotal Consulting«
a) Es gibt viel zu viele Beratungen im Bereich des Human-Capital-Managements, die »aus dem Bauch heraus« und in anekdotischer Form Empfehlungen für Unternehmen abgeben. Einzig die persönliche beziehungsweise berufliche Erfahrung oder rhetorisches Geschick – man denke an die Management-Gurus – führt nicht zu einer nachweislichen Steigerung der Leistungs- und Kundenorientierung. Über die Informationsgewinnung hinaus haben Motivationstrainings, Berufsberater, Managementbücher und dergleichen keinen Nutzen.
b) Ohne eine messbare, steuerbare und im Sinne des Controllings nachweisliche Steigerung der Leistungs- und Kundenorientierung wird ein Unternehmen auf Dauer nicht erfolgreich sein. »What doesn't get measured doesn't get done« – diese Weisheit bedeutet eine Abkehr von anekdotischer Beratung, die letztendlich nie den Nachweis erbringen kann, ob sie erfolgreich ist oder nicht. (Deshalb herrscht ja auch in Deutschland eine »Beratungskrise«.)

10. Keep it Simple! Ballast abwerfen!
a) Human-Capital-Management muss unkompliziert sein. Je mehr gefragt, berechnet, gecoacht, trainiert und »entwickelt« wird (mit Tausenden von Instrumenten), desto unklarer wird das Ziel.
b) Alle Maßnahmen der Personalentwicklung, die nicht zur nachweislichen Steigerung der Leistungs- und Kundenorientierung beitragen, sollten abgeschafft werden. Gleiches gilt für alle Maßnahmen, die nicht eine nachweisliche Steigerung der Motivation und des Wohlbefindens am Arbeitsplatz bewirken.
c) Ein Unternehmen sollte sich auf nur sehr wenige Kernpunkte – insgesamt fünf Punkte – beim Human-Capital-Management konzentrieren:
– Haben wir das richtige Personal ausgewählt und eingestellt?
– Wenn wir das richtige Personal ausgewählt und eingestellt haben, entwickeln wir dieses nach dessen Stärken und versuchen wir die Schwächen auszumerzen?
– Haben wir die richtigen Führungskräfte? Sind sie nach Fach- oder nach Führungskompetenz befördert worden? Arbeiten sie auch nach

der Beförderung und gemessen an den Beförderungskriterien nachweislich erfolgreich? Ist die Auswahl subjektiv oder objektiv erfolgt?
– Haben wir eine transparente, auf die Leistung des Einzelnen bezogene Vergütung?
– Sind unsere Kunden nicht nur rational zufrieden, sondern auch emotional gebunden, und können wir dies auf den Grad der emotionalen Zufriedenheit unserer Mitarbeiter zurückführen?

Unternehmen, die diese Leitsätze befolgen, werden wahrscheinlich zu den erfolgreichen Unternehmen des 21. Jahrhunderts gehören. Wenn Firmen diesen Weg beschreiten, werden sie nicht über Nacht besser, aber sicherlich werden sie sich durch einen kontinuierlichen, messbaren und nachhaltig nachweisbaren Veränderungsprozess langfristig auf dem Markt behaupten können. Die Kombination aus »Quick-Win«-Strategie – die kurzfristige Erfolge mit sich bringt – und »Dig-Deep«-Strategie – die für die Nachhaltigkeit sorgt – gibt den Unternehmen ein Handlungsleitbild, das für alle Beteiligten (Finanzgeber, Unternehmensführungen, Betriebsräte, Führungskräfte, Mitarbeiter und Kunden) einen zukunftsorientierten »Return of Investment« auf das Human Capital schaffen wird.

Wir sind davon überzeugt, dass dieser Weg gegangen werden muss. Nach den Jahren der Stagnation in Deutschland bieten diese neuen Leitsätze und Strategien eine Chance, die gesamtwirtschaftliche Leistung zu steigern. Sie dürften daher zum neuen Grundsatz wirtschaftlichen Handelns gehören.

Literatur

Aschoff, C.: *Betriebliches Humanvermögen*, Wiesbaden 1978

Baethge, H./Hübner, R./Müller-Soares, J.: »Der Methusalem-Profit«, in: *Capital* 5/2005, S. 18

Bartlett, Chr. A./Ghoshal, S.: »Building Competitive Advantage through People«, in: *MIT Sloan Management Review,* Winter 2002, S. 34–41

Bassi, L./McMurrer, D.: »How's Your Return on People?«, in: *Harvard Business Review,* März 2004

Becker, B. E./Huselid, M. A./Ulrich, D.: *The HR Scorecard: Linking People, Strategy, and Performance*, Boston 2001

Becker, B. E./Huselid, M. A., u.a.: »HR as a Source of Shareholder Value: Research and Recommendations«, in: *Human Resource Management,* Frühjahr 1997, Bd. 36, Nr. 1, S. 39–47

Becker, G. S.: *Human Capital. A Theoretical and Empirical Analysis with Special Reference to Education*, 3. Aufl., Chicago und London 1993

Bergheim, S.: »Humankapital wichtigster Wachstumstreiber. Erfolgsmodelle für 2020«, in: *Deutsche Bank Research,* 14.6.2005, Nr. 324

Bernstein, P. L.: *Wider die Götter. Die Geschichte der modernen Risikogesellschaft*, Hamburg 2004

Berthel, J.: *Personalmanagement. Grundzüge für Konzeptionen betrieblicher Personalarbeit*, Stuttgart 1979

Bootle, R.: *Hoffnung auf Wohlstand. Chancen und Risiken der Weltwirtschaft*, Hamburg 2004

Bortz, J.: *Statistik für Sozialwissenschaftler*, 5., vollst. überarb. und aktualisierte Aufl., Berlin u.a. 1999

Bourque, L. B./Fielder, E. P.: *How to conduct self-administered and mail surveys*, The Survey Kit, Bd. 3, Thousand Oaks, Cal., u.a. 1995

Bruhn, M./Homburg, C.: *Gabler Marketing Lexikon*, Wiesbaden 2001

Buckingham, M./Coffman, C.: *Erfolgreiche Führung gegen alle Regeln. Wie Sie wertvolle Mitarbeiter gewinnen, halten und fördern*, Frankfurt a. M. und New York 2002

Bundesagentur für Arbeit: Arbeitsmarkt 2004. Amtliche Nachrichten der Bundesagentur für Arbeit, 53. Jg., Sondernummer, Nürnberg 2005

Bundesagentur für Arbeit: Der Arbeits- und Ausbildungsstellenmarkt in Deutschland. Monatsbericht Juli 2005, Tabellenanhang: Arbeitslose und Arbeitslosenquoten, 2005

Bundesanstalt für Arbeit, Presseinformation Nr. 54, 7.8.2002: Die Entwicklung des Arbeitsmarktes im Juli 2002

Clymer, A.: »The Man Who Made Polling What It Is«, in: *The New York Times*, 28.7.1984, S. 9

Coenenberg, A. G./Salfeld, R.: *Wertorientierte Unternehmensführung. Vom Strategieentwurf zur Implementierung*, Stuttgart 2003

Coffman, C./Gonzalez-Molina, G.: *Managen nach dem Gallup-Prinzip. Entfesseln Sie das Potenzial Ihrer Mitarbeiter*, Frankfurt a. M. und New York 2003

Collins, J./Porras, J. I.: *Immer erfolgreich. Die Strategien der Top-Unternehmen*, München 2005

Copeland, T./Koller, T./Murrin, J.: *Valuation. Measuring and Managing the Value of Companies*, New York u.a. 1990

Davenport, T.: *Human Capital – What It Is and Why People Invest It*, San Francisco 1999

Drucker, P.: »Wissen – die Trumpfkarte der entwickelten Länder«, in: *Harvard Businessmanager*, Oktober 2004, 26. Jg., S. 64–68

Dürndorfer, M.: »Human-Capital-Management: eine Kernaufgabe wertorientierten Managements«, in: Dürndorfer, M./Friederichs, P. (Hrsg.): *Human Capital Leadership*, Hamburg 2004, S. 117–138

Ederer, P./Schuller, Ph./Willms, S.: »Bildung braucht hohe Löhne. Humankapital als Wirtschafts- und Standortfaktor«, in: Dürndorfer, M./Friederichs, P. (Hrsg.): *Human Capital Leadership*, Hamburg 2004, S. 179–192

Edvinsson, L./Brünig, G.: *Aktivposten Wissenskapital. Unsichtbare Werte bilanzierbar machen*, Wiesbaden 2000

Edvinsson, L./Malone, M. S.: *Intellectual Capital. Realizing your Company's true value by finding its hidden brainpower*, New York 1997

Fall, U.: *Intellektuelles Kapital als Indikator eines Unternehmens für dessen wirtschaftlichen Erfolg*, unveröffentl. Diplomarbeit (Universität Regensburg) 2005

Fiedler, M.: »Unternehmensführung und Human-Capital-Management«, in: Dürndorfer, M./Friederichs, P. (Hrsg.): *Human Capital Leadership*, Hamburg 2004, S. 210–225

Filbeck, G./Preece, D.: »Fortune's Best 100 Companies to Work for in America: Do They Work for Shareholders?«, in: *Journal of Business Finance & Accounting*, 30. Jg. (5/6), 2003, S. 771–798.

Fink, A.: *How to ask survey questions*, The Survey Kit, Bd. 2, Thousand Oaks, Cal., u.a. 1995

Fischer, Th. M./Vielmeyer, U./Wenzel, J.: »Relevanz von mitarbeiterbezogenen Angaben in der Unternehmenspublizität. Empirische Ergebnisse von deutschen börsennotierten Unternehmen«, in: Dürndorfer, M./Friederichs, P. (Hrsg.): *Human Capital Leadership*, Hamburg 2004, S. 271–286

Flamholtz, E. G.: »Human Resource Accounting. A review of Theory and Research«, in: *The Journal of Management Studies*, 11, 1974, S. 44–61

Fleming, J. H./Coffman, C./Harter, J. K.: »Manage Your Human Sigma«, in: *Harvard Business Review*, Juli/August 2005

Frey, B. S.: *Ökonomie ist Sozialwissenschaft*, München 1990

Führing, M.: »Risikoberichterstattung über Humanressourcen – Eine empirische Analyse der DAX 30«, in: *Zeitschrift für Personalforschung*, 18. Jg., Heft 2, 2004

Fulmer, I./Gerhart, B./Scott, K.: »Are the 100 Best Better? An Empirical Investigation of the Relationship between being a ›Great Place to Work‹ and Firm Performance«, in: *Personnel Psychology*, 56. Jg., 2003, S. 965–993

Gebauer, M.: *Unternehmensbewertung auf der Basis von Humankapital*, Lohmar-Köln 2005

Gladwell, M.: *Tipping Point. Wie kleine Dinge Großes bewirken können*, Berlin 2002

Gloger, A.: »Belegschaft ist im Ausland meist Chefsache«, in: *FTD*, Beilage »Management«, 16.9.2005, S. B 6

Groysberg, B./Nanda, A./Nohria, N.: »Wenn Stars verglühen«, in: *Harvard Businessmanager*, 27. Jg., Januar 2005, S. 34–45

Herding, K./Stumpfhaus, B.: »Humankapital nicht bewerten, sondern entfalten«, in: *Personalwirtschaft*, 30. Jg., 5/2003, S. 55–58

Homburg, C.: »Auf der Suche nach Kostenreserven in der Kundenstruktur. Produktivitätssteigerung in Marketing und Vertrieb oft vernachlässigt«, in: *Blick durch die Wirtschaft*, 30.8.1994, S. 7

Horstmann, R.: »Der enge Zusammenhang zwischen Kundenzufriedenheit und Kundenbindung. Unterschiedliche Einflüsse. Wie groß ist die Bereitschaft, einen Vertrag zu verlängern oder ein Unternehmen weiterzuempfehlen?«, in: *Blick durch die Wirtschaft*, 15.6.1998, S. 6

Horx, M.: *Wie wir leben werden. Unsere Zukunft beginnt jetzt*, Frankfurt a. M. und New York 2005

IBM Business Consulting Services: *The capability within. The Global Human Capital Study 2005*

IDW: Prof. Scholz zur Wahl des Wortes »Humankapital« zum Unwort 2004, in: *Die Zeit*, 21.1.2005

Informationsdienst des Instituts der deutschen Wirtschaft iwd, Köln, Nr. 7, 12.2.2004

Jäger, W./Schütte, M./Traut-Mattausch, E.: »Humankapital in der aktuellen (Geschäfts-)Berichterstattung (Human Value Reporting) – am Beispiel der deutschen DAX-30-Unternehmen«, in: Dürndorfer, M./Friederichs, P. (Hrsg.): *Human Capital Leadership*, Hamburg 2004, S. 287–300

Jansen, S. A.: »Schwere Last«, in: *FTD*, enable 08/05, S. 18f.

Johanson, U.: »A Human Resource Perspective on Intellectual Capital«, in: Marr, B. (Hrsg.): *Perspectives on Intellectual Capital. Multidisciplinary Insights into Management, Measurement, and Reporting*, Oxford 2005, S. 96–105

Kaase, M.: *Qualitätskriterien der Umfrageforschung. Denkschrift*, Berlin u.a. 1999

Kaiser, S./Müller-Seitz, G./Ringlstetter, M.: »Der Einfluss der Kundenzufriedenheit auf die Mitarbeiterzufriedenheit bei wissensintensiven Dienstleistungen« (Herbstworkshop der Kommission Personalwesen, 16./17.9.2005; Berlin)

Kaplan, R. S./Norton, D.: *Balanced Scorecard*, Stuttgart 1997

Kieser, A.: »Downsizing – eine vernünftige Strategie?«, in: *Harvard Business Manager*, 2/2002, S. 30–39

Kloepfer, I.: »Lügen und betrügen«, in: *FAS*, 24.7.2005, S. 32.

Knoche, M.: »Personalpolitik als Gestalter und Wegbegleiter von Innovationsprozessen«, in: *ifo-Schnelldienst*, 1, 2005

Koschnik, W. J.: *Standard-Lexikon für Markt- und Konsumforschung*, München u.a. 1995

Kroeber-Riel, W./Weinberger, P.: *Konsumentenverhalten,7.*, verb. und erg. Aufl., München 1999

Künzel, P.: »Viel Arbeit. Der alte, große Apparat ist ins Stocken geraten. Doch im Kleinen werden viel versprechende Jobs vermittelt. Ein paar Beispiele von vielen«, in: *brand eins*, 7/2005, S. 112–116

Laatz, W.: *Empirische Methoden. Ein Lehrbuch für Sozialwissenschaftler,* Thun u.a. 1993

Landesarbeitsamt NRW: *IAB-Betriebspanel NRW 2002, Teil 2: Ältere im Betrieb*, 2. Aufl., 12.11.2003, Düsseldorf

Lev, B.: *Intangibles. Management, Measurement, and Reporting,* Washington 2001

Likert, R.: *The Human Organization – its management and value,* New York 1967

Malik, F.: *Gefährliche Managementwörter. Und warum man sie vermeiden sollte,* Frankfurt a. M. 2004

Löffler, U.: »Ausschöpfung bevölkerungsrepräsentativer Random-Untersuchungen«, in: ADM Arbeitskreis Deutscher Markt- und Sozialforschungsinstitute e.V., AG. MA Arbeitsgemeinschaft Media-Analyse e. V. (Hrsg.): *Stichproben-Verfahren in der Umfrageforschung. Eine Darstellung für die Praxis*, Opladen 1999, S. 87–91

Marr, R.: »Humanvermögensrechnung – Entwicklung von Konzepten für eine erweiterte Rechnungslegung der Unternehmen«, in: Schmidt, H. (Hrsg.): *Humanvermögensrechnung*, Berlin u.a. 1982, S. 45–59

Marr, R./Schloderer, F.: »Human-Capital-Management mit Personalindikatorensystemen – eine Standortbestimmung«, in: Dürndorfer, M./Friederichs, P. (Hrsg.): *Human Capital Leadership,* Hamburg 2004, S. 162–178

Mavrinac, S./Siesfield, T.: *Measures that Matter, an Exploratory Investigation of Investors' Information Needs and Value Priorities,* OECD 1998

McEwen, W. J.: »Building a Brand Marriage That Lasts. Key findings from a decade of interviews with consumers«, in: *Gallup Management Journal*, 11.8.2005

Metje, M./Mentzel, I.: »Kunden in der Beziehungskrise. Studie: Kundenzufriedenheitsmanagement bei wachsender Entkopplung von Zufriedenheit und Bindung«, in: *QZ*, 6, 2003, S. 593–598

Molenaar, N. J.: »Response-effects of ›Formal‹ Characteristics of Questions«, in: Dijkstra, W./van der Zouwen, J. (Hrsg.): *Response Behaviour in the Survey-interview*, London u.a. 1982, S. 49–89

Moore, D. W.: *The Superpollsters. How they measure and manipulate public opinion in America*, New York 1995

Morris, J. R./ Cascio, W. F./Young, C. E.: »Downsizing after all these years: Questions and answers about who did it, how many did it, and who benefited from it«, in: *Organizational Dynamics*, 27, 1999, S. 78–87

Nestler, K./Kailis, E.: »Arbeitszeitaufwand für betriebliche Weiterbildung in Europa«, in: *Statistik kurz gefasst. Bevölkerung und soziale Bedingungen* (Thema 3 – 1/2003; Europäische Gemeinschaften)

Neter, J./Wassermann, W./ Whitemore, G. A.: *Applied Statistics*, 3. Aufl., Boston u.a. 1978

Newport, F.: *Polling Matters. Why Leaders Must Listen to the Wisdom of the People*, New York 2004

Nieder, M.: »Die Macht der ›Blaukittel‹«, in: *SZ*, 27.5.2002, S. 22

Nink, M./Wood, G.: »Emotionale Bindung – Der Schlüssel zu hoher Mitarbeitermotivation«, in: forum! GmbH marketing + communications/DGQ Deutsche Gesellschaft für Qualität e. V. (Hrsg.): *EXBA 2004 Benchmarkstudie zur Excellence in der deutschen Wirtschaft*, Mainz 2004, S. 28–32

Noelle-Neumann, E./Petersen, T.: *Alle, nicht jeder. Einführung in die Methoden der Demoskopie*, 3. Aufl., Berlin u.a. 2000

O. V.: »Ideenmanagement. Siemens vor VW und Post«, in: *Wirtschaftswoche*, 15/2005, S. 14

O. V.: »Kein altes Eisen. Generation »50 plus«: fördern statt ausmustern«, in: *Apotheken Umschau*, 8/2005, S. 56–61

O. V.: »Manager müssen mehr motivieren«, in: *FAZ*, 17.9.2005, S. 63

O. V.: »Unsinns-Wort«, in: *FTD*, 19.1.2005, S. 27

O. V.: »Unwort? Wieso Unwort? Ökonomen reagieren entrüstet auf die Wahl ›Humankapital‹«, in: *FAZ*, 20.1.2005

O. V.: »Variable Vergütung bei Arbeitnehmern unbeliebt«, in: *FAZ*, 10.9.2005, S. 59

Pace, E.: »George H. Gallup Is Dead at 82. Pioneer in Public Opinion Polling«, in: *The New York Times*, 28.7.1984, S. 1, 9

Page, J.-P.: *Corporate Governance and Value Creation* (The Research Foundation of CFA Institute), 2005

Pepels, W.: *Lexikon der Marktforschung*, München 1997

Pepels, W.: *Lexikon des Marketings*, München 1996

Persch, P.-R.: *Die Bewertung von Humankapital – eine kritische Analyse*, München und Mering 2003

Petersdorff, W. von: »Warum versteht uns keiner?«, in: *FAS*, 23.1.2005, S. 42

Picot, A.: »Die Rolle des Wissensmanagements in erfolgreichen Unternehmen«, Präsentationsunterlage im Rahmen der Ringvorlesung »Informationszuwachs – Wissensschwund?«, gehalten am 10.11.1998 in München

Quee, W. T.: *Marketing Research*, 2. Aufl., Singapur 1996

Rappaport, A.: *Creating Shareholder Value: The New Standard for Business Performance*, New York und London 1986

Rasche, U.: »Morgens Managerin, abends Mutter. Immer mehr Unternehmen bieten Frauen Teilzeitarbeitsplätze an, um Geld zu sparen und die Vereinbarkeit von Karriere und Beruf zu ermöglichen«, in: *FAZ*, 26.5.2004, S. 3

Roos, J./Roos, G./Edvinsson, L./Dragonetti, N. C.: *Intellectual Capital: Navigating in the new business landscape*, New York 1998

Scholz, Chr./Stein, V./Bechtel, R.: *Human Capital Management. Wege aus der Unverbindlichkeit*, München 2004

Schultz, T. W.: »Investment in Human Capital«, in: *The American Economic Review*, 1 (2), 1961, S. 1–17

Seufert, A./Krogh, G. von/Bach, A.: »Towards knowledge networking«, in: *Knowledge Management*, 3(3), 1999, S. 180–190

Sinn, H.-W.: *Ist Deutschland noch zu retten?*, 2. Aufl., o. O. 2005

Stiglitz, J. E.: *Die Roaring Nineties. Der entzauberte Boom*, Berlin 2004

Sveiby, K. E.: *The new organizational wealth*, San Francisco 1997

The Gallup Organization: *Engagement Index 2005. Studie zur Messung der emotionalen Bindung von MitarbeiterInnen*, Potsdam 2005

Thünen, J. H. von: *Der isolierte Staat in Beziehung auf Landwirtschaft und Nationalökonomie*, 3. Aufl., Berlin 1875, S. 145

Vogel, F.: *Beschreibende und schließende Statistik. Formeln, Definitionen, Erläuterungen, Stichwörter und Tabellen*, 12. Aufl., München u.a. 2000

Wimmer, P./Neuberger, O.: *Personalwesen 2: Personalplanung, Beschäftigungssysteme, Personalkosten, Personalcontrolling*, Stuttgart 1998

Weinberg, J.: »Kompetenz für das rechte Maß«, in: *Personalwirtschaft*, 10/2004, 31. Jg., S. 15–18

Welp, C.: »Klare Perspektive«, in: *Wirtschaftswoche*, 32, 2005, S. 28f.

Wood, G./Fleming, J./Nink, M.: »HumanSigma^{TM} – Die wirtschaftliche Bedeutung von emotional gebundenen Mitarbeitern und Kunden für das Unternehmen«, in: Dürndorfer, M./Friederichs, P. (Hrsg.): *Human Capital Leadership*, Hamburg 2004, S. 354–372

Wood, G./Nink, M.: »Der Konsument im Brennpunkt – Wie die Besten ihre Kunden binden (Gallup CE$^{11®}$-Studie 2004)«, in: forum! GmbH marketing + communications/DGQ Deutsche Gesellschaft für Qualität e. V. (Hrsg.): *EXBA 2004 Benchmarkstudie zur Excellence in der deutschen Wirtschaft*, Mainz 2004, S. 44–47

Wucknitz, U. D.: *Handbuch Personalbewertung. Messgrößen – Anwendungsfelder – Fallstudien*, Stuttgart 2002

Wyss, W.: *Marktforschung von A–Z. Eine Einführung aus der Praxis, für die Praxis*, Adligenswil 1991

Youndt, M./Subramaniam, M./Snell, S.: »Intellectual Capital Profiles: An Examination of Investments and Returns«, in: *Journal of Management Studies*, 41. Jg., 2, 2004, S. 335–361

Zedtwitz-Arnim, G.-V. Graf: *Tu Gutes und rede darüber. Public Relations für die Wirtschaft*, Berlin 1961

Dank

Das Human Capital ist der wichtigste Erfolgsfaktor eines Unternehmens. Deshalb gilt an dieser Stelle ein besonderer Dank den Mitarbeiterinnen und Mitarbeitern der The Value Group, die das Entstehen des Buches begleitet und daran mitgewirkt haben und die die Ideen und Erkenntnisse dieser Studie in ihrer täglichen Arbeit umsetzen und tatkräftig vorantreiben. Der Leitung und den Mitarbeitern des Aktienteams der Siemens KAG soll an dieser Stelle ebenfalls gedankt werden. Sie waren ein wertvoller Partner für den fachlichen Austausch. Schließlich möchte ich mich vor allem bei meiner Familie und Freunden bedanken, die mich durch intensive Diskussionen, wertvolle Anregungen und durch ihr Verständnis in hektischen Zeiten unterstützt haben.
MARTINA DÜRNDORFER

Kein Buch kann gelingen ohne das richtige Umfeld. Ein herzliches Dankeschön an meine Familie und Freunde. Besonderer Dank gilt meinem Bruder Timo, der sich die Zeit nahm, meine Textentwürfe zu lesen und mir seine Überlegungen mitzuteilen. Aus dem Kreis von Mitarbeitern der Gallup GmbH danke ich Katharina Flieger und Wolf Karpen für die kritische Überprüfung meines Manuskriptes und den damit verbundenen Hinweisen. Schließlich möchte ich mich bei Katja Schneider bedanken, die mir als liebevolle und verständnisvolle Partnerin zur Seite stand. Die Diskussionen mit ihr waren immer sehr belebend und ihre Anregungen äußerst hilfreich.
MARCO NINK

Zu aller erst möchte ich mich bei meiner Frau, Aenne Wood, bedanken, die mich während der Entstehung des Buches stets unterstützt hat – vor allem durch die liebevolle Betreuung unserer kleinen Kinder, Anna Elena und Richard William, die hin und wieder auf das freie Wochenende ihres »Daddy« verzichten mussten. Ferner gilt ein ganz großer Dank Frau Tina Gräfin Vitzthum, die mir bei der Erstellung der »Dig

Deep Strategy« tatkräftig geholfen hat. Weiter möchte ich allen Kolleginnen und Kollegen von Gallup danken, die durch ihre praktische Umsetzung vieler Ideen dieses Buches den täglichen Beweis liefern, dass Human-Capital-Management für Mitarbeiter und Unternehmen eine echte Wertsteigerung bedeutet. In diesem Zusammenhang möchte ich mich vor allem bei Anke Lessmann, Gloria Dabiri, Hilary Klassen, Martina Pumpat, Michael Weichert, Barbara Dunn, David Liebnau und natürlich meinen Co-Autoren Martina Dürndorfer und Marco Nink bedanken.

GERALD WOOD

Über die Autoren

DR. MARTINA DÜRNDORFER ist Geschäftsführerin der The Value Group GmbH, München. Die Gesellschaft entwickelt Finanzprodukte und Anlagestrategien, die sich an langfristigen Performanceanforderungen orientieren und dabei immaterielle Faktoren als Indikatoren des Unternehmenserfolges berücksichtigen. Vor ihrer Geschäftsführertätigkeit wurde sie im Bereich Personalmanagement promoviert und hatte Positionen im Bereich HR Prozess und Produktmanagement eines internationalen Finanzdienstleisters (UBS AG, Zürich), im Management sowie im Bereich Consulting inne.

MARCO NINK hat Publizistikwissenschaft, Politologie und Soziologie studiert. Als Projektmanager und Research Director bei der Gallup GmbH Deutschland sammelte er langjährige Erfahrung in der Markt- und Meinungsforschung. Heute ist er Senior Consultant und betreut deutsche und internationale Unternehmen zur Mitarbeiter- und Kundenbindung.

GERALD WOOD war von 1991 bis 1993 Pressesprecher des brandenburgischen Landtages. Anschließend arbeitete er unter anderem als Business Development Manager EMEA für Nortel Networks Inc. sowie für Telint Global Ltd., ein in London ansässiger Anbieter von Breitbandkommunikation, als General Manager für Deutschland, Österreich und die Schweiz und Internationaler Vizepräsident Business Development. Seit 2001 ist Gerald Wood Geschäftsführer und Leitender Strategischer Berater der Gallup GmbH Deutschland.

Bernd Remmers
Strategie umsetzen
Erfolgreiche Implementierung von Veränderungsprozessen

112 Seiten, ISBN 3-938017-37-6

Eine gute Strategie ist nicht unbedingt auch eine erfolgreiche Strategie. Einen Wert für das Unternehmen hat die Strategie erst dann, wenn die Mitarbeiter diese auch kennen, verstehen und konsequent umsetzen. In diesem Buch stellt Bernd Remmers WINNING WAYS™ vor – die erprobte und immer wieder verfeinerte Methode, um Strategien zum Erfolg zu führen.

»Die WINNING WAYS™-Methode überzeugt durch ihre Einfachheit in der Anwendung.« *Prof. Dr. Günter Müller-Stewens, Universität St. Gallen, Lehrstuhl für Strategisches Management*

»Das Buch zeigt sehr deutlich, wie wichtig eine professionelle Kommunikation nach Innen ist.« *Franz-Josef Rensmann, CEO OgilvyOne worldwide, COO Ogilvy-Gruppe*

»Remmers beschreibt überzeugend das Was und Wie zum Erfolg.«
Dr. Hans-Peter Wild, Wild Werke Heidelberg

»Das Buch zeigt sehr eindrücklich, worauf es wirklich ankommt, um ehrgeizige Wachstumsziele zu erreichen.«
Jürg Zeltner, Vorsitzender des Vorstandes / CEO UBS Deutschland

»The applications in WINNING WAYS™ give managers practical support in dealing with the challenges of change initiatives.«
Dr. Dr. h.c. Peter Lorange, President IMD Lausanne

MURMANN

Martina Dürndorfer & Peter Friederichs (Hg.)
Human Capital Leadership
Wettbewerbsvorteile für den Erfolg von morgen

612 Seiten, ISBN 3-938017-04-x

»Ein Unternehmen ist nur so gut wie seine Mitarbeiter.«

Ein einfacher und logischer Zusammenhang gewinnt neue Bedeutung bei Kunden, Investoren, Analysten, Wirtschaftsprüfern und Controllern. Auf dem Weg in die Wissens- und Dienstleistungsgesellschaft setzen Unternehmen zunehmend auf ihr Personalmanagement und ihre Personalentwicklung.

Das Basiswerk »Human Capital Leadership« der beiden Experten Martina Dürndorfer und Peter Friederichs liefert konkrete Ansatzpunkte für eine Umsetzung von Strategien von Human Capital Management im unmittelbaren Unternehmenskontext. Es zielt darauf ab, eine Verknüpfung zwischen Theorie und Praxis herzustellen, Erfahrungen aus heterogenen Themenfeldern und Unternehmen gegenüberzustellen und diese Darstellungen praxisnah und eng orientiert an der unternehmerischen Wertschöpfung aufzubereiten.

Die neue Rolle des Human Capital Management
Anwendungsfelder des Human Capital Management
Human Capital Leadership – Toolbox für das Management

Eine Vielzahl führender Autoren und Experten aus Unternehmen, Beratungsgesellschaften und Forschungsinstituten stellen dem Leser ihre aktuellen Erkenntnisse und Standards vor.

MURMANN

Josef Wieland (Hg.)
Handbuch Wertemanagement
Erfolgsstrategien einer modernen
Corporate Governance

664 Seiten, ISBN 3-938017-06-6

»Ein Unternehmen braucht klar dokumentierte Aussagen und Anweisungen zum Wertemanagement.« Jürgen Dormann

Unternehmen bewegen sich heute im Umfeld einer neuen moralischen Sensibilität in Wirtschaft und Gesellschaft. Die Selbstbindung an moralische Standards und deren Umsetzung im Geschäftsalltag sind längst nicht mehr nur ein lobenswerter Zusatz, sondern eine direkte Voraussetzung für nachhaltigen wirtschaftlichen Erfolg. In den letzten zehn Jahren haben innovative Unternehmen in Deutschland Wertemanagementsysteme entwickelt, mit denen es möglich ist, die Integrität der Geschäftskultur, Moral und Werte als Handlungsoptionen und stategische Erfolgsfaktoren guter Unternehmenspraxis systematisch zu gestalten. In seinem *Handbuch Wertemanagement* bündelt Josef Wieland Erfahrungsberichte aus Unternehmen. Es ist von Praktikern für Praktiker geschrieben und enthält eine Auswahl der »Best Practices« auf dem Gebiet des Wertemanagements. Es erläutert die erfolgreichen Konzepte und Instrumente und liefert einen praxisorientierten Leitfaden zu deren Implementierung. Die neuesten Entwicklungen der rechtlichen und politischen Rahmenordnung für das Wertemanagement werden dargestellt.

Corporate Governance
Corporate Social Responsibility
Corporate Citizenship

MURMANN